《이데올로기와 커리큘럼》은
1979년 이래로 교육에서
문화적·경제적 권력 관계에 대한
획기적인 저술이었다.
출판 40주년을 기념하여 개정·증보한
제4판은《이데올로기와 커리큘럼》을
우리 시대의 가장 중요한 교육 명저로
확고하게 자리매김하게 했다.

마이클 애플

세계적인 '실천교육학'의 석학이자 커리큘럼 전문가.
미국 매디슨 위스콘신대학교의 커리큘럼과 교수 및
교육 정책 연구 명예교수이며, 로완대학교의 교육 석좌교수로
커리큘럼 이론, 개발 및 연구 과정과 커리큘럼 사회학을 가르친다.
주요 관심사는 교육에서 문화와 권력의 관계,
교육 정책 및 실천의 민주화다.
국내에 소개된 주요 저작으로는《교육은 사회를 바꿀 수 있을까》
《문화 정치학과 교육》등이 있으며, 최신 저작으로
《The Struggle for Democracy in Education》이 있다.
그는 1998년, 미국 교육연구협회가 선정한
'20세기 교육 분야에서 가장 영향력 있는 50인의 작가'로,
'20세기 교육학에 지대한 영향을 끼친 세계적인 책 20권'에
이 책《이데올로기와 커리큘럼(1979년)》이 선정되는 영광을 얻었다.

박부권

동국대학교 사범대학 교육학 명예교수.
서울대 교육학과 및 동 대학원(교육사회학) 졸업.
미국 매디슨 위스콘신대학교 교육정책학 박사.

Ideology and Curriculum

일러두기

- 이 책에 나오는 인명, 지명 등의 외래어 표기는 '외래어 표기법'을 따랐다.
- 본문에서 저자가 특정 주제와 관련해 주장한 내용을 뒷받침하는 학문적 근거는
  이 책 뒷부분에 따로 설명을 달아두었다.
- 본문에서 진한 글씨로 표기한 낱말이나 구, 문장은 원서에서 이탤릭체로 강조한 부분이다.
- *는 역자가 설명을 덧붙인 내용으로 각주에 담았다.

Ideology and Curriculum 4th edition

Copyright © 2019, Taylor & Francis / Authored/edited by Michael Apple
Korean Translation copyright © 2023, Hanulim Publishing Co., Ltd
All rights reserved.

The Korean translation rights arranged with Routledge, a member of the Taylor & Francis Group LLC.

이 책의 한국어판 저작권은 Routledge, a member of the Taylor & Francis Group LLC와 독점 계약한 ㈜도서출판 한울림에 있습니다.
신저작권법에 의하여 한국 내에서 보호를 받는 저작물이므로 무단 전재와 무단 복제를 금합니다.

지난 100년간 교육학에 지대한 영향을 끼친
세계적인 책 20권에 선정된 필독서

Ideology and Curriculum

마이클 애플의
이데올로기와 커리큘럼

박부권 옮김 | 함영기 해제

한울림

내가 한국과 인연을 맺은 지 어느덧 30여 년이 넘었습니다. 처음 방문한 서울에서의 경험은 지금도 생생합니다. 전두환 정부의 강압 정치로 한국 사회가 꽁꽁 얼어붙은 시국에서 이를 공개적으로 비판하는 목소리를 내다가 구금 아닌 구금을 당했으니까요. 나는 이런 종류의 탄압을 전에도 받았고, 이후에도 받았습니다. 그러나 이 경험을 통해 수많은 한국인, 특히 교육자들이 일상적으로 직면하는 문제를 조금이나마 더 이해할 수 있었습니다.

그 뒤에도 여러 번 한국을 방문했고, 그때마다 비판적인 교육자와 교직원노동조합, 지역활동가, 교육계 안팎의 많은 분이 더 나은 민주사회를 건설하기 위해 부단히 노력하는 것을 보고 깊은 인상을 받았습니다. 그리고 갈 때마다, 한국의 동료와 친구들에게서 '계속하는 힘'이 얼마나 중요한가를 배웁니다.

계속하는 힘은 아주 중요한 깨달음에서 나옵니다. 지배 집단은 커리큘럼, 교수 및 평가 등에 관한 정책과 시행을 둘러싸고 벌어지는 갈등이 사회의 경제, 정치, 문화, 이데올로기에 결정적 영향을 미친다는 사실을 아주 잘 알고 있습니다. 그래서 그들은 한시도 쉬지 않습니다. 따라서 우리도 쉴 수 없습니다.

교사의 권리를 위하여, 커리큘럼의 선정과 재량권을 위하여, 지역사회의 실질적 문제와 문화에 학교를 연계하기 위하여 학교에서 펼치는 다양한 활동은 진정한 비판적 민주주의 교육을 확립하는 데 무엇보다도 중요합니다. 비판적 민주주의 교육이 확립돼야 비로소 교과 내용, 방법, 쟁점 결정권자를 민주적으로 선택할 수 있기 때문입니다. 역사 교과서, 공동 수업, 혁신학교의 성장 등을 놓고 첨예하게 대립한 한국 교육 상황이 바로 이러한 사례들을 보여줍니다.

이러한 사례들은 중요합니다. 교육제도, 커리큘럼, 교육개혁은 사회변화가 이루어진다고 저절로 달라지지 않습니다. 오히려 교육제도와 교육이 바로 서려면 우리 역사에

서 무엇이 중요하고 누구의 지식이 중요한가, 교육으로 전
수해야 할 지식은 무엇인가, 그리고 교육제도와 이를 운영
하는 사람들이 지향해야 할 가치는 무엇인가 등을 놓고 서
로 치열하게 논쟁하고 갈등하는 과정이 필요합니다.

　오늘날 세계 각국에서 학교는 사회변혁을 위한 중요한
전략적 기지가 되고 있습니다. 학교를 기반으로 하는 사회
변혁은 기존 사회를 지배하는 구조와 이데올로기의 재생
산을 막아내고, 학교와 대학을 '보다 광범위한 경제적·정
치적 변화'와 연결할 수 있습니다(Tarlau, 2019, p.21). 그러나
이런 일은 저절로 일어나지 않습니다. 이를 실현하기 위해
서는 학교와 문화 영역, 지역사회의 일상생활에서 창의적
이고 실질적인 노력이 절실합니다(Apple, Gandin Liu, Meshulam
and Schirmer, 2018). 그리고 이러한 노력을 계속하기 위해서는
통찰과 저항 의식이 필요합니다.

　이 책은 판을 거듭하며 교육 분야에서 벌어지는 일을 더
잘 이해하는 데 필요한 중요한 통찰을 제공하고자 했습

니다. 아마도 독자 여러분들은 책과 상호작용하면서 자신만의 의미를 스스로 만들어낼 것입니다. 그렇지만 분명한 것은 지배 이데올로기의 힘과 영향력이 한국에서뿐만 아니라 다른 곳에서도 여전히 강력하다는 사실입니다. 따라서 비판적인 교육자가 해야 할 가장 중요한 역할은 이러한 지배적 의미를 통찰하고, 교육을 혁신하여 적극적으로 그 지배에 저항하는 것입니다.

　여러분의 노력이 성과를 거두는 데 이 책이 도움 되기를 바라는 마음 간절합니다. 아울러 정치적·이데올로기적으로 심각한 위기 상황에 무엇을 할 수 있는지 여러분에게 앞으로도 계속 가르침을 구하고 싶습니다.

마이클 W. 애플

《이데올로기와 커리큘럼》출간 40주년을 맞아 2019년에 제4판을 펴내면서, 먼저 독자 여러분들에게 깊은 감사를 전합니다. 한 권의 책이 여러 세대에 걸쳐 중요성을 인정받기 어려운데, 이 책은 수많은 교육자와 활동가들의 민주주의를 향한 헌신 덕분에 가능했습니다.

이 글을 쓰고 있는 지금, 미국과 세계는 9.11 테러 이후보다 정치적·이데올로기적으로 더욱 심각한 위기를 맞고 있습니다. 권력집단은 대중매체를 기술적으로 교묘하게 이용하는 한편, 전통 가치를 앞세우는 보수적인 '사회교육학'을 이용하여 신자유주의와 보수주의 깃발 아래 상호 이질적인 사람들을 결집합니다. 그러나 점점 더 분명해지는 것은 이들의 주장이 정치적 수사와 술수에 지나지 않았다는 점입니다. 지금까지는 말할 수 없었던 것을 이제는 아무렇지도 않게 말하고, 지금까지는 차마 실행할 수 없었던 일도 이제는 아무 거리낌 없이 실행합니다. 물론 많은 이들의 삶은 이전에도 무척 힘들었고, 특히 권력집단이 '사회적 타자'로 규정한 사람들의 삶은 더더욱 그러했습니다. 그런데 이제는 그들을 위해 가식적인 말로나마 윤리적 공정성을 입에 담는 사람도 없습니다.

이러한 상황이 고통스럽게 느껴지는 이유는 이 책이 그동안 제기해온 쟁점들이 현 상황에도 타당한—오히려 더욱더—것이 되었기 때문입니다. 권력집단은 고등교육을 포함한 모든 수준의 교육을 단순히 노동시장의 준비 과정이자 이윤추구의 장으로 여깁니다. 그러므로 이윤추구와 관련이 없고, 이윤추구 성향과 가치를 길러주지 못하는 커리큘럼과 수업은 그것이 무엇이든 비효율적이며 '납세자들의 돈'을 낭비하는 것으로 간주합니다. 이러한 언어의 사용에서 이데올로기의 본색이 선명하게 드러납니다. 납세자라는 말이 시민을 완전히 대체하고 있습니다. 세금을 낼 수 있는 사람만이 '훌륭하고 존경스럽다'고 말합니다. 많은 보수 정치가들이 정치적 발언을 할 때면 항상 납세자라는 말 앞에 '열심히 일하는'이라는 수식어를 붙인다는 사실이야말로, 이들을 떠받치고 있는 이데올로기적 전제가 무엇인지를 보여줍니다. 이 사회에서는 힘든 일을 하는 수백만 명의 저임금 노동자가 엄연히 존재하지만, 우리 언어에서는 지워지고 없습니다.

현 상황을 보며 고통을 느끼는 또 다른 이유는 오랜 세월 민주주의라는 강물이 끊임없이 흐르도록 애써온 교육계 안팎의 사람들이 철저히 경멸당했다고 느꼈기 때문입니다. 우리에게는 비판적인 민주사회를 건설하기 위한 끈질긴 투쟁의 역사가 있습니다. 교육의 역사를 온전히 이해하기 위해서는 비판적 민주주의의 가능성을 가로막는 교육 부문을 찾아 이를 없애려고 했던 끈질긴 노력도 함께 살펴야 합니다. 우리는 모두 과거에서 현재까지 그러한 장애물을 거둬내기 위해 행동한 사람들의 어깨 위에 서 있습니다.(Michael W. Apple, Can Education Change Society? 2013) 그리고 바로 이 장애물의 실체를 밝히는 것이 제4판이 나올 때까지 일관되게 유지해온 이 책의 초점입니다.

나는 비교적 일찍 헤게모니 이론의 중요성과 권력집단이 어떻게 자신들이 세계를 이해하는 방식을 사람들에게 받아들이도록 만드는가를 이해했습니다. 안토니오 그람시 Antonio Gramsci나 레이먼드 윌리엄스 Raymond Williams의 저작을 통해, 나는 이미 문제의 핵심을 이해하고 있었고, 해답을 구할 강력한 도구도 발견할 수 있었습니다.

나는 오랫동안 교육과 사회문제를 학술적으로 탐구해왔고, 현장과 실천에 깊이 천착하고자 하는 사명감을 가진 교사이자 교원노동조합의 지도자였습니다. 어떻게 하면 학생들의 삶에 의미 있는 영향을 줄 수 있을까 하는 고민에서 종국에는 학교에서 가르치는 지식은 누구의 지식인지, 어떻게 하면 교실을 민주화할 수 있는지 질문을 제기하기에 이르렀습니다. 그리고 평생의 탐구 과제가 된 이 질문의 답을 찾는 과정에서 비판이론이라는 도구를 개발하고 사용했습니다.

나의 주장과 교육이론은 구체적인 현장을 바탕으로 하

고 있습니다. 이 책의 분석은 거대 이론에서 시작하지 않습니다. 분석의 실마리는 정치와 교육에 대한 구체적인 질문들이며, 이 질문들은 정치적·문화적 성향과 도시와 시골 학교 모두를 직접 체험한 교육 경험에 뿌리를 두고 있습니다. 학교교육의 역사는 어떻게 전개되었는가? 학교는 지금 무엇을 하고 있는가? 학교는 무엇을 하지 못하는가? 학교는 무엇을 할 수 있는가? 교사로서 나는 무엇을 할 수 있는가?

지금까지 내가 제기한 논점은 완전한 것이 아니며, 오히려 우리가 이 책의 최종 메시지를 당연한 것으로 진지하게 받아들일 때 생길 수 있는 질문들을 제기하기 위한 것입니다. 만약 우리가 '이데올로기의 재생산을 넘어서' 가야 한다면, 넘어서 간다는 말은 도대체 무엇을 의미하는가? 이때 요구되는 것은 무엇인가? 그 일을 할 '우리'는 누구인가? 이 필연적인 전환의 과정에서 교육이 해야 할 역할은 무엇인가? 나는 이 책 이후의 저작 활동을 통해 이러한 질문의 해답을 찾으려고 노력했습니다. 그러나 해답을 찾지 못한 질문은 여전히 남아 있습니다. 그리고 이 책은 그러한 질문들을 계속 제기해야 하는 이유를 제공하는 핵심 근거로 계속 남을 것입니다.

학교에서 가르치는 지식은 누구의 것이고, 가르치지 않는 지식은 또 누구의 것인가? 왜 가르치고, 왜 가르치지 않는가? 교육과 사회가 조직되는 방식으로부터 이익을 얻는 사람들은 누구인가? 우리는 여기서 무엇을 할 수 있는가? 이때 '우리'는 누구인가? 이 질문을 하기 시작한 지도 벌써 50년이 지났습니다. 앞으로도 비판적인 교육자들은 이 모든 질문을 계속하게 될 것입니다. 그리고 이 질문들에 답하고, 지배를 막아내고, 교육을 바로 세우기 위한 투쟁 또한 계속될 것입니다.

내가 《이데올로기와 커리큘럼》을 처음 접한 것은 지금으로부터 40년 전, 한국교육개발원 도서관에서였다. 석사학위 논문을 쓰기 위해 참고문헌을 찾던 중 우연히 이 책을 발견했다. 나는 학교에서 가르치는 지식이 어떤 사회집단의 생각을 반영하는지 알아보기 위해 우리나라 고등학교 사회 교과서의 편찬 과정을 분석하고 있었다. 그런데 마이클 애플이 바로 이 책에서 "학교지식은 누구의 지식인가?"라고 묻는 것이 아닌가!

마이클 애플은 우리나라 교육 관계자들에게 이미 친숙한 학자다. 1987년의 일로 기억한다. 미국 유학 중 자료 수집을 위해 잠시 귀국했을 때, 나는 당시 한국교육개발원 원장에게 애플 교수를 초빙하여 그의 이야기를 듣는 자리를 만들어보는 것이 어떠냐고 제안했다. 애플은 이때 일본 대학의 초청으로 방일 계획이 잡혀 있었다. 원장은 흔쾌히 수락했고, 나는 다시 미국으로 돌아갔다.

1989년 한국교육개발원의 초청으로 방한한 애플은 먼저 서울대학교에서 강연하기로 했다. 하지만 그의 강연 소식이 정부기관의 귀에 들어갔고, 한국교육개발원에서의 강연을 포함한 모든 일정을 취소하라는 압력이 가해졌다. 교사들을 비롯해 그의 강연을 들으러 교육개발원으로 왔던 외부 인사들은 발길을 돌려야 했고, 애플은 당시 모처에서 감금 아닌 감금을 당했다. 이때의 경험을 그는 책이나 강연에서 자주 언급하는가 하면, 그 이후에도 한국을 여러 차례 더 방문하며 한국과의 특별한 인연을 강조하기도 했다.

이 책에서 애플은 교육의 다양한 쟁점을 이데올로기를 중심으로 논의하고 있다. 따라서 이데올로기가 무엇인지를 파악하는 것은 책 내용을 이해하는 데 관건이 된다. 그러나 이데올로기 개념을 이해하기는 쉽지 않다. 사람에 따라, 맥락에 따라, 관점에 따라 서로 다른 의미로 사용하기 때문이다. 이 책의 경우 애플이 신마르크스주의 전통을 따르고 있다고 밝혔으므로, 그가 말하는 이데올로기도 그 전통 위에 있다고 볼 수 있다.

마르크스는 부르주아 계급의식을 이데올로기라고 주장했다. 그러나 애플은 마르크스와 달리 인종 및 젠더 갈등도 계급 갈등 못지않게 중요하게 다룬다. 이런 이유로 이데올로기를 생산력, 생산양식, 생산관계의 반영으로 보는 마르크스주의 관점으로는 애플의 이데올로기를 설명하기가 어렵다. 그리고 무엇보다 애플의 이데올로기는 소위 경제적 '하부구조'의 단순한 반영이 아니라 그 나름대로 자율성을 갖는다. 그러므로 '지배 이데올로기'가 중요해지는 것이다.

영국의 과학자 프랜시스 갤턴에서 시작하여 20세기 중반까지 다윈의 진화론을 등에 업고 득세한 우생학 이데올로기를 보자. 이 우생학에 근거하여 독일은 국가 차원에서 게르만종족 관리에 들어갔고, 유대인 말살 기도도 그 일환이었다. 우생학에는 게르만족 혹은 백인의 이해관계가 숨어 있고, 그들이 자신의 은밀한 욕망을 이해하든 못하든 우생학 이데올로기는 다른 민족이나 종족을 지배하는 도구로 사용되었다.

이데올로기는 이를 신봉하는 집단의 이해관계와 욕망이 반영되어 있다. 또한, 세상을 내 편과 네 편으로 나누고, 이를 타당한 것으로 받아들이는 사람들을 그 지배 속에 편입한다. 그러므로 특정 이데올로기의 신봉자가 그 이데올로기에서 벗어나지 않는 한, 지배에서 벗어날 길은 없다.

지배 이데올로기는 은연중에 우리 의식을 파고들어 우리의 생각과 행동을 지배하는 당연한 상식이 된다. 교육은 이 지배 이데올로기가 상식이 되는 제도적 통로다. 마이클 애플은 이 책에서 바로 이러한 점을 문제 삼는다.

오늘날 세계가 한 마을처럼 좁아지고 가까워졌지만, 민족 이데올로기와 국가 이데올로기는 더욱더 선명하게 실체를 드러내고 있다. 이데올로기의 문제를 더 깊이 파고 들이기면, 이데올로기는 우리 삶과 일상에서 쉽게 찾아볼 수 있는 보편적 현상임을 알 수 있다. 그러므로 이데올로 기를 이해하는 것은 우리 자신은 물론 세계를 이해하는 데 필수적이다. 나는 이데올로기에 대한 이해의 깊이만큼 우리의 인격과 삶의 질이 달라질 수 있다고 믿는다.

우리나라에서 젠더 문제나 성차별이 사회 쟁점이 된 지는 이미 오래다. 지금과 같은 추세라면 인종 문제나 내국인과의 차별 문제도 머지않아 뜨거운 쟁점으로 부각될 것이다. 우리가 《이데올로기와 커리큘럼》에 관심을 쏟는 것도 바로 이 책이 이러한 문제에 도전하고 있기 때문이다.

박부권

헤게모니 분석

On Analyzing Hegemony

몇 년 전, 내가 쓴 논문 여러 편을 묶어 책으로 펴내면서 나의 정치적, 개인적 신념을 밝히는 글을 쓴 적이 있다. 이때 내가 밝힌 신념은 지금까지 교육자로서 나를 이끌어온 원동력이기도 하다.[1] 내 신념을 간단히 요약하면 이렇다. 교육은 결코 중립적이지 않으며, 교육제도의 본질적인 특성으로 교육자가 의식하든 의식하지 못하든 정치에 관여할 수밖에 없다. 교육활동을 선진산업경제의 지배적인 의식과 불평등한 제도로부터 완전히 분리할 수 없기 때문이다.

그 이후로, 나는 이러한 주제에 더욱 깊이 파고들었고, 교육과 경제구조의 관계, 지식과 권력의 연계를 한층 깊이 이해하게 되었다. 그리고 이것이 **구조적인** 문제라는 사실에, 신마르크스주의에 바탕을 둔 비판적 관점에서 이를 바라보고자 했다. 교육에 대한 생각과 실천을 온전히 이끄는 가장 설득력 있는 틀을 제공한다고 여겼기 때문이다.

나의 관점에 가장 충실한 접근법[2]은 다음과 같다.

물질적 생산양식, 이데올로기적 가치관, 계급관계, 사회 권력 (정치경제 권력뿐 아니라 인종과 젠더도 포함)구조가 특정 시대나 사회경제적 상황에서 사람들의 의식에 어떻게 반영되는가를 밝히고자 한다.

이러한 접근법은 사회의 구조적 시스템이 문화를 어떻게 지배하는지 구체적인 방식을 알려준다. 학교와 학교에서 이루어지는 수업, 커리큘럼 같은 일상적인 관행도 여기에 포함된다.[3] 학교가 가르치는 명시적 지식과 잠재적 지식의 관계, 지식을 선택하고 구성하는 원리, 교육의 '성공 정도를 측정'하는 평가 기준과 방식을 분석할 때 특히 이러한 접근법이 중요하다. 번스틴Bernstein과 영Young의 주장에 따르면, 교육기관에서 지식과 상징의 구조화는 특정 사회의 사회적, 문화적 통제원리와 밀접하게 연관되어 있다.[4] 따라서 교육자로서, 정치적 존재로서 학교에서 선택하고 구성하는 지식과 상징이 계층사회에서 '요구하는' 규범적이고 개념적인 인식과 변증법적으로 어떻게 연관되어 있는지 이해할 필요가 있다.

특히 볼스Bowles와 진티스Gintis[5]는 교육기관의 경제적 역할 분석에 초점을 맞췄다. 따라서 계층 이동, 선발, 노동 분업의 재생산 등을 분석의 핵심으로 다뤘으며, 지배권력의 의식적인 경제 조작을 분석에서 결정적인 요인으로 여겼다. 하지만 경제학자들의 이러한 분석은 학교에서 계층 이동, 선발, 노동 분업의 재생산 등이 어떻게 이루어지는지를 설명하기에는 설득력이 부족하다. 경제적인 측면만을 분석했기 때문이다. 이들의 관점으로는 지배 메커니즘이 무엇이고, 학교에서 지배 메커니즘이 어떻게 작동하는지를 충분히 밝힐 수 없다. 그러므로 경제적 분석에 문화적, 이데올로기적 분석을 보완해야 한다. 그럴 때 비로소 학교에서 교육자들이 수행하는 구체적인 활동으로 사회, 경제, 정치적 긴장과 갈등이 '중재되는' 복잡한 방식을 제대로 이해할 수 있다. 따라서 사회의 불평등한 물질적 조건이 사람들의 의식구조를 만들어가는 과정에서 이루어지는 이데올로기적, 문화적 중재에 주목해야 한다. 그래서 이 책에서는 경제적 지배와 문화적 지배 간의 관계를 살펴보고자 한다. 이로써 교육의 정치경제적 측면에 초점을 두었던 학자들이 부분적으로 분석한 학교에서 이루어지는 계층 이동, 선발, 노동 분업의 재생산 등이 '당연하게' 여겨졌던 이유를 알게 될 것이다.

교육이 경제 영역에서 불평등을 어떻게 재생산하는지 이해했다면,[6] 또 다른 중요한 영역에서 학교교육이 어떠한 작용을 하는지도 알아야 한다. 교육은 경제자본뿐만 아니라 상징자본인 문화자본[*]도 보존하고 분배하기 때문이다. 이제 지배집단이 굳이 지배 메커니즘을 드러내지 않고도 사회통제를 지속하기 위해 학교와 같은 기관을 이용해 사람들의 의식구조를 어떻게 끊임없이 조직하는지 파헤쳐보려 한다.[7] 이것이 바로 이 책의 핵심 목적이다.

물론 쉽게 파헤칠 수 있는 이슈는 아니다. 그래서 프롤로

---

[*] 프랑스 사회학자 부르디외가 경제자본에 대응하여 만들어낸 개념이다. 교육수준, 지성, 말하는 스타일, 의상 스타일, 등등이 포함되고, 경우에 따라서는 경제자본으로 전환도 가능하다.

그에서 이 책을 이끌어가는 접근법과 분석을 통해 밝혀내야 할 질문들을 개략적으로 설명하려고 한다. 사회문화 비평가인 레이먼드 윌리엄스Raymond Williams의 글도 종종 인용될 것이다. 그는 문화형식 및 내용의 통제와 경제제도 및 관행의 성장 간 관계에 대한 지속적인 연구를 해왔으며, 그의 연구는 개인적으로나 개념적으로 이 책에서 제시하고자 하는 진보적인 주장과 신념의 모델이기 때문이다.

헤게모니 분석

　우선 이 책에서 중요하게 다루어질 학교의 세 측면에 대해서 명확히 밝히고자 한다. ① 제도로서 학교, ② 지식의 구조, ③ 교육자. 이 세 측면은 사회적 관계 속에서 구성요소로 각각 **자리매김**되어야 한다. 여기에서 중요한 말은 자리매김이다. 이는 곧, 문화자본과 경제자본을 보존·분배하는 메커니즘으로서 학교교육, 학교에서 가르치는 지식과 교실을 지배하는 사회적 관계, 학교에서 활동하는 교육자, 이 모두를 사회적 관계의 맥락에서 바라봐야 한다는 의미이다. 따라서 복잡하고 불평등한 계층사회에서 학교, 지식, 교육자 각각이 자리매김한 상황을 분석해야 한다.

　그러나 이때 분석의 전통을 잘못 적용하지 않도록 주의해야 한다. 이러한 관계를 밝혀내기 위해서는 섬세함이 필요하다. 그런데 많은 이들은 학교와 커리큘럼과 교육자를 지나치게 결정론적으로 자리매김한다. 경제와 의식은 일대일 대응관계를 맺고 있으며, 하부구조인 경제가 상부구조인 의식을 '자동적으로' 결정한다고 말한다. 이는 너무 단순하고 기계론적이다.[8] 문화와 경제의 변증법적 관계를 잊었을 뿐만 아니라, 소수의 권력자가 학교교육을 의도적으로 조작한다는 생각을 전제한다. 물론 사실이 아니라고 할 수는 없지만, 문화와 경제의 관계는 이보다 훨씬 더 복잡하고 미묘하다. 따라서 좀 더 깊이 있는 분석을 위해, 우선 구조적 관계가 학교의 세 측면을 '결정한다'는 개념이 무엇을 의미하는지 명확히 해야 한다. 이것을 이해하는 열쇠 중 하나가 **헤게모니** 개념이다.

'결정한다'는 개념을 사용하는 두 가지 전통이 있다는 점에 유의해야 한다. 하나는 의식과 문화가 사회·경제 구조에 의해 결정된다는 의미로, 이는 사회의식과 생산양식 간에 일대일 대응관계가 있다는 말로 사용되었다. 이에 따르면, 사회의식은 학교문화를 통제하는 경제 조건에 의해 일방적으로 결정된다. 이와 달리 다소 유연한 의미로 사용된 다른 하나는, 결정이라는 말이 경제 조건에 뿌리를 두고 있지만 경제에 의해 전적으로 결정되지는 않는, 학교문화에 압력을 가하고 한계를 설정하는 훨씬 복잡한 관계구조로 규정한다.[9] 그러므로 문화는 경제 조건의 '단순한 반영물'이 아닌, 상당 부분 인간 행동양식에 의해 고도로 중재된다. 즉, 학교의 일상생활에서 이루어지는 특정 활동, 갈등, 상호관계에 의해 중재된다. 학교, 지식, 일상생활에 대한 통제는 겉보기에 대수롭지 않은 순간에도 이루어지기 때문에 감지하기가 대단히 어렵다. 다시 말해, 통제는 눈에 보이는 경제 분업과 조작을 통해 이루어지기도 하지만 사회 구성원리, 규범, 특히 상식적인 생각과 활동을 통해서도 이루어진다.

레이몬드 윌리엄스는 안토니오 그람시가 크게 발전시킨 헤게모니 개념을 논하면서 이 사실을 잘 요약했다.[10]

> 그람시의 위대한 공헌은 헤게모니의 중요성을 강조하고 깊이 있게 이해할 수 있도록 해주었다는 데 있다. 그는 이데올로기가 단순히 부차적이거나 상부구조라면, 이와 달리 헤게모니는 총체적이라고 전제한다. 생활 깊숙이, 사회 구석구석 스며들어, 그람시의 표현을 빌리면, 그 영향력 아래 있는 사람들의 상식을 한계짓는다. 따라서 헤게모니는 하부구조와 상부구조의 도식에서 생겨난 어떤 개념보다도 사람들이 실제로 살아가는 현실사회에 명확히 일치한다. 이데올로기가 단지 추상적인 관념이고, 사회·정치·문화적 사상, 추론, 관습 등이 단순히 어떤 조작이나 훈련으로 얻어진 결과라면, 사회는 어느 때보다 훨씬 더 쉽게 변화할 수 있을 것이다. 헤게모니가 사회의식에 속속들이 스며들어있다는 그람시의 개념은 지배가 일상에서 이루어지고 있다는 사실을 강조하고 있다는 점에서 대단히 중요하다.

인용문에 담긴 핵심 내용은 헤게모니가 사람들의 의식에 '깊숙이 스며들어' 사람들이 관계 맺고 있는 교육적·경제적·사회적 세계와 그 세계에 대한 상식적인 해석을 당연하고 유일한 것으로 받아들이게 만든다는 사실이다. 헤게모니는 '두뇌 지붕 밑' 어딘가에 들어있는 추상적인 의미 덩어리가 아니다. 오히려 의미와 실천의 조직화된 결합체이자, 살아 있는 의미, 가치, 행동의 중심적이고 효과적인 지배 시스템이다. '단순한 의견'이나 '조작'과는 차원이 다르다. 윌리엄스는 헤게모니와 문화통제의 관계를 밝히는 자리에서 이 점을 분명히 한다. 또한 헤게모니기 깊숙이 스며드는 과정에서 교육기관이 하는 역할도 밝히고 있다.

아래의 인용문은 의식이 경제구조의 단순한 반영일뿐이고, 한 계급이 다른 계급에게 의도적으로 주입해 결정된다는 생각을 뛰어넘어 한 걸음 더 나아갔다. 동시에 헤게모니가 어떻게 여전히 불평등한 경제·문화통제를 초래하고, 유래하는지 핵심을 파헤치고 있다.[11]

헤게모니는 사람들에게 활력을 불어넣고, 인간과 세계를 일상적으로 이해할 수 있게 해주는 실천과 의미의 총체이다. 사람들이 실천하고 서로 확인하며 일상으로 경험하면서 견고해지는 의미와 가치 시스템이기 때문이다. 따라서 사회 구성원 대부분은 현실 경험을 통해 절대적인 의식으로 자리한 헤게모니를 벗어나 자기 삶을 살아가기가 대단히 어렵다. 게다가 헤게모니는 변화하는 시스템이다. 현재 영향력 있는 지배문화를 알아내려면 반드시 지배문화가 의존하는 실제 사회화 과정을 이해해야만 한다. 여기서 사회화 과정이란 지배문화가 사회에 깊숙이 스며드는 과정을 뜻한다. 이는 대단히 중요하며, 사회에서 상당히 큰 경제적 의의를 갖는다. 교육기관은 일반적으로 영향력 있는 지배문화를 전수하는 주요 공공기관으로, 지금은 이것이 교육기관의 가장 중요한 경제활동이자 문화활동이다(사실 두 활동은 별개가 아닌 하나다). 그런데 내가 철학과 이론, 그리고 다양한 실천의 역사에서 선택적 전통[*]이라고 부르는 과정이 있다. 이것은 영향력 있는 지배문화의 관점에서 의미 있는 과거로, 즉 '전통'으로 꾸준히 전해진다. 그러나 언제나 선택이 중요하다. 과거와 현재의 모든 영역에서 어떤 의미와 실천은 선택되어 강조되고, 다른 의미와 실천은 무시되어 배제된다. 심지어 더 결정적으로 이러한 의미 중 일부는 지배문화의 다른 요소를 지지하거나 적어도 모순되지 않도록 재해석되고 희석되어 변형된다는 점이다.

가족과 같은 제도에서 이뤄지는 광범위한 사회훈련을 통해, 교육을 통해, 노동의 실질적인 의미부여와 조직화를 통해, 지적·이론적 단위에서의 선택적 전통을 통해 지배문화의 영향

---

[*] 사회에는 다양한 문화 전통이 공존한다. 농촌의 문화가 다르고 어촌, 산촌, 도시의 문화가 다르다. 그뿐만 아니라 상류 계층의 문화는 중·하류 계층의 문화와도 다르다. 학교에서 가르치는 문화는 이들 문화 중에서 선택된 것이다. 여기에서 문제는 어떤 문화는 선택되어 다음 세대로 전달되는 반면, 어떤 문화는 체계적으로 선택에서 배제된다는 것이다.

력은 지속되고 재창출된다. 그리고 이러한 경험들이 쌓이고 일상에 자리 잡으면 현실은 규정된다. 사람들이 배우는 것이 단지 강요된 이데올로기라면, 지배계급이 강제한 허울뿐인 의미와 실천이라면 사회는 뒤집어엎기가 훨씬 쉬울 것이다.

교육기관에 대한 윌리엄스의 발언에 주목해야 한다. 이는 학교가 불평등의 재생산에 기여하고 있다는 앞선 내 주장과 유사하다. 영국 커리큘럼 사회학자들의 말을 빌리면, 학교는 '사람을 가공할' 뿐만 아니라 '지식을 가공한다.'[12] 문화적·이데올로기적 헤게모니 전수자로서 학교는 선택적 전통과 문화 '통합'을 전수하는 역할을 실행한다. 그러나 학교는 단순히 지배문화의 전수자 역할만 하는 기관이 아니다. 경제적으로도 상당한 영향력을 발휘해, 지배권력이 합당하다고 여기는 의미와 가치관을 지닌, 그래서 기존 경제적·문화적 체제가 아닌 다른 가능성을 생각하지 못하는 사람들을 길러낸다. 이러한 이유로 이데올로기, 헤게모니, 선택적 전통이라는 개념은 이 책의 정치적·분석적 토대에서 중요한 요소가 된다.

예컨대 학교에서 실제로 가르치는 지식이 무엇이고, 사회적으로 **정당한** 지식이 무엇인가를 놓고 제기되는 이슈들은 학교의 문화적·경제적·정치적 입장을 파악하는 데 있어서 대단히 중요하다. 이를 위해서는 우선 학교의 커리큘럼을 파헤쳐 그 안에 잠재된 이데올로기적 내용을 밝혀내야 한다. 또한 선택적 전통에 대한 진지한 질문을 던질 필요가 있다. 학교에서 가르치는 지식은 누구의 지식인가? 누가 그것을 선택했는가? 지식을 구성하고 가르치는 방식은 왜 이래야 하는가? 그것도 특정 집단에게만? 그러나 이렇게 질문하는 것만으로는 충분하지 않다. 한 걸음 더 나아가, 사회·경제 권력과 이데올로기의 충돌하는 개념들을 연결 지어 연구해야 한다. 이럴 때 경제·정치 권력과 학생들이 **배우는** (또는 **배울 수 없는**) 지식 사이의 관계를 좀 더 구체적으로 밝혀낼 수 있다.[13]

사회 교과의 '과정 중심' 커리큘럼 운동을 예로 들어보자. 학교에서는 '학생 스스로 조사·연구하는 방법을 배우게' 하는 '기술'로서 사회 '탐구'를 가르친다. 이는 지난 수십 년간 교단을 지배한 암기식 교수법보다는 나을 수 있다. 하지만 사회생활에 대한 조사·연구를 실질적으로 탈정치화할 수 있다. 교사는 학생들에게 지식을 사회적 구성물로 가르치고, 좀더 학문적으로 들어가면 사회학자, 역사학자, 인류학자, 여러 분야의 학자들이 이론과 개념을 어떻게 구성하는지 가르친다. 그러나 이런 가르침으로는 학생들이 **왜** 특정 형태의 사회집단이 존재하는지, **어떻게** 계속 유지되는지, **누가** 그로부터 이익을 얻는지를 질문하게 할 수는 없다.

커리큘럼 개발과 학교 수업에는 강박적인 양상이 있다. 그래서 교사는 학생들이 '자신의 배움에 일정 부분 책임지도록' 가르친다. 그리고 어떤 사안에 대해 '비판적으로 사고'한 것들은 공허하고 탈역사적이며 일방적이고 이데올로기적이라는 사실 또한 중요하다. 예컨대 대부분 학교 커리큘럼을 구성하는 뼈대의 중심에는 합의가 있다. 계급 갈등이나 과학적 갈등 등을 다루려는 진지한 시도는 거의 없다. 그 대신 사회생활을 통제하고 조직하는 과정에서 벌어지는 복잡한 관계와 갈등을 배제한 합의 이데올로기를 '탐구'한다. 선택적 전통에 따라 진지한 노동사나 여성사에 대해서는 가르치지 않아야 하고, 가르친다고 해도 기존 지배질서를 유지하는 선에서 선택적으로 재해석해야(그리하여 금방 잊도록) 한다. 단, 엘리트의 역사와 전쟁사는 반드시 가르친다. 경제학을 가르칠 때는 전국경제인연합회 혹은 그와 유사한 기관에서 취하는 관점을 따라야 한다. 또한 미국과는 다른 대안적인 사회 원리에 입각하여 건설된 국가들에 대한 제대로 된 정보를 얻기도 어렵다. 물론 이 모두는 잘못된 합의를 만들어내는 학교의 역할을 보여주는 몇 가지 예에 불과하다.

중립과 정의

사람들은 불평등한 사회를 이끄는 사회적·경제적 힘을 '방법적' 기술로 축소해서 이해하려는 경향이 있다. 그러나 이는 대단히 큰 문제를 드러낸다. 선진산업경제에서 인간의 삶이 기술화하고 있음을 의미하기 때문이다. 하버마스Habermas의 말을 빌리면, 목적-합리적 혹은 도구적 형태의 추론과 행동이 상징적 행동 시스템을 대체한다. 일상생활에서 실제로 사람들 사이에서 벌어지는 정치적, 경제적 논쟁은 물론 교육적 논쟁까지도 효율성과 기술력에 대한 논쟁으로 바뀐다. 행동분석, 시스템경영을 통한 '책무성accountability'*의 요구는 헤게모니와 이데올로기가 담긴 표현이다. 또한 사회에서 **정의**는 점점 탈정치화하여 중립적인 수수께끼로 전락하게 된다. 이 수수께끼는 중립적인 경험적 사실이 쌓여야[14] 풀 수 있으며, 중립적인 경험적 사실은 학교와 같은 중립적인 기관에서 중립적인 교육자가 가르칠 수 있다고 생각한다.

중립에 대한 이러한 주장은 사회생활뿐만 아니라 교육에서 특히 중요하다. 교사들은 자신의 활동이 중립적이고, 정치적 입장을 취하지 않을 때 객관적이라고 생각한다. 그러나 이는 다음 두 가지 점에서 대단히 잘못된 생각이다. 첫째, 학교교육 자체가 경제적 성과를 놓고 볼 때 중립적이지 않다. 번스틴과 부르디외Bourdieu 등이 보여주고 윌리엄스가 지적한 것처럼, 학교가 많은 개인의 이익에 도움이 된다는 사실은 부정할 수 없다. 하지만 계급사회에서 학교가 경제적·문화적 계급관계

---

* 학부모들이 공교육의 책무성을 요구한다면, 이는 교육을 운영하는 정부 당국과 교육 관계자에게 납세자들이 교육을 위해 지불하는 비용에 걸맞은 교육 서비스를 제공하라는 의미이다.

를 재생산[*] 하는 강력한 기관이라는 사실도 경험적 증거로 드러 났다.

둘째, 학교에서 가르치는 지식이 사회적으로 이미 선택되었다는 사실을 무시하고 있기 때문이다. 문화자본의 형태를 취하는 이 지식은 사회의 어딘가에서 온 것이며, 사회에서 강력한 영향력을 발휘하는 집단의 관점과 신념을 반영한다. 책, 영화, 자료 같은 공공재와 경제상품을 생산하고 분배하는 과정에서 지식은 이데올로기와 경제적 이해관계에 따라 반복적으로 걸러진다. 따라서 사회·경제적 가치는 이미 학교의 커리큘럼과 교육방식, 그리고 교육 원칙과 기준과 평가 형태 속에, 즉 지켜야 할 '공식적인 학교지식체계' 속에 깊숙이 스며 있다. 그리고 교육자는 이러한 가치를 무의식적으로 구현하기 때문에 사회·경제적 가치로부터 자유로울 수 없다. 그렇다면 이제 남는 건 궁극적으로 어떤 가치를 선택해야 하는가이다.

그러나 이 선택은 교육자에게 뿌리 깊이 자리한 가치의 문제를 전면에 드러낸다. 여기에서는 사회의 지배적인 관행의 평가 잣대로 사용하는 상식과 규칙이 주로 문제가 된다. 이중에서도 교육자가 품고 있는 '과학'에 대한 시각과 추상적 개인에 대한 몰두가 결정적인 문제이다. 이는 공동체 의식을 뿌리에서

---

[*] 문화적 재생산(cultrural reproduction)이란 기존 사회의 가치, 지식, 습관, 사고방식 등이 다음 세대로 전수되는 것을 말한다. '사회화'와 유사한 개념이지만, 문화적 재생산에는 불평등의 재생산이라는 비판적 통찰이 포함되어 있다.

부터 썩게 만들기 때문이다. 교육자는 구체적인 개인을 추상적인 개인으로 만들 방법을 찾고, '개인적' 바람과 욕구와 정의에 의미를 부여할 수 있는 사회활동에서 개인을 분리시킨다.[15] 게다가 커리큘럼 연구가 '중립적인 과학적 활동'이라는 생각이 다른 사람들과 구조적 방식으로 단절시켜 이러한 경향을 강력하게 뒷받침한다.

사람들이 추상적 개인이 아닌 다른 개인을 생각하지 못하는 이유에 대해 윌리엄스는 다음과 같이 설명했다. 부르주아 개인이 지배하는 사회에서 사람들은 진정한 사회적 관계와 타인에 대한 의존성을 제대로 이해할 수 없다.[16]

나는 광부가 함께 토론하던 어떤 사람에 대해 한 말을 기억한다. "그는 아침에 일어나 스위치를 누르면 전등이 그냥 켜진다고 여기는 그런 사람입니다."* 많은 사람이 그와 비슷하다. 삶의 다양한 영역에서 사람들끼리 서로 얼마나 얽혀 있는지, 얼마나 의존하고 있는지 생각하지 못한다. 사회에 대한 생각을 기본적으로 할 수 없기 때문이다. 물론 현재의 시스템에서는 사회적 산물에 대한 공공 목적을 위한 재정 지원을 연관 지

---

* 집에 전등이 들어오기 위해서는 각 단계마다 수없이 많은 사람이 힘을 합쳐야 한다. 광부들이 석탄을 채굴해야 하고, 석탄을 화력발전소까지 날라야 하며, 석탄으로 불을 때서 전기를 생산해야 하고, 전기를 모아 전선을 통해 각 가정으로 보내야 한다. 방을 밝히는 단순한 일 하나조차 이렇게 많은 사람의 노동에 의존한다고 윌리엄스는 말하고 있다.

어 생각하기는 어렵다. 그러나 사회가 무엇이고, 무엇을 하는 곳인지를 실제로 지속적으로 느낄 수 있으려면 연관 지어 생각할 수 있어야 한다. 사회적 산물은 복잡하게 얽혀 지속적으로 협력하는 사회 조직에 거의 전적으로 의존하여 생산된다. 그런데 사람들은 마치 사회에서 혼자 살아가는 고립된 개인처럼 사회적 산물을 소비하려 한다. 그러고는 소비와 세금을 놓고, 소비는 늘면 늘수록 바람직하지만 세금은 마지못해 내면서 높지 않아야 한다는 어리석은 생각을 한다. 이렇게 생각하면 물질적인 불균형은 피할 수 없다. 진정한 공동체 의식을 회복하지 않는 한, 사람들의 실생활은 계속해서 왜곡될 것이다. … 사람들이 성과와 자원의 공정한 분배뿐만 아니라 특정 노동이 소비자와 생산자 모두에게 미치는 영향에 대해 의문을 품을 때 공동체 의식은 비로소 회복될 수 있다. … 사회의식이 부족할 때 사람들은 무력해질 수밖에 없다.

윌리엄스가 말하려는 핵심은 추상적인 개인에 대한 사람들의 관심이 추상적일 뿐이라는 사실이다. 실제로 사람들은 타인과의 상호의존적인 관계 속에서 사회·경제·교육적 삶을 살아간다. 그런데 추상적인 개인은 불평등한 사회 구조적 관계 속에서 자신을 파악해내지 못한다. 이는 사람들과 진정한 유대감을 형성하지 못하도록 방해하는 이데올로기로도 작용해 사람들이 공동체 의식을 갖기 어렵게 한다. 이론적으로 표현하자면,

교육·정서·사회적 삶에서 개인을 과도하게 강조할 경우 소비 윤리가 조작되고, 사람들의 정치·경제적 감수성은 더욱 낮아진다. 따라서 개인을 절대화하고 교사의 역할을 개량을 위해 봉사하는 중립적 기술자로 정의하면, 교육자를 비롯한 많은 이들이 광범위한 사회·경제적 부당성을 분석할 수 없게 만드는 잠재적인 효과를 불러온다. 그리고 커리큘럼과 실제 수업을 통해 사회질서의 본질을 탐구하는 것 역시 불가능해진다.

여기서 특히 중요한 것은 **관계**라는 개념이며, 논의를 위해 '관계 분석'이 필요하다. 관계 분석에서는 사회활동을 보다 넓은 사회의 제도적 관계 속에 놓고 본다. 이 관계 속에서 사회활동의 역사를 되짚어가면, 사회가 분배하는 자원은 특정 집단과 계급에는 유리하고 다른 집단과 계급에는 그렇지 않음이 드러난다. 본질적으로 사회 행동 및 문화·교육 성과와 산물(부르디외가 문화자본이라 부른 것)은 바로 드러나 관찰할 수 있는 명백한 특성에 의해 '규정'되지 않는다. 오히려 실증적인 방식이 아니라 관계적으로 규정된다. 다시 말해, 어떤 것들의 의미는 사회가 조직되고 통제되는 방식에 따라 복잡하게 얽혀 있는 관계가 결정한다. 즉, 관계 자체가 규정하는 특성이 있다.[17] 예를 들어, 교육에서 규정하는 과학과 개인의 개념을 이해하기 위해서는 우선 이 개념을 이데올로기적·경제적 범주에서 바라볼 필요가 있다. 기존 경제체제가 요구하는 인력을 양성하고, 이들이 자신에게 부과된 소외된 역할을 아무런 의문 없이 받아들이도록 '이끄는' 성향과 의미의 재생산.[18] 이러한 범주들이 바로 헤게모니의 양상이다.

헤게모니 관계를 이해하기 위해서는 그람시가 주장한 이데올로기적 헤게모니의 두 가지 요건을 기억할 필요가 있다. 하나는 경제 질서가 '창조'하는 일상생활 깊숙이 스며드는 감정의 범주와 구조이다. 다른 하나는 이 범주를 채택하고 정당성을 부여하여 이데올로기적 성격을 중립적으로 보이게 만드는 '지식인' 집단이다.[19] 따라서 교육자와 같은 '지식인'이 채택하는 범주와 방법을 분석하는 것이 연구의 초점이 되어야 한다.

이제 교육자가 정치적 존재라는 시각에 대해 간단히 언급하고자 한다. 이것은 지극히 개인적인 문제이면서 거론하기 대단히 어려운 문제다. 자신에게 "나는 보수인가 진보인가?"라고 물어야만 하는 상황이 닥친다면 누구나 당황스럽고, 때로는 고통스러울 수 있다. 그래도 이러한 의문은 문화자본과 경제·사회통제 사이의 관계를 이해하는 최소한의 실마리를 찾았다는 의미이다. 즉, 사회가 조직되고 통제되는 방식에 따라 어떤 사회·경제 집단이 이익을 얻고, 어떤 집단은 손해를 보는지 분석할 필요성을 깨달았다는 사실이다.[20]

교육자로서 내가 지금 할 수 있는 일은 무엇인가? 하는 질문에 교육자가 무력감을 느낀다는 사실은 헤게모니의 본질에 대한 그람시와 윌리엄스의 통찰이 얼마나 중요한가를 말해 준다. 교육자로서 매일매일의 활동을 정치·경제적 관점에서 꼼꼼하게 살피고, 학교를 문화적·경제적 재생산 메커니즘의 일부로 보는 것은 단지 잘못된 교육 관행을 바꾸기 위해서만은 아니다. 만약 '단순히' 그런 이유라면 교사 훈련, 커리큘럼 개편 등을 통해 관행을 바꿀 수 있을 것이다. 그러나 지금까지 주장해온 비판적 통찰은 학교 '밖'의 가치와 행동 체계에 대한 도전이다. 만약 이 도전을 진지하게 시도한다면, 사람들이 상식적으로 받아들이는 것과는 완전히 다른 변화가 이루어져야 한다. 이 도전이 진보적 사회질서를 구축하고, 사회 저변에서부터 새로운 질서에 대한 참여를 이끌어낸다면, 사회는 부의 축적이나 이윤추구, 자격증 획득이 아니라 경제적·사회적·교육적 평등의 지평을 넓히게 될 것이다.

이 모든 주장은 사회정의 이론을 바탕으로 하고 있다. 존 롤스John Rawls에 따르면, 정의로운 사회가 되기 위해서는 원칙과 행동이 최약자의 이익을 최우선으로 해야 한다[21]. 즉, 사회의 구조적 관계는 문화, 사회, 특히 경제 제도에 대한 접근 기회뿐만 아니라 제도에 대한 실질적 통제력도 평등해야 한다.[22] 그리고 이를 위해서는 기존 제도를 재구성하고, 사람들을 옭아매는 사회적 계약을 근본적으로 바꿔야 한다. 이처럼 사회변혁을 바탕에 두고 있는 사회정의 이론은 개인의 이데올로기와는 다른 차원에서 형성되었다. 또한 수많은 경험적 기초 위에 정립되었다. 예를 들어, 선진산업국가의 빈부격차는 점점 심해지고 있다. 건강, 영양, 교육 등 재화와 서비스에 대한 분배와 통제도 기본적으로 불평등하다.[23] 경제력과 문화권력은 오직 이윤추구에만 몰두하는 거대 기업에 집중되고 있다. 여성과 소수민족 운동은 처음에는 성과를 거두는 듯했지만, 서서히 위축되고 있다. 이러한 조건들은 특정 사회질서로부터 '자연스럽게' 조성된다. 마찬가지로 교육적 딜레마, 성취 격차, 불평등한 보상, 선택적 전통과 통합 또한 기존 사회질서로부터 '자연스럽게' 이루어진다. 따라서 이러한 상황들을 뒤엎고 진전을 이루기 위해서는 폭넓은 관계 변화를 이끌어낼 수 있도록 기존 제도를 조직하고 통제하는 방식을 대대적으로 바꿔야 한다.

지금까지의 주장을 정리하면, 다음과 같다. 복잡한 계층사회에서 교육의 역할을 평가하려면 최소한 학교, 지식, 교육자 세 요소를 주요한 구성요소로 고려해야 한다. 그리고 학교, 지식, 교육자를 '결정'하는 실제 사회 상황에 이 세 요소를 자리매김해야 한다. 이때 사회·경제적으로 정의로운 사회에 대한 확고한 전망이 뒷받침되어야 의미 있는 자리매김을 할 수 있다. 학교가 분배하고 채택하는 문화자본의 형태를 살펴보거나 교육으로 얻어진 경제적·문화적 성과를 살펴볼 때, 교육자의 입장은 결코 중립적이지 않다. 그리고 이러한 이슈들은 헤게모니, 이데올로기, 선택적 전통 개념을 통해서 가장 잘 분석할 수 있고, 이러한 개념을 이해하는 최선의 방법은 관계를 분석하는 것이다.

교육학에도 진지하게 관계 분석을 하고자 하는 진보적인

전통이 있다. 이제 그 전통과 이 책에서 탐구하려는 바를 좀 더 자세히 살펴보자.

교육학의 전통과 '자리매김'

루이스 워스Louis Wirth는 카를 만하임Karl Mannheim의 고전《이데올로기와 유토피아Ideology and Utopia》영문판 서문에서 이렇게 말했다. "우리가 알 수 있는 인간의 가장 중요한 특성들은 당연시하여 소홀히 다루는 것들이며, 사회의 가장 기본적이고 중요한 사실들은 (사람들 사이에) 좀처럼 논의되지 않고 일반적으로 이미 결정되었다고 여겨지는 것들이다." 즉, 특정 시대 사람들의 행동을 통찰하고 이해하려면 그들이 당연시하여 문제 삼지 않은 것들을 문제 삼아야 한다. 마르크스가 말한 것처럼, 사람들은 시대의 환상을 받아들이지 않는다, 즉 그 시대를 살아가는 사람들이 자신의 지적·계획적 활동에 대해 내리는 상식적인 판단을 그대로 받아들여서는 안 된다. 연구자라면 오히려 이러한 활동을 경제적·이데올로기적·사회적 갈등의 장 위에 **자리매김해야 한다.**

교육학은 상황 이해에 기반한 '자리매김situating'의 전통이 강하지 않다. 사실 교육 연구에서 가장 소홀히 다룬 분야가 있다면 바로 비판연구다. 비판연구는 이데올로기가 교육이론과 실천에 끼치는 영향에 대한 분석이자, 지나치게 기계적으로 생각하는 상식적인 전제 범위에 대한 분석이다. 이러한 비판연구가 이루어질 때, 교육자들이 일상에서 '당연시하여' 무비판적으로 받아들인 정치적·사회적·윤리적·경제적 이해관계가 드러난다.

이데올로기와 커리큘럼, 이데올로기와 교육논쟁의 상호연관성 연구는 커리큘럼 분야는 물론이고 교육이론과 정책 전반에 걸쳐 중요한 의미를 갖는다. 따라서 이 책 전체에 걸쳐 비판적으로 탐구해야 할 것은 '학교에서 왜, 어떻게 특정 집단의 문화만이 객관적이고 정당한 지식이라고 가르치는가?' 하는 질문이다. 어떻게 하면 학생들이 더 많은 지식을 얻을까 하는 효율성의 문제가 아니다. 학교에서 가르치는 지식이 어떻게 사회 지배집단의 이해관계를 반영하는 이데올로기적 구성물이 되었나, 학교는 어떻게 한정적이고 부분적인 지식을 진리처럼 정당화하는가 하는 문제를 제기해야 한다.

그리고 이 문제는 학교생활의 다음 세 영역에서 제기되어야 한다. **(1) 학교의 기본적인 일상 규칙은 학생들이 이데올로기를 학습하는 데 어떻게 기여하는가? (2) 과거와 현재 커리큘럼 지식은 이데올로기를 구성에 어떻게 반영하고 있는가? (3) 교육자가 자신의 활동에 의미를 부여하기 위해 채택하는 근본적인 관점에 이데올로기는 어떻게 반영되는가?**

첫 영역은 학생들에게 규범, 가치, 성향을 암묵적으로 가르치는 학교의 잠재적 커리큘럼과 관련이 있다. 학생들은 학교의 제도화된 기대와 판에 박힌 일상 속에서 수년 동안 생활을 하며 규범, 가치, 성향을 자신도 모르게 배우기 때문이다. 다음 영역은 학교에서 가르치는 지식 자체에 의문을 품어 커리큘럼의 '본질'에 한층 더 가까이 다가가게 한다. '학교지식은 어디에서 온 것인가?', '누구의 지식인가?', '어떤 사회집단을 옹호하고 있는가?' 등등. 마지막 영역은 교육자가 특정 모델과 전통을 통해 암묵적으로 받아들이고 널리 유포하는 자신의 이데올로기와 인식론의 책무에 대해 더욱 민감해질 것을 요구한다. 특정 모델과 전통으로는 통속적 실증주의, 시스템경영 이론, 구조-기능주의, 사회적 낙인 과정, 또는 행동수정 등이 있다. 학교생활의 이러한 측면에 대한 이해는 무척 중요하다. 학교생활이 학교 밖의 노동, 권력, 이데올로기, 문화지식을 분배하고 통제하며 특징짓는 데 깊이 관여하고 있다는 사실을 간과한다면, 어떠한 교육이론과 정책 결정도 기대하는 효과를 거둘 수 없기 때문이다.

최근 들어 교육적 논증과 방법을 보다 포괄적인 관계 맥락에 놓고 보는 사례가 확실히 증가하고 있다. 교육역사가인 카츠Katz, 캐리어Karier, 캐슬Kaestle, 파인버그Feinberg 등은 관료적·경제적·이데올로기적 이해관계와 학교교육의 관계를 밝힌 데 이어 볼스, 진티스, 카노이Carnoy, 레빈Levin 등이 수행한 교육의 정치경제학과 교육개혁 가능성에 대한 새로운 분석이 추가되었다. 비교적 최근에 이루어진 학교지식과 정치·경제적 이해관계의 관련성을 사회학적으로 탐구하는 교육사회학 연구들 또한 중요하다. 이 모든 연구는 교육 쟁점에 대한 철저하고도 정직한 평가가 사회 상황 속에서 이루어진다는 신념에 근거한다. 무엇이 정의이고, 무엇이 사회·경제적 평등이며, 무엇이 정당한 권력이며, 정당한 권력을 누가 가져야 하는가를 놓고 갈등하는 구체적인 사회 상황 속에서 교육 쟁점을 분석해야 해결의 실마리를 찾을 수 있다는 신념이다.

예를 들어, 비판적 교육사회학 연구서 《교육사회학: 평등을 넘어서》에서 필립 웩슬러Philip Wexler는 학교에 대한 사회학적 연구의 철저한 방향 전환을 요구한다.[24] 현재 유럽과 미국에서 이루어지고 있는 이데올로기와 커리큘럼의 관계, 학교와 불평등 생성의 관계 연구를 바탕으로 그는 학교에 대한 관점 전환을 주장했다. 학교의 기능을 제대로 이해하기 위해서는 학교를 '지식 가공' 기관이자 이데올로기 기능을 수행하는 기관으로 연구해야 한다고 지적한다. 넓은 의미에서 교육사회학은 학교지식의 사회학인 셈이다. 커리큘럼 탐구, 사회학적 이해, 정치·경제 이데올로기 연구가 하나의 관점으로 융합될 때 선진산업사회의 **경제적·문화적** 재생산에서 학교교육이 하는 역할을 규명할 수 있다.

웩슬러의 견해는 몇 가지 이유에서 도발적이다. 그는 사회와 교육 연구를 넓은 의미에서 정치적인 행위로 본다. 그래서 학교와 다른 문화기관이 공공연하게 그리고 은밀하게 정당성을 부여하는 지식과 상징에 주목할 것을 요구한다. 이는 학교가 조직하고 선택하는 상징들이 특정 유형의 학생들을 조직·선발해 궁극적으로 경제적·사회적 계층화하는 방식과 어떻게 변증법적으로 관련되는가를 이해하도록 돕는다. 그리고 이 모든 것은 권력 관계로 둘러싸여 있다. 누가 권력을 잡고 있는가? 학교교육은 문화와 사람을 조직하고 선택하며 권력과 경제자원의 균등한 분배에 공헌하는가, 아니면 기존의 불평등을 유지하는데 공헌하는가? 대답이 무엇이든, 연구자는 학교가 어떻게 이일을 해내는지 파악하기 위해서 다음 두 가지를 꼭 해야 한다. 먼저, 학교가 어떻게 운영되는지 직접 확인해야 한다. 그래서 매일매일 '학교에서 가르치고 배우는' 일상적인 규칙이 어떻게 이런 결과를 초래하는지 밝혀야 한다. 다음으로, 현재를 역사적 관점에서 바라볼 수 있는 마르크스적 감수성으로 학교가 지금처럼 될 수밖에 없었던 이유, 즉 역사적 뿌리와 사회 제반 세력 간의 갈등을 포착해야 한다. 이 둘 모두에 대한 이해 없이 교육기관이 수행하는 경제적·문화적 '기능'을 완벽하게 이해하기는 매우 어렵다.

문화를 이해하는 방법으로 분배에 빗대어 생각해보자. 즉 지식이 사회·경제 계급, 직업군, 연령대, 권력층 간에 불균등하게 분배되었다고 생각해보는 것이다. 그렇다면 일부 집단은 다른 집단에게는 배포되지 않고 자신에게만 배포된 지식에 접근할 수 있다. 물론 그 반대도 가능하다. 이때 어떤 집단이 문화 보존과 분배 과정에서 특정 지식이 **없다**면 이 집단은 사회에서 정치·경제 권력이 없다는 의미이다.

문화 분배와 경제·정치 권력의 분배 및 통제 사이의 관계, 즉 지식과 권력의 관계는 이해하기가 대단히 어렵다. 그러나 문화기관의 통제가 어떻게 특정 계급의 권력을 강화하고 다른 계급을 통제할 수 있게 하는지 이해한다면, 문화 분배가 각 사회집단의 권력 소유 여부와 어떤 관계인지 알 수 있다.

교육자들은 대부분 이런 얘기를 불편해한다. 지식을 비교적 중립적인 '인공물'로 여기는 경향 때문이다. 즉, 인간 심리의 '대상'이나 '과정'으로 인식한다. 교육자들은 이러한 인식을 갖고 학교가 분배하는 문화를 완전히 탈정치화시켰다. 그러나 여기에 맞서는 경향이 나타났다. '누구의 문화인가?' '(학교지식은) 어떤 사회집단의 지식인가?' '학교가 가르치는 지식(사실, 기술, 성향, 특성 등)은 누구의 이해관계를 반영하고 있는가?' 이런 질문을 진지하게 제기하는 커리큘럼 학자와 교육사회학자가 늘어나고 있다. 최근 영국에서 이러한 연구를 담은 훌륭한 저작물이 나오고 있는데, 특히 영Michael F. D. Young, 브라운Richard Brown, 번스틴, 플루드Michael Flude와 아이어John Ahier, 그리고 샤프Rachel Sharp와 그린Anthony Green의 책들이 대표적이다.[25]

이 저작들의 관점도 이 책과 마찬가지로 윌리엄스의 주장에 영향을 받았다. 윌리엄스에 따르면, 커리큘럼 지식은 빵이나 카드와 같은 생산물이 아니라, 특정 시대의 모든 사회적 지식에서 선택되고 조직됐다. 이때 선택과 조직은 의식적·무의식적으로 사회적·이데올로기적 결정을 기반으로 한다. 그러므로 커리큘럼 학문의 기본 과제는 지식의 선택과 조직 원리를 학교의 제도적·상호작용적 환경과 교실을 둘러싼 더 넓은 제도적 구조와 연계해야 한다.[26] 그리고 이러한 관점은 학교지식의 사회학에 적용될 때 많은 의미를 시사한다. 이는 방법론 측면에서, 커리큘럼 지식을 중립적으로 여기지 않는다는 의미이다. 대신, 연구자들은 지식의 형태 그 자체에 구체화된 사회적 이해관계에 주목한다. 이는 학교에서 사용하는 커리큘럼을 연구해야 한다는 의미이기도 하다. 연구자는 투입-산출 모형의 학교 성취도 연구 대신, 교실에 '들어가' 그곳에서 일어나는 복잡한 상호작용을 살펴야 한다. 이렇게 하면 어떤 '유형'의 학생들이 어떤 특정 지식과 성향을 '배우는지' 정확하게 밝혀낼 수 있다. 이때 학교에서 공공연하게 이루어지는 낙인 과정 분석이 더욱 중요해진다. 또한 학교 환경에서 지식이 실제로 어떻게 생성되고 사용되는지도 규명할 수 있다. 마지막으로, 잠재적 커리큘럼으로 이루어지는 암묵적인 교육을 입증할 수 있다.

이 모든 자료는 학교가 대중문화와 엘리트 문화를 분배하는 양상과 방식을 이해하는 데 매우 중요하다. 그러나 진정으로 윌리엄스의 주장을 따르고자 한다면, 연구자는 한 걸음 더 나아가 구조적으로, 관계적으로 생각해야 한다. 즉, 문화의 분배 과정을 학교 밖 권력과 통제의 문제로 연관 지어야 한다. 이렇게 할 때 비로소 교육 탐구의 핵심으로 정치적·경제적 요소가 들어온다. 이는 교육사회학 연구 전통과의 단절을 의미한다. 전통적 교육사회학은 탈정치적 입장을 취했으며, 사회에서 벌어지는 권력과 자원의 분배 방식은 아무런 관계가 없다고 주장했다. 문화적·경제적 재생산 이론가들의 입장에서 보면, 학교지식 연구와 일반적인 형식의 교육 연구는 적어도 암묵적으로 정치 행위이다. 그러나 이들은 연구자가 정치적 책무를 갖는 건 **찬성**하지만, 지금까지 교육정책과 커리큘럼 담론을 지배해온 자유주의 전통의 정치동맹에는 반대한다.

학교를 재생산 세력으로 보는 비판적 관점의 학자들은 자유주의 교육이론이 과학에 의존하고, 지식의 중립성을 지지하며, 교육을 사회 개량의 수단으로 바라보는 관점을 비판한다. 파인버그의 예를 보자. 그는 자유주의 이론의 가장 큰 약점으로 현재 벌어지는 사건을 심각한 구조적 문제의 징후로 파악하지 못하는 점을 꼽았다. 다시 말해, 자유주의 이론은 교육적 사안을 행정적인 '문제'로만 여길 뿐, 경제적·윤리적·정치적 갈등의 사례로 바라보지 않는다.[27]

비판적 관점의 학자들 가운데 학교 현상을 사회적·경제적 맥락에서 자리매김하려는 학자들은 사회와 교육에 대한 자유주의적 관점에 문제를 제기하는 데 동의한다. 왜냐하면 사회 개량의 수단으로서 자유주의 교육은 '그 전제와 중요성이 다른 어떤 이데올로기보다 더 깊숙이 교육 실천의 패턴 속에 스며 있기' 때문이다.[28] 자유주의 교육정책에서 개인의 성취는 개인의 능력에 의해 좌우된다. 따라서 자유주의 교육정책은 성과 중심의 개인적 성취 윤리를 정당화하는 언어이자 이데올로기의 한 형식일 뿐, 교육이 어떻게 기능하는지는 제대로 설명하지 못한다. 자유주의가 학교교육의 한 측면(어떤 학생과 집단이 학교에서 공부를 잘하는가)을 보여줄지는 몰라도, 특정 유형의 사람과 지식을 '생산'하는 것과 불평등한 사회를 재생산하는 것 사이의 관계는 밝히지 못한다.

그렇다면 자유주의의 문제는 무엇인가?[29]

자유주의 교육 이데올로기의 가장 중요한 원칙은 교육이 사회 변화를 이끌고 유지한다는 것이다. 이 믿음은 다음과 같은 몇 가지 중요한 전제에 근거하고 있다. … 첫째, 학교교육은 기술과의 연계를 통해서 경제성장과 발전 수준에 결정적인 영향을 끼칠 수 있다. 즉 경제성장 수준을 결정하는 기술 수준은 학교교육 수준에 달려 있다는 것이다. 교육 시스템은 기술지식의 한계를 극복하고, 개발된 기술을 통합하고 응용해 일상생활에서 활용할 수 있도록 인력을 제공한다. 기술 개발과 생산을 위해서는 반드시 인력이 필요하기 때문에, 학교는 인력 계획을 통해 다양한 기술과 자격을 갖춘 인력을 양성해야만 한다. 교육기관의 확장과 분화는 교육이 기술 발전을 지원할 수 있다는 신념에 근거하고 있다. 바로 이러한 신념이 1960년대 고등교육의 급속한 팽창을 불러왔을 뿐 아니라, 기술·실업교육에 대한 지속적인 강화를 이끌었다.

둘째, 교육이 사회적 불평등을 바로잡을 수 있고, 공정하지 못한 삶의 기회 분배를 교육 기회를 평등하게 함으로써 공정하게 만들 수 있다. 즉, 교육 시스템이 사회적 이동을 위한 사다리와 수단을 제공한다는 것이다. 여기에는 개인의 성취를 개인의 '능력'만으로 판단하는 성과주의가 객관적인 선발 절차라는 믿음이 깔려 있다. 따라서 교육 시스템이 사회적 선발의 핵심 메커니즘으로써 사회와 개인 모두에게 이익을 가져다준다고 여긴다.

셋째, 교육과 교육이 생산하고 전달하는 문화는 사회에서 독립적이고 자율적인 특징을 갖는다. 교육정책은 학문 연구와 커리큘럼 개혁을 지원해 지식 생산과 지식인 양성을 목표로 한다. 따라서 자유주의 전통 내 이상주의 관점에서는 문화와 학교교육이 사회변화를 이끄는 정치적 중립 세력이라고 여긴다.

이러한 자유주의 교육 이데올로기의 전제들은 교육과 사회질서와의 관계에 대한 문화적·경제적 재생산론자들의 가설과는 대조적이다. 재생산론자들은 문화와 교육을 **사회통제** 이론의 구성 요소로 보기 때문이다.[30] 그러므로 최소한 세 가지 상호연관된 개념을 재검토해야 한다. 첫째, 선발 과정은 중립적인가? 둘째, 학교는 실제로 (사회·경제 규범과 가치를 학생에게 전수하는 사회화가 아니라) 학생의 '능력'에 집중하고 있는가? 셋째, 학교는 모든 학생에게 전문적인 커리큘럼을 통해 기술과 정보를 가르쳐 학생 개개인이 평등한 경제적 보상 기회를 가질 수 있도록 하는가?

볼스와 진티스 같은 학자들이 지적한 것처럼, 학교는 '다양한 기술과 자격을 갖춘 인력'을 중립적으로 선발하고 양성하는 곳이 아니다. 기술 분배보다는 오히려 계급사회에서 각자 자리에 걸맞는 역할 수행에 적합한 규범과 성향을 분배하는 데 더 관심을 쏟는다. 물론 자유주의 전제가 전부 틀렸다는 건 아니다. 예를 들어, 교육은 기술 성장과 **관련**되어 있다. 그러나 그 관계는 우리가 상식적으로 생각하는 것보다 훨씬 더 복잡하고, 궁극적으로는 정의롭지도 공평하지도 않다. 전문지식과 학교교육의 이러한 관계는 불평등을 완화하기는커녕 오히려 불평등을 **낳는다**. 종합해보면, 자유주의 전통에 대한 이러한 비판들은 학교교육과 이를 이끄는 기존 '통념'을 비판적으로 분석할 수 있는 기본 틀을 제공한다. 또한 수많은 커리큘럼과 지배적인 교육이론이 이데올로기적 판단을 방해할 뿐만 아니라, 사회의 불평등한 구조는 물론이고 학교와 불평등한 구조 간의 관계에 대한 진지한 탐구를 가로막고 있다고도 비판한다.

그렇다면 자유주의 교육이론과 실천이 그토록 분명하게 추구하는 것이 어떻게 이데올로기적 장막이 되어 지배의 실재를 가리게 되었나? 물론 학생들 교육에 소홀한 교육자는 거의 없다. 그런데 어째서 교육자들의 동기와 행동에 이데올로기가 그토록 흠뻑 묻어날 수 있는가? 결국 이 문제를 풀려면 이데올로기 개념에 대한 탐구가 무척 중요하다.

이데올로기의 본질

이데올로기 개념을 규정하기는 무척 어렵다. 많은 사람이 합의한 수준은 사회적 실재에 대한 관념, 신념, 기본적인 책무, 또는 가치 '시스템'이 이데올로기라는 데 동의하는 정도이다.[31] 이에 대한 해석은 제각각이다. 이데올로기적 현상의 **범주**와 그 작용에 따라 달라진다. 여기서 작용이란 이데올로기가 '스며든' 사람에게 실제로 미치는 영향력을 의미한다. 먼저 이데올로기 범주에 대한 다양한 해석을 알아보자. 이데올로기적 현상은 다음 세 가지로 분류할 수 있다. ① 특정 직업군의 활동에 대한 구체적인 합리화 또는 정당화(예: 직업 이데올로기) ② 폭넓은 정치 프로그램과 사회운동 ③ 포괄적인 세계관, 사고방식, 또는 버거Berger와 루크만Luckmann 등이 말하는 상징 세계.

작용에 있어서 이데올로기는 사회적 실재를 왜곡해 지배계급의 이익에 봉사하는 허위의식의 한 형태로 역사적 평가를 받았다. 그러나 기어츠Geertz의 견해는 다르다. 그에 따르면 이데올로기는 '이해할 수 없는 사회적 상황에 의미를 부여해주는' 중요한 수단으로 '상호작용하는 상징 시스템'이다.[32] 즉, 이데올로기를 불가피한 창조물로, 복잡한 사회적 실재를 이해할 수 있게 작용하는 공유된 의미 규정으로 본다.

관념적이긴 하지만 이데올로기의 작용에 대한 서로 다른 두 입장은 이데올로기가 무엇이고, 어떤 작용을 하는지 묻는 질문에 완전히 상반된 견해를 드러낸다. 오랜 전통에서 비롯된 두 입장은 현대에도 옹호자들이 있다. 전자는 이데올로기의 '이해관계 이론'으로, 마르크스 전통에 뿌리를 두고 있다. 이데올로기의 주요 역할을 기존 또는 대립하는 정치적·경제적 집단의 기득권을 정당화하는 것으로 본다. 뒤르켕Durkheim과 파슨스Parsons를 옹호자로 둔 후자는 '긴장 이론'의 전통으로, 이데올로기의 가장 중요한 역할을 문제 상황에 의미를 부여하는, 즉 '문제 상황을 합당하게 규정'함으로써 개인과 집단이 상황 논리에 따라 행동하게 한다고 본다.

이렇듯 견해는 서로 다르지만, 이데올로기를 연구하는 학자들은 이데올로기가 세 가지 특징을 갖는다는 점에 동의한다. 그래서 이들은 한결같이 정당화, 권력 갈등, 독특한 논증 방식을 다룬다. 매클루어McClure와 피셔Fischer가 밝힌 이데올로기의 세 가지 특징은 다음과 같다.[33]

정당화: 사회학자들은 이데올로기가 집단행동과 그 행동의 사회적 수용을 정당화하는 데 관련이 있다고 여긴다. 학자들이 주장하는 바가 기득권의 합리화든, '특정 사회 역할을 유지하려는' 시도든, 또는 신념을 확립하고 방어하기 위한 변호, 변명, … 행동, 그 어느 경우든 학자들은 특정 활동이 사회적으로 조직되는 방식에 대한 정당화를 가장 중요한 쟁점으로 다룬다. … 사회적 합의의 기초가 되는 기본 전제가 신가하게 도전받는다고 느낄 때, 정당화는 필요해지고 그 정당화는 종교적 형태를 띠기 쉽다. … '이데올로기는 섭리를 따른다고 주장함으로써 자신의 존재를 신성시한다.'

권력 갈등: 모든 사회학 문헌은 권력을 추구하거나 장악한 사람들 사이의 갈등과 이데올로기를 관련지어 생각한다. 그러나 권력 혹은 정치의 의미를 어떤 학자들은 넓게 보는 반면, 다른 학자들은 좁게 본다. 좁은 의미에서 권력은 정치권 안에서 이뤄지는 사회의 공식적인 권위와 자원의 분배를 의미한다. 반면에 넓은 의미의 권력과 정치는 모든 활동 영역과 보상의 분배를 다루는 각 활동의 모든 측면을 포함한다. … 권력 갈등은 당사자들의 인정 여부와 상관없이, 항상 이데올로기 논쟁에서 성패가 갈린다.

논증 방식: 학자들은 매우 독특한 수사학과 고조된 감정이 이데올로기적 논증의 특징이라고 말한다. … 수사학은 대

단히 명쾌하고 체계적이다. … 논증 방식에 독특한 수사학을 구사하는 이유는 다음 두 가지로 설명할 수 있다.

첫째, 집단의 생존이 걸려 있는 전제들은 기본적으로 중요하다. 따라서 집단 구성원의 연대와 합의를 강화할 수 있는 그 집단 특유의 전제들을 명쾌하게 설명할 필요가 있다. 역으로, 대립하는 집단의 사고 시스템에 포함된 전제와 양립 가능한 전제를 명확히 표현할 필요도 있다. 이때 명확한 표현은 외부인을 설득하고, 지원을 끌어내고, 전향시키기 위한 전술이다.

둘째, 조직 활동 방식에 함축된 전제와 생각을 설명함으로써 실제로 적용했을 때 드러날 모호함을 은폐하기 위해서다.

이데올로기의 이런 다양한 특징은 자유주의 교육이론을 분석하고, 교육을 헤게모니 형태로서 분석하는 데 중요한 의미가 있다. 과학의 언어와 세계관, 효율성, '도움 주기', 추상적 개인이 어떻게 커리큘럼 분야에서 이데올로기로 작용하는지를 살펴봐야 하기 때문이다. 그러나 이데올로기가 단순한 현상이 아닌 만큼, 이데올로기를 제대로 탐구하기 위해서는 그 범주와 작용을 문제 삼아야 한다. 또한 권력과 자원에 대한 논쟁에서 의미를 갖고, 그 의미에 수사학적 힘을 실어주는 규칙으로서의 이중적인 역할을 문제 삼아야 한다.[34]

이러한 예로 커리큘럼의 관리·평가·연구에 있어서 지배적인 모델들이 수행해온 역할을 검토할 것이다. 좀 더 구체적으로 다음 세 가지를 살펴보려고 한다. 첫째, 각 모델은 어떻게 교육자들의 활동이 경제적·문화적으로 중립적이며 도움 주는 것으로 의미를 부여하고, 그러한 활동을 조직하는 데 기여했는가? 둘째, 지배적인 모델들과 전통은 어떻게 자금지원 기관과 '일반 대중'에게 정교함에 대한 비전을 제공해 수사학적 작용을 하는가? 셋째, 지배적인 모델들의 바탕을 이루는 실제 가치, 이해관계, 사회적 작용을 어떻게 위장하는가? 이때 깊이 있는 탐구를 위해서는 이데올로기의 두 측면인 범주와 작용을 동시에 고려해야 한다.

이데올로기의 범주와 다양한 작용, 그 복잡한 특성을 꿰뚫는 핵심적인 생각은 헤게모니 개념에서 찾아볼 수 있다. 이데올로기가 삶의 경험에 녹아 스며든다는 생각. 이 생각은 교육자들이 세상을 해석하고 사고하는 틀을 어떻게 갖게 되는지 알 수 있게 해준다. 그리고 이 틀은 교육자들이 자신의 세계를 조직하고, 자신이 중립적인 학교교육의 중립적인 참여자라는 믿음을 갖게 한다(교육자들이 사용하는 많은 언어가 중립성을 표방한다). 하지만 이 틀은 숨겨진 특정한 경제적·이데올로기적 이해관계에 봉사한다. 틀에는 이해관계가 은폐되어 있다. 어떻게 이런 일이 일어나는가를 파악하기 위해서는, 웩슬러가 지적한 것처럼, 커리큘럼과 사회의 정치적·경제적·윤리적 분석을 함께 엮어서 교육활동이 이들과 맺고 있는 미묘한 이해관계를 구체적으로 밝혀내야 한다.

책의 구성

책의 첫 장에서부터 다루는 내용은 관계에 대한 것이다. 관계의 한 축은 이데올로기와 정치와 경제이고, 다른 한 축은 명시적·잠재적 커리큘럼과 지배적인 교육이론이다. 학교의 일상 활동에 대한 기본 규정, 혹은 잠재적 커리큘럼이 어떻게 이데올로기를 변호하고 가르치는가 하는 첫 번째 가장 중요한 이슈는 1~2장과 4장에서 다룬다. 두 번째 영역, 즉 이데올로기와 명시적 커리큘럼의 관계는 1~4장에서 분석한다. 마지막 이슈인 이데올로기적·정치적·윤리적·경제적 책무가 교육이론과 개량주의 정책 및 실행 속에 어떻게 반영되는가는 3장과 5~7장에서 고찰한다. 이를 통해 독자들은 학교 밖 사회가 교육이론, 학교가 가르치는 명시적·잠재적 지식, 학교가 도입하는 평가와 개량 방법에 얼마나 많은 영향을 주는지 확실히 파악할 수 있다.

책을 구성하는 각 장의 내용은 다음과 같다.

1장 〈이데올로기와 문화적·경제적 재생산〉에서는 현재 커리큘럼 담론을 지배하는 전통을 깊이 있게 논의한다. 여기서는 커리큘럼 사회학과 경제학에 초점을 두고, 문화적 재생산과 경제적 재생산이 상호작용하는 과정에서 커리큘럼이 어떤 역할을 하는가를 분석한다. 이 장은 또한 교육이 분배하는 '정당한' 지식에 대한 접근성에 따라 문화적·경제적 불평등이 초래된다고 보고, 기술성장 과정에서 학교교육이 하는 역할을 분석함으로써 이러한 관계를 입증하고자 한다.

2장 〈학교 일상에서의 경제와 통제〉에서는 동전의 다른 면을 본다. 학교의 공식적 커리큘럼뿐만 아니라 비공식적 커리큘럼과 사회적 관계에 초점을 둠으로써, 수년간 학교에서 생활하는 학생들을 대상으로 이루어지는 이데올로기 혹은 헤게모니 교육을 조명한다. 이 장은 두 부분으로 구성된다. 하나는 간략한 역사적 분석을 통해, 사회통제와 뚜렷한 이해관계를 맺고 있는 학교지식이 어떻게 학교의 일상생활을 조직하는 기본 틀이 되었는가를 보여준다. 다른 하나는 유치원에서의 실질적인 경험을 증거 삼아, 학교가 보수적인 경제적·이데올로기적 지식과 성향을 가르치고 있다는 사실을 입증하고자 한다.

3장 〈커리큘럼의 역사와 사회통제〉는 '현재에 대한 역사적 감수성', 즉 현재를 역사적으로 통찰하는 일이 얼마나 중요한가를 보여준다. 보수적 전통, 특히 합의와 일치된 의견에 대한 책무가 커리큘럼 영역으로 들어오게 된 경위를 탐구한다. 이 장은 또한 앞서 간략하게 다뤘던 역사적 고찰에 깊이를 더한다. 이는 이 장에서 탐구하는 구체적인 사회·경제적 권력과 신념의 역사적 뿌리가 지금까지 커리큘럼 분야와 교육 전반을 지배하는 원리와 실천을 선택할 때 이데올로기적 맥락을 제공하기 때문이다.

4장 〈잠재적 커리큘럼과 갈등의 본질〉에서는 지배적인 학교지식에 깊이 박혀 있는 사회적 이해관계를 조사한다. 이러한 관계는 3장에서 분석한 여러 가지 이데올로기적 전제를 반영하고 있다. 이 장에서 분석하는 명시적 지식은 널리 사용하고 있는 커리큘럼 제안서와 과학 및 사회 연구자료에 있는 것이다. 이 분석에서 나는 특히 학교지식에 스며 있는 합의 이데올로기에 다시 주목하고, 나아가 커리큘럼 지식의 분배가 더 정치적으로 강력하게 이루어지지 않았다는 사실에 집중하고 있다. 요약하면, 이 장에서는 선택의 전통이 효과적인 지배문화를 유지하기 위해 어떻게 작용하는지를 분석한다.

5장 〈시스템경영과 통제 이데올로기〉에서는 헤게모니가 교육자에게 어떻게 작용하는지를 분석한다. 이를 위해 학교를 조직하고 커리큘럼 지식을 선택할 때 경영 이데올로기가 어떤 역할을 하는지 깊이 있게 고찰한다. 이는 본질적으로 윤리적·사회적·경제적 중립성이 결여된 정치적 침묵, 합의, 사회통제의 메커니즘일 뿐이라고 지적한다.

6장 〈상식의 범주와 낙인의 정치학〉에서는 이데올로기에 흠뻑 젖어 있는 교육자의 의식을 조사한다. 이 장의 초점은 지배집단의 문화자본이 채택한 '희생자를 탓하는' 범주이다. 이 범주는 성패의 원인을 아동에서 찾고, 성패의 물질적 조건을 창출하는 학교나 사회는 문제 삼지 않는다. 이 장이 밝히고자 하는 것은 복잡한 사회적 낙인 과정에서 인종과 계급에 따라 서로 다른 종류의 지식과 성향을 분배하는 데 학교가 담당하는 기본 역할이다. 이 장은 또한 학교에서 붙여주는 꼬리표의 작동 방식과 그것이 이데올로기적인 전제로부터 생성되는 과정을 분석한다. 이 장에서 사용하는 신마르크스주의 분석 틀은 학교지시, 낙인, 학교를 둘러싼 제도를 함께 놓고 고찰함으로써 일탈 문제, '성취 문제' 등이 어떻게 학교의 일상적인 작용으로부터 '자연스럽게 생성'되는가를 보여준다.

7장 〈이데올로기의 재생산을 넘어서〉에서는 문화·경제 권력에 대적할 수 있는 교육적·정치적 역할을 탐색한다. 나아가 이러한 역할을 제대로 수행하기 위해서는 학교가 문화적·경제적 재생산에 끼치는 영향을 이해하는 게 중요하다는 사실을 지적한다. 또한 학교지식의 사회·경제적 문제의 추가 연구를 위해 몇 가지 제안을 한다. 결론적으로, 이 장에서 재정의하는 교육자는 유기적 지식인이다. 그 정의는 추상적 개인을 근거로 하지 않는, 반헤게모니 투쟁*에 적극적으로 참여하는 분별력 있고 행동하는 유기적 지성인에 뿌리를 둔다.

---

* 이미 상식화된 지배 이데올로기를 통해 아주 당연한 것으로 정당화되고 있는 현실을 분석하고, 그 정당성에 문제를 제기함으로써 지배 논리를 해체하고 그에 맞선 대항 논리를 재구성하려는 노력을 말한다.

나는 이 책을 통해 **교육자**로서 다른 교육자뿐만 아니라 관계가 있는 사회과학자, 정책분석가, 그리고 철학자에게 말을 건네고자 한다. 그리고 학교교육에 대해 비판적 분석에 임하는 교육자라면 학생들의 삶을 보람 있고, 정서적으로 풍부하고, 더욱 의미 있게 만들 윤리적 책임 또한 있다. 교육자들에게 이 책이 커리큘럼에 대한 윤리적·심미적 이해에서 출발해 정의로운 사회질서에 대한 성숙한 탐구로 나아가는 계기가 되기를 바란다.

그럼 이제부터 충분한 이해에 도달하기 위하여 함께 탐구의 여정을 떠나보자.

이데올로기와
문화적·경제적 재생산

Ideology and Cultural and Economic Reproduction

문화적·경제적 재생산

많은 경제학자와 적지 않은 교육사회학자 및 교육사학자들은 학교를 바라보는 독특한 관점이 있다. 우선 이들은 학교를 검은 상자로 생각한다. 그리고 학교에 들어가기 전 학생들을 입력값으로 측정한 다음, 노동력으로 사회에 진출하는 청소년이나 성인을 산출값으로 측정한다. 이러한 관점에서는 검은 상자 안에서 무슨 일이 일어나는지 중요하지 않다. 즉 학교에서 무엇을 가르치고, 학생과 교사가 구체적으로 어떤 경험을 하는지는 중요하지 않다. 다만 세계적이고 거시경제적인 투자수익률, 좀 더 근본적으로는 노동 분업의 재생산이 중요할 뿐이다. 그런 이들이 학교를 불평등한 사회를 재생산하는 기관으로 본다는 사실은 중요한 통찰이다. 그러나 학교를 검은 상자로 여기기 때문에, 학교 **안에서** 어떻게 불평등의 재생산이 이루어지는가는 보여주지 못한다. 따라서 문화기관이 불평등의 재생산 과정에서 하는 역할에 대한 이들의 설명은 부정확하다. 그렇지만 이들의 **문화적** 설명도 논의의 보완적인 차원에서 다루어질 필요가 있다고 본다.

학교처럼 엘리트 문화와 대중문화가 독특한 방식으로 결합한 곳은 없다. 그래서 사회의 문화 분배 메커니즘을 연구하기에 학교만큼 흥미롭고, 정치적·경제적으로 영향력 있는 공간도 없다. 이탈리아의 마르크스주의자 안토니오 그람시가 지적한 것처럼, 학교를 문화 분배의 메커니즘으로 생각하는 것은 중요하다. 특정 계급의 이데올로기적 지배를 강화하는 데 가장 결정적인 요소는 특정 사회의 제도를 보존하고 생산하는 지식을 통제하는 것이기 때문이다.[1] 그러므로 만하임의 말처럼[2] 학교를 비롯한 문화기관들이 선택하고, 보존하고, 분배하는 '실재 reality'는 구체적으로 다루어야 한다. 그래야 실재를 사회의 모든 개인과 집단의 이익에 봉사하지 않는 특정 '사회 구성체'로 파악할 수 있다.

최근 교육사회학자들은 실재를 사회 구성체로 생각한다. 이러한 생각은 특히 현상학자들에게 두 가지를 의미한다. 첫째, 사람은 사회적 존재로 특정한 사회현실을 유일한 실재로, '진정한' 삶의 방식으로 받아들이며 살아간다. 둘째, 집단을 유지하고 조직하는 사회적 의미는 사람들이 살아가며 꾸준히 맺는 상식적인 상호작용의 패턴에 의해 생성된다.[3] 이는 사회에서 심리적인 것으로 치부해오던 문제에 사회적인 요소도 함께 있다고 주장하는 것으로, 문화기관을 통해 분배하려는 가치관이 사회적 혹은 이데올로기적 영향과는 무관하다고 생각하는 많은 교육자의 관점에 비추어 보면 분명 큰 진전이다. 그러나 '실재하는 사회 구성체'가 있다는 개념은 너무 일반적이라 문화기관, 특히 학교와 사회·경제 구조 간의 관계를 이해하는 데 별 도움이 되지 않는다. 위티Whitty의 지적은 간단명료하다.[4]

실재가 사회적으로 만들어진다는 걸 지나치게 강조하면 어떻게, 왜 실재가 특정 방식으로만 구성되는지, 그리고 실재하는 특정 구성체는 왜, 어떻게 결코 무너지지 않는 권력을 가진 것처럼 보이는지를 간과하게 된다.

이처럼 실재하는 사회 구성체가 있다는 일반 원리로는 왜 어떤 사회적·문화적 의미는 학교를 통해 분배되지만 어떤 것은 분배되지 않는지 설명하지 못한다. 또한 집단 사회에서 지식을 통제함으로써 제도를 보존하고 생산하는 일이 어떻게 권력 집단의 이데올로기적 지배와 관련되는지를 설명하지 못한다.

물론 지식이 사회적·경제적 삶을 조직하고 통제하는 것과는 아무 관련이 없다는 반대 원리 또한 문제가 있다.(이 말에 많은 커리큘럼 이론가들은 놀랄 수 있다.) 하지만 윌리엄스는 문화의 사회적 분배에 대한 비판적 분석에서 이를 아주 잘 설명하고 있다.[5]

사람들은 나름의 가치와 의미 패턴을 가지고 평생을 살아간다. 얼핏 이러한 패턴은 자율적이고 자체적으로 진화하는 것처럼 보일 수도 있다. 하지만 치밀한 정치·경제 시스템과 패턴을 분리한다는 건 현실적으로 불가능하다. 정치·경제 시스템은 가장 예상하기 어려운 감정과 태도까지도 영향을 미치기 때문이다. 따라서 교육이 변화의 열쇠라고 믿고 제시하는 교육 처방은 교육의 내용과 형식이 실제 정치·경제 시스템에 영향을 받을 뿐만 아니라, 심지어 어떤 경우에는 결정되기까지 한다는 사실을 간과한다.

위티와 윌리엄스가 이데올로기와 학교지식 간의 관계에 대해 어려운 문제를 제기하고 있는데, 그 맥락은 대체로 영국적이다. 유럽과 영국에는 문화와 통제 간의 관계를 다뤄온 오랜 역사가 있다. 무엇보다 그곳에서는 미국과 달리 계급 갈등이 노골적이었다. 이데올로기 분석의 전통이 미국의 교육·문화 연구에서 찾아보기 어렵다는 사실은 다음 두 가지 우려를 갖게 한다. 하나는 교육활동이 몰역사적으로 이루어진다는 것이고, 다른 하나는 커리큘럼에 기술 모델을 도입함으로써 이를 개량주의 윤리가 지배하고 있다는 것이다.[6] 여기서 커리큘럼의 몰역사성은 상당히 흥미롭다. 진보교육협회가 창립된 이래 협회 안팎에서 격렬한 논쟁이 있었고, 진보교육자들 사이에서 가장 중요한 논점은 세뇌 문제였다. 더욱 정의로운 사회를 위해 학교는 학생들에게 특정한 사회사상을 가르쳐야 하는가? 아니면 학교는 특정한 사회적·경제적 주의·주장을 지지하기보다 진보적 교육기법에만 관심을 가져야 하는가? 이런 유형의 질문은 과거에 민주 성향의 교육자들을 '괴롭혀왔다.' 그러나 이 논란은 다른 용어로 옷을 갈아입었을 뿐 오늘날까지도 계속되고 있다.

진보교육협회의 초창기 멤버인 스탠우드 코브Stanwood Cobb도 지적했듯, 20세기 초 수십 년 동안 많은 진보교육자는 학교에서 가르치고 평가해야 할 실제 교육 내용이 무엇인가라는 문제를 제기하기조차도 아주 조심스러워했다. 이들이 가장 먼저 고민한 것은 교수 방법이었다. 커리큘럼을 결정하는 것은 본질적으로 정치적인 이슈로, 이를 놓고 갑론을박하면 진보주의 운동에 균열이 생긴다고 생각했기 때문이다.[7] 교육자들이 이렇게 생각하고 행동하게 된 구조적 원인에 대한 코브의 추정은 역사적으로 볼 때 정확할 수도, 그렇지 않을 수도 있다. 그러나 최소한 현상학적으로 분명한 사실은 많은 교육자가 학교를 비롯한 문화기관들이 보존·분배하는 문화가 반드시 중립적인 것은 아니라는 사실을 깨닫게 되었다는 것이다. 또한 자신들의 행동도 마찬가지로 중립적이지 않다는 사실 역시 깨닫게 되었다. 그러나 불행하게도, 역사적으로 계속 반복되어온 이 중요한 논란이 미국에서는 영국과 프랑스에서만큼 현재의 커리큘럼 논쟁에 영향을 주지 못했다. 분명한 건 미국과 같은 선진 산업사회의 학교들은 어떤 사회계급을 위해서는 봉사하지만, 다른 계급에 대해서는 전혀 그렇지 않다는 사실이다. 따라서 문화기관에서 사상과 통제의 연관성을 밝히는 것보다 더 중요한 탐구영역은 없다.

　　먼저 시작한 윌리엄스, 부르디외, 번스틴 같은 선구자들이 있음에도[8] 아직까지는 문화와 통제에 대한 완벽한 이론을 제시할 수는 없다. 하지만 여기에서 몇 가지를 탐구하고자 한다. 첫째, 이데올로기와 학교교육 간 관계에 관한 최근 연구들이 바탕으로 삼은 기본적인 전제들을 더 깊이 있게 논의하고자 한다. 그리고 이 논의를 오늘날 커리큘럼 연구를 지배하고 있는 전통과 비교할 것이다. 둘째, 커리큘럼과 이데올로기적·경제적 구조 사이의 관계를 놓고 벌어지는 논쟁의 한 양상을 취하여, 그것을 몇 가지 일반 명제로 설정하고자 한다. 이 명제들은 최종적으로 입증된 것이 아니라 입증되어야 할 가설로 보아야 하며, 비교연구는 물론 역사적·개념적·경험적 연구를 통해 타당성을 검증해야 할 것이다. 이 가설들은 높은 사회적 지위가 부여되는 교과 지식과 그 지식의 경제적·문화적 영향 사이의 관계에 대한 것이다. 문화적 재생산과 경제적 재생산 간 복잡하게 얽혀 있는 맥락을 밝히지 않고는 커리큘럼의 형식과 내용에 대한 과거와 현재의 문제는 설명하기 어렵다. 그럼 우선 오늘날까지 많은 커리큘럼 연구에 가설적 배경을 제공하는 전통들을 간략하게 살펴보기로 하자.

성취와 사회화의 전통

오늘날 교육과 커리큘럼에 관한 많은 이론과 연구는 다양한 학습심리학에서 그 논리적 근거와 추진력을 얻고 있다. 슈와브Schwab을 비롯한 많은 사람이 커리큘럼 이론(혹은 교육학)을 학습이론에서 도출하는 것은 논리적 오류임을 입증했지만, 아직도 많은 커리큘럼 이론가들은 깨닫지 못하는 것 같다.[9] 앞으로 해나갈 논의와 밀접하게 관련된 또 다른 어려움이 있다. 학습이론은 탈정치적이고 몰역사적인 경향이 있다. 따라서 커리큘럼을 구성하고 선택할 때 작용하는 정치적·경제적 권력과 사회자원 간의 복잡한 연관성을 은폐한다. 즉 학습이론은 학교지식의 이데올로기적 뿌리를 문제 삼는 질문을 다루기에는 적합한 이론적 도구가 아니다. 아마도 제기할 수 있는 가장 단순한 질문 정도는 이슈화를 최소화한 이런 것들이 아닐까. '학교가 실제로 **가르치고 있는** 것은 무엇인가?', '학교가 가르치는 지식이 명시적, 잠재적으로 하는 사회적 기능은 무엇인가?', '그 지식을 계획하고, 결정하고, 평가하는 데 사용하는 선택과 구성의 원리는 선진산업사회에서 계급관계를 문화적·경제적으로 재생산할 때 어떤 작용을 하는가?'[10]…. 이러한 질문들은 심리학에서 하는 언어유희가 아니다. 이제 질문들과 관련이 깊은 개념체계를 살펴보자.

교육자들(심리학자, 사회학자, 경제학자)은 뚜렷이 구별되는 두 방법으로 학교지식을 탐구한다. 하나는 학업성취를 이슈의 중심에 두고, 다른 하나는 성취보다는 사회화 메커니즘으로서 학교의 역할에 더 관심을 둔다.[11]

학업성취 모델은 커리큘럼에서 다루는 지식 자체를 문제

삼지 않는다. 학교지식을 주어진 것으로, 중립적인 것으로 받아들이기 때문에 오히려 사회집단 간, 학교 간, 아동 간에 비교가 이루어질 수 있다고 여긴다. 그러므로 무엇을 가치 있는 지식으로 보아야 하는가에 대해서는 검토하지도 않은 채 학업성취도를 측정하고 판별하여 서열화하는 것이 연구를 이끄는 주요 관심사가 된다. 여기서 초점은 개인이나 집단의 학업 성패에 가장 큰 영향을 미치는 변인을 찾는 일이다. 예를 들면 '독특한 학생문화', 교육자원의 불평등한 분배, 혹은 학생의 사회경제적 배경 등이다. 이 모델의 사회적 목표는 학업성취를 최대치로 끌어올리는 데 있다.

학업성취 모델과 달리 사회화 모델은 학교지식을 탐구한다. 사실 이 모델이 우선적으로 관심을 갖고 탐구하는 것은 학교가 가르치는 사회적 규범과 가치다. 그러나 이러한 관심 때문에 '도덕적 지식'이 무엇인가에 대한 연구에만 몰두한다. 이 모델은 사회적 가치를 주어진 것으로 설정하고, 사회의 대리자인 학교가 어떻게 사회가 '공유하고 있는' 규범과 성향을 학생들에게 전수하는가를 탐구한다. 로버트 드리븐Robert Dreeben의 유명한 책《학교 학습 고찰 On What is Learned in Schools》[12]이 이 모델의 좋은 예를 보여준다.

물론 두 모델이 완전히 틀린 것은 아니다. 의도하지는 않았지만, 과거에 학교를 문화적·사회적 메커니즘으로 이해하는 데 도움을 주었다. 사실 드리븐과 같은 사람들이 시도한 사회화에 대한 확장된 설명은 한 가지 이점이 있다. 그들의 설명이 설득력 있게 **받아들여지기** 위해서는 주어져 당연시하는 것이 무엇인지를 밝혀내야 하기 때문이다.[13] 이처럼 이 모델들은 학교지식이 갖는 의미와 통제의 본질을 지적하고 있다. 그렇다면 이 두 모델이 암묵적으로 받아들여 의문을 제기하지 못하는 이유에 주목할 필요가 있다. 이는 두 연구 전통이 안고 있는 문제점을 밝혀낼 중요한 요소이기 때문이다. 우선 학업성취 모델은 기술적 통제와 효율성 관리에 관심을 쏟고 점점 더 많은 영향을 받아왔기 때문에, 지식 자체의 실제 내용은 소홀히 다루었다. 그 결과 경제가 학교지식의 구조와 맺을 수 있는 관계를 진지하게 고려하지 못한 채, 기껏 '민주주의를 강력하게 유지하기 위해서는' 엄격한 규율로 단련된 학생을 '생산하는 것'이 중요하다는 식의 주장만 늘어놓을 뿐이었다. 사회화 모델의 전통은 나름대로 통찰력이 있긴 하나, 문제는 사회적 합의를 강조하는 한편으로, 사회와 교육기관에 '주어진' 가치 사이의 유사성에만 주목했다. 이 때문에 사회화 모델은 누가 정의한 어떤 사회적 가치가 사회에서 지배적 가치로 적용되는지 정치적·경제적 맥락을 아예 읽어내지 못한다.[14] 나아가 두 모델은 모두 학교 커리큘럼의 형식과 내용이 가진 잠재적 기능 일부를 전적으로 무시한다. 그런데 이 잠재적 기능은 일명 '학교지식의 사회학' 전통이 탐구하고자 하는 바로 그 영역이다.[15]

학교지식의 사회학과 경제학

세 번째 전통인 '학교지식의 사회학'은 앞선 두 모델의 전통보다 더 비판적이며, 영의 다음과 같은 주장에서 근본적인 출발점을 발견할 수 있다. "권력에 대한 접근과 특정 지배적인 범주를 정당화하는 기회 사이에는 변증법적 관계가 있으며, 이러한 범주를 이용해 특정 집단이 다른 집단을 통제하며 권력을 행사할 수 있다."[16] 그렇다면 살펴봐야 할 것은 문화 '전수'를 통해 사회의 불평등한 권력 시스템이 어떻게 유지되고 재창조되는가 하는 문제이다.[17] 이때 문화와 경제를 재생산하는 중요한 대리자로 학교가 중요한 것은 두말할 필요도 없다. 모든 아동은 학교에 가고, 학교는 아동에게 자격을 부여하고 이들을 사회화하며 막대한 영향력을 행사한다.

사회화 모델의 전통과 마찬가지로, 이러한 연구의 초점도 사회가 안정을 유지하는 방식에 있다. 즉, 경제적, 교육적 재화와 서비스를 통제·생산·분배하는 기존 방식을 유지하기 위해 학교가 하는 일은 무엇인가? 하지만 이러한 질문에 드리븐보다 더 비판적인 자세로 접근한다. 이들이 이러한 특정 문제에 적극적인 이유는 사회주의 운동과의 제휴에서 비롯되었다. 이는 넓게 보면 롤스Rawls가 정의 이론에서 취한 입장과 유사하다. 이 입장에 따르면, 진정으로 정의로운 사회는 혜택을 최소로 받는 자에게 최대의 혜택이 돌아가도록 해야 한다.[18] 따라서 어떤 사회가 문화와 경제 '자본'을 향유하고 소유하는 데 빈부격차가 증가하고 있다면, 그 사회는 다음과 같은 의문을 제기해야 한다. 이 불평등은 어떻게 정당화되는가? 왜 그것이 용납되고 있는가? 그람시의 표현을 빌리면, 이 헤게모니는 어떻게 유지되는가?

이러한 입장을 따르는 많은 연구자에게 이 외견상의 사회적·이데올로기적 안정성의 근거는 '기존 사회질서를 지배하는 원칙을 개인이 깊이, 그리고 무의식적으로 내면화한 데' 있다고 본다.[19] 그러나 이 원칙들은 중립적인 것이 아니라 경제적·정치적 계층화와 밀접하게 관련되어 있다고 여긴다.

최근 미국, 영국, 프랑스에서 볼스와 진티스, 번스틴, 영, 그리고 부르디외가 수행한 분석이 이 관련성을 잘 보여주는 예다. 이들에 따르면, 자신이 속한 사회질서를 어떻게 바라보느냐 하는 개인의 근본적인 인식에서 해결의 실마리를 찾을 수 있다. 예를 들어, 볼스와 진티스의 흥미롭지만 지나치게 기계론적인 저술에 대한 한 영국 평론가의 말을 들어보자.[20] "볼스와 진티스는 경제적 생산양식에서 위계적 노동관계 시스템이 요구하는 다양한 인성 유형을 형성하는 데 학교교육이 중요한 역할을 한다는 점을 강조한다."[21] 이처럼 볼스와 진티스는 교육을 통해 개인을 경제적, 정치적 힘으로 결정된 사회의 고정된 일자리에 각각 배치할 뿐만 아니라, 학교가 교육 자체의 과정, 즉 명시적이고 잠재적인 커리큘럼으로 사람들을 사회화함으로

써, 자신이 사회에서 자리매김하게 되는 제한된 역할을 정당한 것으로 받아들이도록 한다는 것이다.[22]

지향하는 바가 유사한 다른 학자들도 비슷한 입장에서 학교가 개인의 의식 형성에 미치는 영향을 분석한다. 번스틴도 그중 한 사람으로, 그는 "개인의 '의식구조'(사고, 언어, 행동의 범주)는 교육을 통해 형성되고, 이러한 의식구조는 사회적 분업에서 파생된다."고 주장했다.[23] 프랑스에서는 부르디외가 동일한 맥락에서 문화적 재생산과 경제적 재생산 간의 관계를 탐구했다. 그는 경제적·문화적 통제와 분배를 연결하는 문화 규칙을 분석하는데, 이 규칙을 **아비투스**habitus라고 명명했다.[24]

부르디외는 이른바 '중산층 문화'를 대하는 학생들의 능력에 초점을 맞춘다. 그의 주장에 따르면, 학교가 축적하는 문화자본은 효과적인 필터가 되어 위계적인 사회구조를 재생산한다. 예를 들어, 학교는 겉보기에 중립적인 선택과 교육이라는 과정에서 사회적·경제적 위계질서를 부분적으로 재창조한다. 중산층의 문화자본인 **아비투스**를 당연하게 받아들이고, 마치 모든 아동이 동등하게 접근할 수 있는 것처럼 가르친다. 그러나 "모든 아동을 동등하게 대하는 것처럼 하면서, 이미 중산층의 문화를 대할 수 있는 언어적·사회적 능력을 갖춘 아동들을 암암리에 우대함으로써 학교는 본질적으로 문화자본을 당연하게 받아들인다."[25] 여기서 부르디외가 요구하는 것은 문화자본을 경제자본과 같은 맥락에서 생각하라는 것이다. 지배적인 경제제도가 경제자본을 상속받았거나 이미 보유하고 있는 사람들에게 더 유리한 구조이듯이, 문화자본도 마찬가지다. 문화자본('좋은 취향', 특정한 사전지식, 능력, 언어 형태)의 불평등한 분배는 대체로 그 사회의 노동과 권력이 나뉘면서 비롯된다. "그러한 특성을 선택함으로써, 학교는 사회의 권력 분배를 재생산하는 데 기여한다."[26] 부르디외의 관점에서 보면, 학교가 하는 일이 무엇이고, 성공하는 자는 누구이며, 실패하는 자는 누구인가를 철저하게 탐구하기 위해서는 문화를 중립적인 것으로, 사회적 진보에 필수적인 기여자로 생각해서는 안 된다. 오히려 학교가 암암리에 보존하고 유포하는 문화가 학교 밖의 불평등에 기여한다고 보아야 한다.

따라서 여기서 깨달아야 할 것은 빈곤이 그렇듯이 낮은 학업성취도 **일탈이 아니다**. 빈곤이나 낮은 성취도와 같은 커리큘럼의 문제는 경제·문화·사회생활이 통합적으로 만들어낸 **산물**이다.[27] 성취와 같은 커리큘럼 문제를 학교가 짧은 시간 '자연스럽게 생산해낸 것'으로 보는 관점에 대해서는, 학교지식을 논하는 다음 절에서 좀 더 자세히 살펴볼 것이다.

그렇다면 세 번째 전통인 학교지식의 사회학은 기본적으로 무엇을 말하고 있는가?[28]

대부분의 '재생산' 이론이 바탕에 두는 전제는 교육이 개인의 의식과 사회를 중재하는 역할을 한다는 것이다. 이 이론가들에 따르면, 사회적 행동과 태도, 도덕성, 신념을 지배하는 규칙은 업무 경험, 교육, 가족 사회화라는 여과장치를 거쳐 경제·정치 구조로부터 각 개인에게로 흘러 들어간다. 이 과정에서 개인은 자신이 살아가는 사회에 대해 독특한 자각과 견해를 갖게 된다. 개인의 의식은 사회질서를 이해하는 방식과 그 질서에 대한 태도로 형성된다.

그러므로 학교는 지식과 사람 모두를 '가공처리'한다. 지식은 계급에 따라 사람을 가공하는 복잡한 필터로 사용된다. 계급, 젠더, 인종에 따라 학생들에게 다른 성향과 가치를 전수한다. 사실 비판적 연구 전통에서 보면, 비록 대부분의 학교 종사자들이 의도하지 않았을지라도, 학교는 보이지 않게 문화적·경제적 격차를 재창출하고 있다.

여기서 한 가지 분명히 짚고 넘어가자. 문화나 의식이 경제구조에 의해 '기계적으로' 결정된다고 주장하는 게 아니다. 오히려 문화통제와 분배가 경제적·정치적 계층화와 맺는 변증법적 관계를 인식하고, 이를 역사적, 경험적으로 문제시하자는 것이다.[29] 따라서 여기서는 일단 학업성취 모델과 사회화 모델이 다루는 인식은 괄호 안에 넣고 고려 대상에서 제외한다. 연구 프로그램의 바탕이 되는 '인지적 관심'은 **학교지식을 관계적으로 보자**는 것이다, 학교지식이 교육 '안팎'에서 일어나는 이데올로기적·경제적 갈등으로부터 창출된다고 여기기 때문이다. 그리고 이러한 갈등과 영향력이 문화적 대응에 한계를 설정한다. 즉, 기계적으로 결정되지 않는다. 어떤 커리큘럼도, 어떤 문화도 경제력만으로 생산할 수 있는 '단순한 산물'이 아니기 때문이다.[30]

그런데 사실 여기에 간과해서는 안 될 명백한 위험이 있다. 만약 커리큘럼의 실제 '내용'을 문제시하고, 현재 정당하다고 간주하는 지식을 이데올로기적으로 검증하기까지 한다면, 아마도 천박한 상대주의로 치부될 수 있다. 즉 명시적·잠재적 커리큘럼 지식을 사회적·역사적 산물로 본다면, 이는 결국 교육자가 채택하는 타당성과 진리의 준거에 의문을 제기하는 것이다.[31] 여기서 제기될 수 있는 인식론의 문제가 흥미롭지 않은 건 아니다. 그러나 이러한 연구의 핵심은 지식이나 진리 판단의 준거를 전적으로 상대화하는 것이 아니다. 마르크스주의 전통에서는 오랫동안 이러한 논쟁이 있었다. 테어도어 아도르노Adorno와 칼 포퍼Popper 간의 논쟁이 그 예다. 그리고 이 논쟁에서 제기된 인식론적·정치적 문제들로부터 많은 것을 배울 수 있다.[32] 예를 들어 방법론에 있어서 문제를 관계적, 구조적으로 생각하는 방식이다. 좀 더 명확히 말하면, 커리큘럼과 같은 교육 현상과 학교가 창출한 눈에 보이지 않는 사회적·경제적 성과 간의 미묘한 관계를 밝혀내야 한다.

이는 프랑크푸르트학파의 비판이론가들 주장과 유사하다. 이들은 사람들이 사회적 사실을 인식하는 맥락, 즉 세계를 개념화하는 일반적인 방식으로는 겉보기에 상식처럼 보이는 당연한 것들이 특정 이해관계에 봉사하고 있다는 사실을 알아채지 못한다고 주장한다.[33] 그러나 이러한 이해관계는 전제가 아닌 입증이 필요하다. 그러므로 입증의 기초를 마련하기 위해 앞에서 말한 몇몇 가설로 되돌아갈 것이다. 이제 탐구해야 할 것은 문화분배와 경제권력이 밀접하게 결합된 관계 방식이다. 그리고 이는 재생산 이론가들처럼 '도덕적 지식' 교육에서만이 아니라, 공식적인 학교지식체계 자체에서 밝혀낼 수 있다.

지식의 상대적 지위

이제부터 비판적 분석 틀을 이용하여 어떻게 특정 지식, 특히 학교가 가장 가치 있다고 여기는 지식이 실제로 경제적 재생산과 관련되는가를 고찰하고자 한다. 부르디외, 번스틴, 영 등과 마찬가지로 지식의 분배와 불평등의 생성이라는 쟁점을 가지고 시작하기로 한다. 이 비판적 탐구의 최전선에는 부르디외의 주장이 있다. 문화와 경제·정치가 어떻게 상호작용하고 있는지 이해하고자 한다면, 부르디외의 주장처럼 문화와 경제를 모두 자본으로 생각해야 한다.

이 둘 간의 관계를 탐구하기 위해 문화 '전수'라는 표현을 사용할 텐데, 사실상 문화 산물과 지식을 마치 물건처럼 다룬다. 그러나 '마치'라는 개념은 정확하게 이해할 필요가 있는 하나의 은유로서, 아주 복잡한 과정을 다루기 위한 것이다. 예를 들어, 학생들은 정보나 문화적 속성 등을 단순히 받아들이는 것이 아니라, 오히려 그러한 경향, 성향, 기술, 사실적 지식 등을 자신에게 의미심장한 의미로 변형시킨다(때로는 거부한다).[34] 그러므로 지식을 물건처럼 다루는 건 범위와 복잡성을 줄이는 방법론적 단순화 행위로 이해할 필요가 있다(사회에서 통상적으로 지식을 물건으로 간주한다는 사실은, 선진산업사회에서는 지식이 상품으로 실체화되고 있음을 말해준다).[35]

논의의 시작을 도와줄 영의 주장을 들어보자.[36]

지배권력은 무엇이 지식인지 규정하려 하고, 서로 다른 집단이 특정 지식에 얼마나 접근할 수 있는지, 그리고 서로 다른 지식 영역들의 관계는 어떠하며, 그 지식 영역에 접근해 이용할 수 있는 사람들 간에 허용 가능한 관계는 무엇인지 규정하려고 한다.

영의 주장은 헤게모니가 어떻게 의식을 흠뻑 적시는가를 보여준다. 물론 항상 지식이 의식적인 조작과 통제는 아니므로 약간 과장될 수 있지만, 그의 주장은 지식의 상대적 지위와 지식에 대한 접근성의 문제를 제기한다는 데 진정한 의의가 있다. 왜냐하면 이 진술 속에 들어 있는 전제는 다음과 같은 내용을 함의하고 있기 때문이다. 기업경제구조와 관련된 굉장히 중요한 고급 지식을 누군가 소유했다면, 실제로 그 지식은 다른 사람이 소유할 수 없다는 것을 의미한다. 다시 말해 고급 지식은 "당연히 희소하고, 그래서 필연적으로 도구화된다."[37]

이러한 사실은 대단히 중요하기 때문에 좀 더 깊이 살펴볼 필요가 있다. 학교는 사람을 '가공처리'할 뿐만 아니라 지식도 '가공처리'한다. 그리하여 불평등한 경제체제와 관련된 특정 유형의 문화자원을 강화하고 정당성을 부여한다. 이 점을 이해하기 위해서 학교가 가장 중요하게 여기며 선택하고 극대화하려는 지식이 무엇인지 생각해보자. 학교가 취하는 이 지식을 기술지식으로 규정하자. 이는 폄하하려는 게 아니라 미학, 신체적 우아함 등과 관련되는 지식과 구별하기 위해서다. 기술지식의 극대화라는 개념은 문화자본과 경제자본의 관계를 밝히는 데 유용한 원리이다.[38]

현재의 경제 시스템은 일자리는 일정 정도만 만들고 기업에게는 꾸준히 높은 이익을 보장하는 방식으로 조직되어 있다. 경제조직은 (측정된) 실업률이 대략 4~6퍼센트일 때 **가장 효율적**이라고 한다(그러나 이 통계치의 부정확성은 악명이 높다. 여기에는 훨씬 더 높은 흑인 실업률과 수많은 여성의 불완전 고용 및 무급노동 문제가 전혀 고려되지 않았기 때문이다). 이들에게 유용한 일자리를 제공하기 위해서는 수용 가능한 수익률을 낮춰야 하고, 일자리와 자원을 분배하는 소위 '시장 메커니즘'을 부분적으로나마 재편해야 한다. 이런 이유에서, 현재의 경제 시스템이 일정한 수준의 불완전 고용과 실업을 **자연스럽게 만들어낸다**고 해도 과언이 아니다.[39] 이러한 시스템은 이윤 창출의 극대화를 최우선으로 하며, 자원과 고용의 분배에는 부차적으로만 관심을 가질 뿐이다.

지식과 경제 간의 관계에도 이와 비슷한 방식이 그대로 적용될 수 있다. 기업경제는 경제조직을 효과적으로 운영하고 경제성장 기회를 극대화하는 데 더욱 정교해지기 위해서 고급 기술지식을 생산해야 한다. 그러나 이 고급 지식은 될 수 있는 한 많이 생산되는 게 필요할 뿐이지 일반 대중에게 널리 전파하려는 목적은 없다. 따라서 고급 지식을 계속해서 효과적으로 생산하는 한, 학교는 최소한의 중요한 기능을 효율적으로 잘하고 있는 셈이다. 학교에서 '소수'집단 학생들과 가난한 집 아이들의 낮은 학업성취는 아무런 문제도 되지 않는다. 이들의 낮은 성취가 경제에 덜 중요하기 때문이다. 중요한 것은 지식 자체의 생산이다. 거듭 말하지만, 특정 '상품'(여기서는 고급 지식)은 분배보다 생산이 더 중요하다. 기술지식의 공평한 분배에 대한 관심은 생산을 방해하지 않는 범위 내에서만 용납될 수 있다.

'시장경제'가 효율성을 위해 일정 수준의 실업률을 만들어내는 것과 마찬가지로, 문화기관인 학교도 '당연하게' 낮은 성취 수준을 만들어낸다. 문화자본을 골고루 **분배하거나** 혹은 희소성으로 분배할 수 없는 상황은 이 가치 셈법에서 크게 중요하지 않다. 오히려 여기서 중요한 것은 특정 지식의 생산을 극대화하는 일이다.

대학 입학을 놓고 벌이는 논쟁(일정 기준을 정해야 한다는 주장과 원하면 누구나 갈 수 있어야 한다는 주장)에서도 부분적으로나마 이러한 고급 지식과 경제 간의 관계가 드러난다. 또한 학교와 커리큘럼이 예외 없이 대학 입학을 목표로 과목 중심으로 구성되고, 각 과목들의 중요도가 서로 다른 이유를 설명해준다. 경제구조와 고급 지식 간의 이러한 관계는 기술 영역에 투자되는 커리큘럼 혁신 비용과 예술 영역에 투자되는 혁신 비용 간의 현격한 차이 또한 설명해준다.

학문 구조 운동이 제공하는 흥미로운 예들은 권력과 문화에 대한 이러한 지적이 사실임을 보여준다. 학문-중심 커리큘럼은 전통적인 커리큘럼 관점에 심각한 도전이 되지 못했다. 오히려 특정 공동체가 가진 특정 상품(여기서는 학문 지식)이 학교에서 효과적으로 '거래되지' 않고 있다고 주장했다.[40] 심지어 대부분의 학교 구성원이 학문 지식을 가장 중요한 커리큘럼 지식으로 받아들이고, 정부가 이를 채택하는 학교에 많은 지원금을 제공할 때, 대립하는 권력들은 서로 각자의 지식이 가장 중요한 지식이라고 주장하며 무엇이 높은 지위 지식인가를 놓고 이견을 좁히지 못했다.

예를 들면, 예술과 인문학에 비해 훨씬 많은 재정지원금이 수학과 과학 커리큘럼 개발에 쓰였다. 이런 일은 과거에도 지금도 여전히 일어나고 있는데, 그 이유는 다음 두 가지로 생각할 수 있다. 하나는 경제적 유용성 때문이다. 과학과 기술지식의 생산 극대화가 가져다주는 이익은 눈으로 쉽게 관찰할 수 있고, 논란의 여지가 없어 보였다. 다른 하나는, 고급 지식은 서로 분리된 별개의 지식으로 보이기 때문이다. 확인 가능한 내용과 안정된 구조를 가지며,[41] 이는 가르칠 수 있고, 무엇보다 평가할 수 있다는 것이 중요하다. 반면에, 예술과 인문학은 교과의 본질적 특성상 그러한 기준에 따르기 어렵다고 여겼다. 자, 여기에서 순환 명제가 작용한다. 고급 지식은 사회에서 가장 강력한 권력 계급의 장기적인 이익에 봉사한다는 면에서 **거시경제의 관점에서** 유익하다. 그리고 사회적으로 받아들여지는 고급 지식의 정의는 기술지식이 아닌 다른 지식에 대한 배려를 배제한다. 고급 지식으로 이익을 보는 자도 권력계급이고, 자신들의 이익에 부합하도록 고급 지식의 의미를 규정하는 자도 권력계급이다. 이것이 바로 순환명제이다.

거시경제의 관점을 강조하는 데 주목하자. TV 수리도 하나의 교과목이 될 수 있고, 잘만 배운다면 사용자는 경제적 이익을 얻을 수 있다. 그러나 TV 수리가 누구나 선망하는 직업군이 아니면 경제 자체에 손해는 없다. 사실 경제구조는 복잡한 기술을 덜 복잡하고, 더욱 표준화된 기술로 계속 나누고 쪼갤 것을 요구한다는 브레이버먼Braverman의 분석이 옳다면, 경제

통제는 그러한 단순한 기능에 어떠한 지위도 주지 않음으로써 더욱 쉬워진다. 그러나 기술지식에는 똑같이 적용되지 않는 것처럼 보인다.[42]

여기에는 다시 두 단계가 작용한다. 기본적인 사회·경제적 규칙은 학교에서 교과-중심 커리큘럼으로 가르치고, 기술지식에 높은 지위를 부여하도록 강요한다. 이것이 가능한 이유는 학교교육의 선발 기능에서 찾아볼 수 있다. 선발 과정이 복잡할 수 있지만, 기술지식을 사용한다면 '학업성취 수준'에 따라 개인을 줄 세우기가 훨씬 쉬워진다. 개인을 계층별 혹은 집단별로 구분하는 일이 중요한 이유는 누구나 필요한 지식을 생성할 수 있는 능력을 갖추고 있지는 않다고 보기 때문이다. 그러므로 문화 콘텐츠(정당한 혹은 고급 지식)가 경제적 계층화를 실행하는 여과장치가 되어,[43] 현재의 경제 시스템에서 기술지식이 계속 확장하게 된다. 그러나 한편으로 이러한 구조라면 교육자들은 직업교육과 같은 보다 직접적인 경제 압력에 비교적 자유롭게 대응할 수(않을 수도) 있다.

요약하자면, 대다수의 학교가 교과-중심 커리큘럼을 채택하고, 상대적으로 적은 수의 학교가 통합 커리큘럼을 채택하고 있는 가장 중요한 이유는, 고급 지식의 생산을 극대화하는 데 있어서 학교가 차지하는 위치 때문이다. 이는 그동안 교육의 정치경제학자들이 파악하려고 노력했던 것으로, 계층사회에서 충원이 필요한 경제적·사회적 위치에 인재를 선발하여 배치하는 학교의 선발 기능과 밀접한 관련이 있다.

지식의 계층화에 초점을 맞출 때, 사회에서 보상과 권력을 통제하는 사람들, 지배적인 가치 패턴, 문화자본의 조직 사이의 관계가 가장 잘 드러날 수 있다. 만약 높은 지위의 지식과 낮은 지위의 지식 관계를 바꿔 서로 다른 지식 영역을 똑같이 취급하려고 한다면, 이 시도는 저항에 부딪히게 될 것이다. 또한 서로 다른 교과 영역의 상대적 가치를 판단하고자 다른 잣대를 사용한다면 이는 불법 침입이자 특정 '질서'에 대한 위협으로 간주될 것이다.[44]

이러한 예는 평가 영역에서 쉽게 찾을 수 있다. 일상적으로 커리큘럼의 성공을 평가하는 방법은 기술적인 절차에 따라 투입과 산출을 비교하는 것이다. 시험 성적은 올랐는가? 학생들은 학습자료를 익혔는가? 이것은 성취 모델에서 제기하는 질문이다. 그런데 만약 교육자나 정책분석가가 이와 달리 커리큘럼에서 경험의 '질'을 살피거나, 상호작용 속에 내포된 관계의 윤리적 본질이 무엇인가를 묻는 덜 기술적인 방식으로 평가하고자 한다면, 아마 그들은 틀림없이 해고될 것이다. 선진산업사회에서 과학적·기술적 대화는 윤리적 대화보다 더 정당성을 (더 높은 지위를) 갖는다. 윤리적 대화는 투입-산출의 틀 안에서 제대로 다룰 수 없다. 그리고 마지막으로, '과학적' 평가 준거는 '지식'을 주지만, 윤리적 준거는 순전히 '주관적' 고려로 이어진다. 이는 교육자를 중립적으로 바라보는 관점에 일조하고 있다. 여기에 대해서는 나중에 교육에서 '과학'이 어떻게 기능하는지를 분석할 때 좀더 자세히 다룰 예정이다.

기술적 준거를 강조할 때 파생하는 또 다른 문제에 유의하자. 기술적 준거는 제기될 수 있는 질문들과 해답에 관한 사전지식이 있는 전문가의 영역을 만든다. 질문에 답할 수 있느냐 없느냐에 따라 지식 수준을 판단한다는 건 전문가가 아닌 다른 누군가는 그 지식을 **소유하지 않아야 한다**는 전제와 맞닿아 있다. 이처럼 질문의 **형식**이 문화 재생산의 양상이 되는 것은 이 질문들이 기술지식을 이미 가지고 있는 전문가만이 대답할 수 있는 것들이기 때문이다. 이렇듯 지식 계층화는 경제 계층화만큼 뚜렷한 차이를 드러내지는 않아도 사람들을 계층화한다.

헤게모니와 재생산

지금까지 논의된 모든 것들은 서로 깊이 얽혀 있어서 관련성을 풀어내기란 쉬운 일이 아니다. 복잡하게 얽히고설킨 이 관계에 대한 이해는 아직도 여전히 가설적이지만, 새로운 문제를 제기한다. 즉, 경제 재생산과 문화 재생산의 미묘한 과정에 비추어 볼 때, 사람들은 어떻게 그리고 왜 그것을 받아들이는가? 여기서 재생산론자들이 제기한 헤게모니의 문제, 즉 이데올로기의 안정성 문제(대를 이어 이데올로기가 재생산되는)

가 다시 제기된다.[45] 바로 이 지점에서 볼스와 진티스, 번스틴, 부르디외 등의 연구, 즉 문화기관에 의해 전수되는 가치, 규범, 성향의 사회적 재생산 연구가 부분적으로나마 설명을 제공한다. 이어지는 세 장에 걸쳐 살펴보게 될 재생산 방식('사회화'와 잠재적 커리큘럼을 통한)은 다른 방식(학교지식의 공식적인 체계)을 보완하고, 이들 각각은 다시 경제적 불평등과 관련된 것으로 보인다. 학교가 불평등한 경제구조와 맺고 있는 관계의 실상은, 커리큘럼 지식(교사가 가르치는 내용, '정당성을 확보한 문화')과 재생산론자들이 말하는 교실 생활의 사회적 관계 사이에서 일어나는 **상호작용**을 통해서 파악할 수 있다.

이 주장에 다시 한 번 주목하자. 이 주장은 수정주의자들이 학교를 비판할 때 흔히 사용하는 음모이론을 반박하고 있다. 재생산 과정은 음모이론가들이 상상하는 것처럼, 직장과 학교에서 경영 엘리트들이 책상머리에 앉아 노동자들을 '망가뜨리기 위해' 술수를 부리는 것이 아니다. 3장에서 살펴보겠지만, 그러한 설명은 학교가 무슨 일을 왜 하고 있는가라는 질문에 대해 어느 정도 정확하게 설명해줄지도 모른다.[46] 물론 실제로 존재하는 권력의 관계를 충분히 설명하지는 못한다. 그러나 현재와 같은 경제적·정치적 형태(공산주의, 민주주의, 입헌군주제 등)가 정해지면 그 형태가 제공하는 원리에 따라 사람들의 일상이 조직되므로, 이 재생산 과정은 불평등한 사회질서를 계속 유지하기 위한 '논리적 필요조건'이 된다. 따라서 경제적·문

화적 불균형은 '자연스럽게' 뒤따른다.[47]

　이러한 문제는 교육자들이 다루기 어렵다. 사실 재생산론자들처럼 교육자들도 진지하고 헌신적으로 정치적·경제적 책무에 임해야 한다. 진지한 교육 분석을 위해서는 사회·경제·정치 시스템에 대한 보다 일관성 있는 이론이 필요하다. 지금까지 이 책에서 문화 메커니즘을 탐구해왔지만, 문화도 교육도 유동적이지 않다는 레이몬드 윌리엄스의 지적을 기억해야 한다. 이를 잊는다면 집단행동과 헌신이 요구되는 기본적인 삶의 터전을 등한시하는 것이다.

　경제적 관계에 대한 헨리 레빈Henry Levin의 주장을 보자. 그가 검토한 것은 커리큘럼과 교육혁신을 통해 경제적 불평등을 줄이려고 정부가 시도한 광범위한 교육 개입의 효과다. 그가 내린 결론은 다음과 같다.[48]

　교육정책으로 해결하고자 하는 사회적 딜레마는 경제·사회·정치 제도의 근본적인 오작동에서 비롯한 것으로, 교육정책과 교육혁신으로 해결할 수 없다. 가장 우호적인 교육혁신가와 정책전문가들이 이용할 수 있는 혁신 지렛대는 제한적이다. 무엇보다 변화를 원하는 지지세력이 적고, 기존 정치세력은 압도적인 추진력으로 사회적 재생산을 지향하는 교육 프로세스를 지원하기 때문이다. 또한 자칫 사회를 변화시키려는 교육적 시도가 교육에서 비롯하지도 않은 문제를 학교가 해결할 수 있다는 이데올로기를 만들고 정당화할 수 있어 문제의 초점을 엉뚱한 곳으로 돌리는 경우 교육혁신을 위한 노력이 오히려 해로운 결과를 초래할 수도 있다.

한 번 더 말하지만, 조심해야 할 것은 이러한 접근 방식이다. 이 접근법에서는 학교를 다시 검은 상자로 되돌리고 있기 때문이다. 이것은 처음부터 거부해온 관점이다.

결론을 대신할 몇 가지 질문

지금까지의 논의는 일단 여기까지 하자. 물론 앞으로 더 많은 것이 논의될 수 있고, 논의할 필요가 있다. 예를 들면 고급 지식과 '외부' 사회질서 간의 관계는 더 깊이 파고들어 가야 한다. 이를 위해 새로운 사회계급의 출현과 새로운 유형의 '정당한' 지식이 동시에 생성하게 된 역사적 배경을 탐구해야 할 것이다.[49] 이 문제들은 문화지배와 사회·경제구조 사이에 존재하는 변증법적 관계라는 개념적 문제에 대해 더 깊이 숙고할 필요가 있다. 각각은 서로에게 어떤 영향을 미치고 있는가? 교육 시스템은 특정 지식을 고급 지식으로 규정할 때 어떤 역할을 하는가? 자격증을 부여하는 방법과 절차는 문화자본의 소유 여부를 기초로 하고, 이렇게 확립된 자격증 제도가 부여하는 자격증의 수는 사회분업 시스템이 요구하는 자격자의 수와 거의 동일하다. 그렇다면 이러한 자격 제도 구축에 교육 시스템이 하는 역할은 무엇인가? 이 질문들이 의미하는 바가 중요한 이유는 문화와 교육의 관계가 일방통행이 아니기 때문이다. 여기서 교육은 '원인'이자 '결과'이다. 학교는 수동적인 거울이 아니라 **능동적인** 힘이다. 나아가 그 힘으로 밀접하게 관련된 경제·사회조직과 이데올로기에 **정당성을 부여한다.**[50] 파헤쳐야 할 것은 학교가 하는 바로 이러한 행동이다.

또한 사회경제적으로 경도된 커리큘럼 연구를 커리큘럼의 '재개념화' 시도로 간주해서도 안 된다. 최근 권력과 학교지식을 연구하는 몇몇 학자에게 재개념주의자라는 이름을 붙여주기도 하지만, 그들 또한 재개념화를 시도한다고는 생각하지 않는다.[51] 오히려 커리큘럼에 깊이 뿌리를 둔 질문이었는데, 불행하게도 교육의 몰역사성으로 인해 잊혔을 뿐이다. 상기해야 할 것은 무엇이 교육에서 초기 사회재건주의자들(카운츠Counts, 스미스-스탠리-쇼어스Smith-Stanley-Shores 등)을 고무시켰는가이다. 이들의 과거 커리큘럼 연구 주제 중 하나는 불평등한 사회의 재생산에서 학교가 수행하는 역할이었다. 이들은 지나치게 낙관적으로 불균형을 바로잡아줄 수 있는 강력한 기관으로 학교를 보았으나 광범위한 구조적 변화가 필요한 정치 현실로부터 결국은 뒷걸음쳤다.[52] 그러나 문화와 경제제도의 관계를 탐구해야 한다는 대원칙은 소중히 간직해야 할 유산이다.

학교 일상에서의
경제와 통제

Economics and Control in Everyday School Life

_낸시 킹Nancy King과 공동집필

학교교육과 문화자본

앞서 살펴본 것처럼, 학교는 특정 지식을 차별적으로 분배하도록 암묵적으로 조직되었다는 점에서 불평등에 기여하고 있다. 이것은 대체로 학교가 맡은 다음 두 가지 역할과 관련된다. 하나는 기술적·문화적 '상품' 생산을 극대화하는 것이고, 다른 하나는 사회의 경제 부문이 '요구하는' 자리에 사람을 배치하는 선발 기능이다. 그러나 좀 더 깊이 파고들어 가면, 학교는 불평등이 자연스러워 보이게 하는 데 필요한 규범과 성향의 분배에서도 상당한 역할을 하고 있음을 알 수 있다. 학교가 가르치는 잠재적 커리큘럼은 사회 지배계급의 이데올로기적 헤게모니를 유지하는 데 더할 나위 없이 적합한 것으로 보인다. 재생산론자들의 주장처럼, 이데올로기와 사회의 안정성은 기존 사회질서를 지배하는 원리와 규칙의 내면화에 달려 있다. 그리고 이데올로기의 내면화는 의심할 여지 없이 어릴수록 효과적이다. 학교에서 이데올로기 교육은 빠르면 빠를수록 좋다. 그래서 유치원 교육 첫날부터 시작된다. 학교에서 배우는 원리와 규칙은 학생들의 상황에 의미를 부여해주고, 학생들에게 경제적 이익도 가져다준다. 이 두 가지 모두 이데올로기 교육의 효과를 끌어올린다.

그런데 학교의 사회·경제적 의미를 단순하게 분석하는 이들이 있다. 교육사회학자들은 학교 경험의 사회적 의미를 학교가 주장하는 대로 아무런 문제 없이 받아들이고, 커리큘럼 전문가와 프로그램에 경도된 교육자들은 이를 단순한 교육공학의 문제로 받아들였다. 특히 커리큘럼 분야는 다른 교육 분야보다 훨씬 더 '과학기술적' 관점에 지배되었는데, 이는 이미 정해진 교육 목표를 달성할 수 있는 최선의 방법을 찾는 것이 커리큘럼 작업의 주요 관심사였기 때문이다.[1]

그러자 이러한 개량주의적이고 무비판적인 관점에 반기를 들고, 다수의 사회학자와 커리큘럼학자가 문제를 제기하기 시작했다. 이들의 주장은 마르크스주의(혹은 신마르크스주의)와 현상학*에 뿌리를 둔 지식사회학을 바탕으로 하고 있다. 이들이 제기하는 문제의 핵심은 지금까지 교육연구가 학교지식과 학교 밖 현상의 관계에 주목하지 않았다는 비판이다. 이러한 비판의 출발점을 가장 선명하게 제시한 학자는 마이클 영이다. 그에 따르면 "권력과 특정 지배범주를 정당화할 수 있는 권한 사이에는 변증법적 관계가 있으며, 이 과정에서 지배범주를 이용할 수 있는 집단이 권력을 행사하며 다른 집단을 통제한다."[2] 요약하면, 사회에 경제자본이 불평등하게 분배되는 것처럼, 문화자본 역시 비슷한 양상을 보인다.[3] 선진산업사회에서 학교는 특히 문화자본의 중요한 분배자일 뿐만 아니라, 지식의 범주와

* 현상학의 기본 전제는 사람이나 사물을 볼 때 선입견을 버리고 보아야 한다는 것이다. 현상학적 방법의 핵심 중 하나인 '판단 중지(ephoché)'는 네가 가진 모든 것(기존의 지식, 습관, 관습, 신념 등)을 버리고 대상을 보라는 의미이다.

형식에 정당성을 부여하는 데도 결정적인 역할을 한다. 학교가 특정 전통과 특정 규범만 학교지식으로 **선택하여 인정하는** 사실 자체가 정당성을 부여하는 명백한 증거이다.

학교에서 가르치는 **교육지식의 문제**는 사회에서 대규모로 이루어지는 재화와 서비스 분배 형태의 일종으로 보아야 한다. 따라서 단순히 분석적 문제(무엇을 지식으로 규정할 것인가?)도, 기술적인 문제(지식을 어떻게 구성하고 공급해야 아이들이 받아들여 '완전히 숙달'할 수 있을까?)도, 순전히 심리적인 문제(어떻게 해야 학생들이 X를 학습하도록 할 수 있을까?)도 아니다. 교육지식의 연구는 이데올로기 연구이자, 누가 무엇을 **정당한 지식**으로 규정하는가에 관한 탐구이다. 즉, 어떤 특정 사회집단과 계급이, 어떤 특정 기관을 통해, 어떤 특정 역사적 맥락에서, 어떤 특정 지식에 정당성을 부여하는지가 연구의 초점이 된다. 나아가 이 비판적 탐구는 학교가 분배하는 지식이 사회의 기존 (문제가 되는) 제도적 현실을 강화하는 인지력과 성향을 발달시키는 데 어떻게 공헌하는가에 초점을 맞춘다. 좀 더 분명히 말하자면, 학교에서 가르치는 명시적·잠재적 지식과 이 지식을 선택·구성·평가하는 원칙은 사회의 지배적인 가치 기준에 따라 선택된 것이다. 그러므로 당연한 것으로 받아들여서는 안 되며, 문제가 있는 것으로 보아야 한다. 이렇게 했을 때 비로소 지식과 원칙의 배경을 이루는 사회적·경제적 이데올로기와 그 뒤에 서 있는 제도적으로 패턴화된 의미를 철

저히 조사할 수 있다. 하나의 관점을 당연시하고 상식적인 것으로 받아들이게 되는 배경에는 보이지 않는 의미와 구성이 있고, 바로 이 의미와 구성이 그 관점의 가장 중요한 속성일 수 있다. 그리고 숨겨진 제도적 의미와 관계는 개량주의만을 따른다면 결코 밝혀낼 수 없다.[4] 캘로스Kallos의 지적에 따르면, 모든 교육 시스템은 명시적·잠재적 '기능'을 둘 다 가지고 있다. 이들은 교육(혹은 학습)의 언어로 규정되어야 하지만, 그보다 더 중요한 것은 정치경제적 언어로 규정되어야 한다. 간단히 말해, 만약 '교육 시스템의 특정 기능을 알지 못한다면', 교육적 삶의 질에 대한 논의는 무의미할 뿐이다.[5] 학교가 암묵적으로 가르치는 것에 관한 많은 연구 결과가 정확하다면, 교육 시스템의 특정 기능은 지적이기보다는 경제적이다.

이 장에서는 학교교육의 문제와 사회경제적 의미의 특정 측면에 초점을 맞추고자 한다. 학교를 집단적 전통과 인간의 의지를 구현하는 기관이라고 볼 때, 학교는 사회·경제적 이데올로기의 산물이다. 그러므로 논의의 출발점은 다음과 같은 질문이 적절하겠다. **"누구의 의미가 학교의 명시적·잠재적 커리큘럼을 통해 수집되고 분배되는가?"** 마르크스의 표현을 빌리자면, 실재는 꼬리표를 달고 배회하지 않는다.[*] 학교 커리큘럼은

---

[*] 마르크스와 엥겔스가 발표한 《공산당 선언》의 유명한 첫 문장, "하나의 유령이 유럽을 배회하고 있다―공산주의라는 유령이."를 차용한 것이다.

어딘가에서 온 이데올로기와 문화자본을 대표하고 대변한다. 그러나 모든 집단의 비전을 대표하지도, 모든 집단의 뜻을 대변하지도 않는다. 그렇다면 학교는 이 문화자본을 분배하기 위해 무엇을 하고 있는가? 누구의 실재가 학교의 복도와 교실을 '배회하고' 있는가?

논의는 다음 두 영역에 중점을 둔다. 첫째, 의미가 채택되고 뿌리내리는 역사적 과정이다. 특정 사회적 의미가 특별히 **학교가 채택한** 의미가 되고, 그것이 수십 년 동안 변함없이 받아들여짐으로써 더 깊이 뿌리내리는 역사적 과정을 서술하고자 한다. 둘째, 경험적 증거다. 여기서 제시하는 경험적 증거는 유치원 원아들의 경험을 대상으로 한 연구 결과로, 특정 사회적 의미가 갖는 힘과 저력을 증명해주고 있다. 끝으로, 과연 이러한 이데올로기적 의미가 단편적인 혁신만으로 제거될 수 있는지 의문을 제기한다.

학교에서 의미를 다루는 일은 전통적으로 커리큘럼 전문가들이 담당해왔다. 그러나 역사적으로 보면 커리큘럼 전문가들이 갖는 학교교육의 의미에 대한 관심은 다양한 사회통제 개념과 관련 있다. 이것은 놀라운 일이 아니다. 분명한 것은, 사회에서 제기되는 의미의 문제*는 곧 통제의 문제가 된다.[6] 다시

---

* 예를 들면 왜 아침 조회를 해야 하지?, 왜 방과후 수업을 해야 하지? 왜 시간표가 필요하지? 왜 담임이 필요하지? 등이 의미의 문제에 해당한다.

말하면, 학교에서 발견되는 지식의 형태는 권력 개념은 물론이고 경제자본과 통제의 개념을 동시에 포함한다. 학교 환경을 설계하는 행위, 즉 학교지식의 선택은 이데올로기적·경제적 전제에 기반을 두고 이루어진다. 그리고 이러한 전제는 교육자들의 사고와 행동에 상식적인 규칙을 제공한다. 커리큘럼의 역사를 간략하게 되돌아보면, 학교교육에서 의미와 통제 간의 관계가 좀 더 분명히 드러날 것이다.

커리큘럼의 역사로 본 의미와 통제

영국 사회학자 빌 윌리엄슨Bill Williamson에 따르면, 인간은 "앞선 시대의 제도와 이데올로기에 맞서 싸울 수밖에 없다. 자신들이 쟁취하고자 하는 것을 기본적으로 가로막기 때문이다."[7] 이 말을 진지하게 받아들인다면, 사람들은 학교에서 제공하고 가르치는 것을 역사적인 맥락에서 이해해야 한다. 윌리엄슨은 "사회 지배계급의 초기 교육에 대한 입장은 여전히 역사적 무게를 지닌 채 학교 구석구석에 깊숙이 스며들어 있다."고 말한다.[8]

솔직히 커리큘럼 분야가 사회통제에 뿌리를 두고 있다는 사실을 인정해야 한다. 커리큘럼 분야의 지적 패러다임은 20세기 초에 처음으로 형성되어 학교지식의 선택과 구성을 위한 공식 절차로서 교사를 비롯한 교육자들은 배워야만 했다. 그 당시 커리큘럼 분야 사람들의 기본적인 관심은 사회통제에 있었다. 예를 들어 찰스 피터스Charles C. Peters, 로스 피니Ross Finney, 특히 데이비든 스네든David Snedden 같은 중요한 인물들이 커리큘럼 분야에 영향을 미쳤다. 이들은 교육사회학 분야뿐만 아니라 학교에서 실제로 일어나는 일반적인 문제에도 관심을 가졌다. 사회통제라는 개념은 당시 미국 사회학회에서 점점 중요해져, 영향력 있는 사업가뿐만 아니라 수많은 지식인의 상상력과 에너지를 빨아들이는 것처럼 보였다. 그러니 사회학자이면서 커리큘럼 전문가인 사람들까지도 사로잡았다는 것은 쉽게 알 수 있다.[9]

그러나 학교교육을 사회통제 메커니즘으로 보는 관점은 단순히 사회학에서 빌려온 것이 아니다. 처음으로 커리큘럼 전문가를 자처했던 사람들(프랭클린 보빗Franklin Bobbitt, 웨렛W. 차터스Werrett W. Charters)이 사회통제에 관심을 가졌던 이유는 이데올로기 때문이었다. 이들은 과학적 경영 운동과 사회측정 전문가들의 연구에 많은 영향을 받았다.[10] 또한 대중적인 우생학 운동eugenics movement*이 사회를 '발전시킨'다고 믿었다. 따라서 이들은 사회통제를 커리큘럼의 최우선 과제로 보고, 학생

---

* 우수한 유전인자를 골라서 계승하고 열등한 유전인자는 배제함으로써 인간의 유전적 질을 향상시키고자 하는 운동. 20세기 초 미국과 영국에서 시작해 세계로 퍼졌고, 나치의 유대인 학살로 그 정점을 찍었다.

들이 배우게 될 학교지식의 선택 기준을 개발했다.

물론 사회통제가 그 자체로 바람직하지 않다고 말할 수는 없다. 모든 제도가 인간이 상호작용하는 규칙을 담으려고 하기 때문에 아무런 통제 요소도 없는 사회를 상상하기는 어렵다. 그런데 역사적으로 초기 커리큘럼 개발자들에게 오히려 더 큰 영향을 끼친 것은 학교의 의미와 통제에 대한 상식적인 규칙의 가설이었다. 이들은 조직사회를 유지하기 위해서는 그 사회에서 가치 있는 상호작용과 의미(아주 일반적이면서도 누구나 이해할 수 있는 '약한' 지배의식)를 보존하는 것은 물론, 이데올로기에 깊이 뿌리박고 있는 '강한' 지배의식도 필요하다고 생각했다. 그러므로 기존의 사회적 특권, 이해관계, 지식을 보존하는 데 교육 일반, 특히 학교 커리큘럼의 일상적 의미를 필수 요소로 삼았다. 이는 힘없는 집단을 희생시키면서 유지되는 특정 소수만이 누리는 특권이었다.[11] 이러한 생각은 사회에서 종종 전문적이고 과학적인 통제를 보장하려는 시도로, 원치 않는 인종이나 민족, 또는 그들의 특성을 제거[*]하거나 '사회화'하려는 시도로 표출되었다. 물론 때로는, 피터스가 말하는, 자기 일에 적응하지 못하는 노동자를 줄이기 위해 경제적으로 효율적인 시민을 길러내는 시도로 나타나기도 했다. 이처럼 학교의 일상

---

[*]   1920년대에 하버드대학교가 입학시험제도를 바꿔 유대인의 입학을 막으려고 한 시도가 하나의 예가 될 것이다.

을 경제의 하부구조로 보는 관점은 대단히 중요하다.

어찌 보면 사회통제가 아이디어나 관심사로 처음 떠오른 것은 학교지식을 이용해 보수적인 목적을 달성하고자 한 초기 커리큘럼 운동에서가 아니다. 19세기 들어 국가와 민간 기관에서 수행한 수많은 개량주의적 사회·정치 프로그램에서 사회통제는 이미 함축적 목표였다. 사회와 경제가 다양하게 변화하는 상황에서 질서와 안정, 그리고 산업 발전을 유지하는 것이 프로그램의 의도였다.[12] 자유주의 교육정책의 이데올로기적 뿌리에 대한 파인버그의 분석에 따르면, 20세기에 들어서도 학교와 그밖의 곳에서 제안된 수많은 '개혁'은 안정과 사회 계층화라는 보수적인 사회이익에 봉사해왔다.[13]

교육자들과 사회개혁자들의 노력이 잘못되었다고 말하려는 것이 아니다. 학교교육에 관한 현재의 논의, 즉 인간적인 도리의 상실, 암묵적으로 이루어지는 사회적 규범과 가치 교육 등에 대한 논의를 보다 큰 역사적 맥락으로 되돌려놓고자 하는 것이다. 이러한 맥락을 모른다면 학교가 실제로 하는 일이 선진산업경제와 어떻게 관련되는가를 충분히 이해할 수 없다. 이러한 맥락은 학교교육 일반, 그중에서 특히 커리큘럼 의미의 이데올로기적 기능이 변천하는 과정에서 찾을 수 있다. 19세기에 미국에서 학교교육의 역할을 놓고 벌어진 수많은 논쟁은 다양한 관심에서 출발한다. 교육환경의 표준화, 매일 학교에서 일어나는 상호작용을 통해 도덕적·규범적·성향적 가치를 교육하는 일, 그리고 경제적 능률과 기능주의 등이 그러한 관심의 예다. 오늘날 필립 잭슨Philip Jackson 등은 이를 '잠재적 커리큘럼'이라고 부른다.[14] 그리고 이 잠재성의 문제를 파헤쳐야, 학교가 가르치는 것과 학교를 둘러싼 제도의 더 큰 맥락 사이의 역사적 관계를 밝힐 수 있다.

역사적으로 살펴보면, 잠재적 커리큘럼은 처음에는 전혀 잠재적이지 않았다. 오히려 교육기관으로서 학교가 오랫동안 수행해온 명시적 기능이었다. 19세기에 쇄도하는 이민자들로 인해 정치, 사회, 문화의 특성과 구조가 점점 다양해지자, "교사들은 초기 식민시대부터 교육 수사학을 지배해온 사회통제와 동질성의 언어를 되살리라는 압박을 받았다."[15] 그런데 시간이 흐르면서 적대적인 이해관계 집단에 대한 자신의 이데올로기적 입장을 정당화하는 수사학은 사회적 동질성이라는 급박한 요구에만 초점을 맞추지 않았다. 학교를 '미국 공동체' 형성을 위해 가치를 가르치는 주요 기관으로 이용하는 것만으로는 충분치 않았다. 근대화와 산업화가 진행되면서 일부 계급과 산업 엘리트 사이에서는 효율성과 기능주의에 대한 기대가 높아졌다. 밸런스Vallance의 표현을 빌리면, "적극적인 사회화에는 조직 효율성에 대한 요구가 추가되었다."[16] 따라서 학교 조직, 궁극적으로 교실 생활을 지배하는 절차와 원리에 가장 큰 영향을 미친 개혁은 학생들이 경제적 기능을 적절히 수행하고 관료적 기술을 갖도록 하는 데 관심을 집중했다. 이 과정에서 개혁의 근본적인 이유는 가치 합의에서 경제적 기능주의로 서서히 바뀌었다.[17] 그런데 이러한 전환이 이루어질 수 있었던 것은 그동안 학교가 추구해온 표준화된 국민성을 성공적으로 확립했기 때문이다. 이로써 학교는 일상적인 상호작용이 표준화된 방식으로 이루어지도록 제도적 틀을 갖추게 되었고, 이 틀은 규범적 합의를 '가르칠' 메커니즘을 제공했다. 이제 교육기관의 광대한 틀 안에 이데올로기적 규칙들이 확고하게 자리 잡았고, 이 규칙에 따라 커리큘럼이 선정되었으며, 효율성과 경제 기능주의와 관료주의에 기초한 학교 경험이 조직되었다. 여기서 이데올로기적 규칙은 심층구조로 변하여 최초의 잠재적 커리큘럼이 되어 그 안에 커리큘럼의 선정과 학교 경험을 포함하게 되었다. 일단 잠재적 커리큘럼이 드러나지 않게 되고, 획일적이고 표준화된 학습 맥락이 확립되고, 사회적 선택과 통제가 학교교육에서 주어진 것처럼 받아들여지면 그때서야 비로소 학교는 개인의 욕구나 다른 더 '가벼운' 관심사에 주의를 기울일 수 있었다.[18]

　　그리하여 역사적으로 규범적 합의와 경제적 적응을 결합한 상식적 의미의 핵심이 공식 교육의 구조에 내장되었다. 그렇다고 자기계발을 위한 의미 있는 교육운동이 없었다고 말하는 것은 아니다. 사실 개인적 욕구를 우선하는 선택들도 있었다, 그러나 이러한 선택 뒤에는 학교교육에 대한 더욱 강력한 기대가 있었고, 이 기대가 학교 경험을 구성하는 구조적 틀을 만들었다. 최근 다수의 경제학자가 지적한 것처럼, 학교생활에서 경제적으로 가장 중요한 '잠재적 기능'은 경제적 보상이 주어질 수 있는 인성 특성과 규범적 의미를 선정하고 길러주는 것이다.[19] 이것은 기술지식 생산을 극대화해야 하는 학교의 문화적 역할과 밀접하게 관련되어 있다. 학교는 가정과 노동시장 사이에 자리한 유일한 주요 기관이기 때문에, 역사적으로나 지금도 혜택이 서로 다른 특정 사회적 의미와 지식을 학교가 분배하는 것은 전혀 이상한 일이 아니다.

그렇다면 이러한 특정 사회적 의미는 무엇인가? 그 의미는 학교의 일상생활에서 어떻게 조직되고 표현되는가? 이제부터 이 질문을 탐구해보자.

이데올로기와 커리큘럼의 활용

이데올로기와 학교지식 사이, 의미와 통제 사이의 관계가 교사와 학생들의 활동에 강력한 영향을 미친다는 사실을 이해할 수 없다면, 이들 관계를 다룬 앞의 주장은 모두 막연해지고 만다. 잠재적 커리큘럼 연구자들의 주장에 따르면, 교사와 학생의 일상적인 활동과 교실에서 지식을 분배하는 구체적인 방식을 알게 될 때, 비로소 이데올로기·권력·경제자본의 구조가 학교생활에 미치는 영향을 이해할 수 있다.[20]

사회에서 문화자본이 배경에 따라 차별적으로 분배되는 것과 마찬가지로, 교실에서도 지식이 차별적으로 분배된다. 예를 들어, 학생들의 '속성'이 다르면 그들이 배우는 지식의 '종류'도 달라진다. 케디Keddie는 교사가 알고 있는 학생에 대한 지식과 학생들이 배우는 커리큘럼 지식을 대비함으로써 이를 입증하고 있다.[21] 그러나 교실에서 벌어지는 지식의 차별적 분배가 학교에서 진행되는 사회적 낙인 과정과 밀접하게 관련된 것이 사실이라 해도,[22] 그것이 이른바 학교 경험의 '심층구조'보다 더 중요하다고는 생각하지 않는다. 학교는 커리큘럼 내용의 실제 공식적인 '내용물' 배후에서 어떤 근본적인 의미들을 협상하고 전수하는가? 지식이 교사를 통해 걸러질 때 어떤 일이 일어나는가? 지식을 걸러낼 때 정상과 일탈의 범주는 무엇인가? 학생들이 실제로 얻는 규범적·개념적 지식을 구성하는 기본 틀은 무엇인가? 요컨대, 실제로 **활용하는 커리큘럼**은 무엇인가? 이러한 심층구조를 탐구할 때만이 사회적 규범, 제도, 이데올로기적 규칙이 어떻게 학생들의 일상적인 상호작용을 통해 지속적으로 유지되고 중재되는지를 밝혀낼 수 있다.[23] 이것이 사실로 나타나는 곳은 특히 교실이다. 학교지식에 대한 사회적 정의는 교실에서 가르치고 평가하는 상식적인 관행을 통해 유지되고 재정의된다.[24]

이제 유치원 교육에 초점을 맞추고자 한다. 바로 이 시기가 아이들이 기존 제도에서 살아가기 위해 '필요한' 규칙, 규범,

가치, 성향을 익히는 중요한 순간이기 때문이다. 학생의 역할을 배우는 것은 복잡한 활동으로, 시간이 걸릴 뿐만 아니라 지속적으로 제도의 요구와 상호작용도 해야 한다. 이 역할 학습이 어떻게 이루어지는지, 그리고 유치원이 명시적·잠재적으로 가르치는 지식의 일부인 성향의 내용은 무엇인지에 초점을 두고 살피고자 한다. 그래야 원아들이 이후 학교생활을 할 때 원리로 활용하게 될 배경지식을 밝힐 수 있다.

그러므로 살펴봐야 할 것은 다음과 같다. 무엇이 공부이고 무엇이 놀이인가? 무엇이 '학교지식'이고 무엇이 '개인 지식'에 불과한가? 무엇이 정상이고 무엇이 일탈인가? 그리고 학교에서 사회적 의미를 가르칠 때 사용하는 중요한 방법에는 칭찬, 자료 접근 규칙, 시간과 감정의 통제 등이 있다. 그러나 **공부**의 범주에 부여된 의미야말로 경제적, 사회적 제도와의 복잡한 연관 속에서 학교의 위치를 가장 선명하게 밝혀준다.

유치원에서의 경험은 이후 학교생활을 하는 데 기초가 된다. 초등학교에 들어가면 일반적으로 유치원에 다닌 아동이 다니지 않은 아동보다 더 나은 성취를 보여준다. 그러나 유치원 아동의 '지적·정서적 성장'에 가장 직접적으로 영향을 끼친 수업 방법과 학습 경험이 무엇인지 알아보려 했던 연구들은 아직 일치된 결론을 내놓지 못했다. 유치원 교육은 아동을 교실 환경에 순응시킴으로써 아동의 태도와 행동에 가장 강력하고도 지속적인 영향을 미친다. 아동은 유치원 교실에서 초등학교 학생의 역할을 처음으로 배우며, 유치원 교육을 받은 아동이 초등학교에서 더 나은 성취를 거두는 것도 바로 이 **역할**을 이해하고 숙달했기 때문이다.

유치원 교실에서 이루어지는 사회화를 통해 아동은 사회적 상호작용이 요구하는 규범과 규정을 배우게 된다. 이 과정에서 교사와 아동은 변화하는 상황에 맞추어 규정을 계속 바꾸고, 보완하고, 개선한다. 사회적 상황에 적절히 대처하기 위해 관련 당사자들은 그 상황이 상호작용에 부과하는 의미, 한계, 가능성에 대해 동일하게 이해해야 한다. 유치원 교육이 시작되고 처음 몇 주 동안, 아동과 교사는 반복되는 상호작용을 통해 상황에 대한 공통된 의미를 형성한다. 일단 공통의 사회적 의미가 형성되고 이를 받아들이게 되면 교실 활동은 물 흐르듯 자연스러워진다. 그리고 이러한 공통의 의미는 교실 활동의 흐름에 질서가 잡히면 비교적 안정적으로 유지된다.

문화 분배라는 은유를 설명할 때 말했듯이, 사회화 또한 일방적인 과정이 아니다.[25] 아동은 상당한 정도로 스스로 사회화될 뿐만 아니라 교사도 사회화시킨다. 그러나 아동과 교사가 실제의 상황 규정에서 대등한 영향력을 행사하는 것은 아니다. 유치원의 첫날을 보면 교사는 아동보다 더 체계적인 상식 규칙을 가지고 있다. 교사는 또한 교실에서 수업 진행과 수업 자원을 통제하는 힘을 갖고 있어서 교사의 상황 규정이 지배적이다. 물론 교사조차도 자신이 원하는 대로 자유롭게 교실 상황을 규정하지는 못한다. 학교는 잘 확립된 제도적 기관이므로 교사도 학생도 학교를 다른 기관과 구별해주는 상식적인 규칙과 기대에서 크게 벗어나지 못한다.

유치원 교실에서 일어나는 의미 협상은 아동의 사회화에 대단히 중요하다. 교실의 자료와 활동의 의미는 아동에게 내재화된 것이 아니라 사회적 상호작용을 통해 형성된다. 이러한 의미는 상황 규정과 마찬가지로 한동안은 변할 수 있으나 어느 순간에 이르면 안정되고, 교실 수업의 흐름이 뒤죽박죽되지 않는 한 재협상 되지 않는다.

아동에게 자료와 활동의 의미가 명확하게 다가오는 순간은 아동이 사회적 상황에 참여할 때다. 자료의 **용도**, 권위의 본질, 개인적인 관계의 질, 즉흥적인 말, 그 외에 일상의 교실 생활에서 일어나는 다른 일들, 이 모두는 아동이 교실에서 자신의 역할을 자각하고 사회적 상황을 이해하는 데 도움을 준다. 학교 교육의 사회적 현실을 이해하기 위해서는 실제 교실 상황의 연구가 꼭 필요하다. 각각의 개념, 역할, 대상은 그것이 생겨난 상황의 사회적 산물이다. 그러므로 교실에서 일어나는 상호작용의 의미는 상상 속에서 가설을 세우는 것이 아니라 상황 속에서 발견해야 한다. 이 의미는 추상화할 수 있고, 일반화할 수 있으며, 거기서 얻은 통찰을 다른 맥락에 적용할 수도 있다. 그러나 연구자가 최초로 그 상황을 서술하고 이해하고 해석하는 일은 그 의미가 생겨난 교실의 사회적 현상을 반드시 직접 대면

한 뒤 해야 한다.[26]

　　많은 교사와 학부모가 모범 유치원이라고 생각하는 공공유치원 한 곳을 골라 교사와 아동들을 관찰하고 면담한 바에 따르면, 활동과 자료의 사회적 의미가 뚜렷이 확립되는 시기는 학년 초였다. 개원 첫 일주일 동안 교실에서 아동의 사회화는 명백한 최우선 과제였다. 이 시기에 교사가 아동에게 가르치는 가장 중요한 네 가지 기술은 공유하기, 다른 사람 말 듣기, 정리·정돈하기, 교실 일과 따르기이다. 그러므로 아동이 학교생활에서 처음으로 배워야 할 것들에 대한 교사의 이러한 진술은 교실에서 허용하는 사회화된 행동이 무엇인가를 규정한다.

　　아동은 학습자료를 구성하는 데 참여할 수 없었고, 일상적인 활동 과정에 영향을 주기에도 무기력했다. 교사는 교실에서 아동들의 마음을 편안하게 해주려고 애쓰지도 않았고, 활동 계획을 확실하게 밝히지도 않았다. 교실 안에서 아동이 느끼는 불편함을 덜어주기보다 주어진 환경에 적응하라고 요구한다. 예를 들어, 복도에서 시끄러운 소리 때문에 교실 분위기가 산만해졌을 때, 교사는 문을 닫지 않은 채 아동들에게 집중하라고 요구한다. 다른 예를 보자. 아동에게 각자의 소지품을 보관할 사물함을 배정하면서 이름표를 붙이지 않는다. 개중에는 자신의 사물함을 못 찾아서 쩔쩔매는 아이가 있는데도, 교사는 사물함에 이름표 붙이는 것을 허락하지 않았다. 교사는 "아동은 마땅히 자신에게 배정된 사물함을 기억해야 합니다. '그것이 그들의 일'이기 때문이죠."라고 말한다. 한 아동이 사물함을 배정받은 그다음 날, 자신의 사물함이 어딘지를 잊어버렸다. 교사는 반 친구들이 다 보는 앞에서 그 아동을 '어제 선생님 말씀을 듣지 않은 아이'라며 꾸짖었다.

아동들은 교실 안에 놓인 물건들을 만지며 놀고 싶어 한다. 더욱이 대부분의 학습 교구와 자료는 교실 바닥이나 선반 위처럼 아동들의 손이 쉽게 닿을 수 있는 곳에 놓여 있다. 그러나 아동이 이것들을 자유롭게 가지고 놀 기회는 거의 없다. 교사가 교실 활동을 위한 계획표에 따라 사용할 수 있는 시간을 정해놓았기 때문에 아동들은 마음대로 물건을 만지지 못했다. 놀잇감이 눈앞에 있는데도 마음대로 만질 수 없게 하는 것은 아동 스스로 자제하는 법을 배우게 하기 위해서다. 아동들은 가까운 거리에 있는 물건이라도 교사가 허락했을 때만 만질 수 있다는 것을 배웠다. 함부로 물건을 만졌을 때는 '벌을 받았고', 자제했을 때는 칭찬받았다. 예를 들어, 체육관에서 농구공을 튕기는 아동에게 교사가 그만하라고 말했을 때 그 아동이 곧장 공놀이를 멈추면 칭찬했다. 하지만 아동이 공을 다루는 기술에 대해서는 아무런 말도 하지 않았다. 이처럼 교사가 칭찬하는 아동은 자신의 말에 즉각적으로 복종하는 아동이다.

교사는 아동들에게 조용하고 서로 돕는 아동이 착한 아동이라고 강조했다. 어느 날 아침, 어느 아동이 큰 인형 두 개를 가지고 와서 자기 자리에 앉혔다. 첫 수업에서 교사는 그 인

형들을 가리키며 한마디도 떠들지 않은 착한 도우미라고 칭찬했다.

사회화의 일환으로 아동은 교실 상황의 애매함과 불편함을 견디고, 교사의 재량권을 받아들여야 한다고 배운다. 자신의 감정반응 또한 교사가 적절하다고 생각하는 반응에 맞춰야 했다. 아동은 교사 개별 특성은 물론, 교실 환경을 조직하는 방식에도 맞추는 법을 배웠다.

유치원에서 2주가 지나자, 아동들은 교실의 사회적 실재를 규정하고 조직하는 범주 체계를 갖췄다. 인터뷰에서 나타난 반응을 보면, 교실 활동은 내재적 의미를 갖지 않았다. 오히려 아동들은 활동이 일어나는 맥락에 따라 각 활동의 의미를 규정했다. 교사는 교실 안의 교구와 자료를 수업에서 활용하며 보여주기도 하고, 사용법을 전체 아동에게 자세히 설명하며 시범을 보여주었다. 이것은 무척 중요하다. 사람들은 물건의 쓰임새에 따라 그 물건에 대한 태도를 결정한다. 특정 물건의 사용법은 곧 그 물건의 의미이기 때문이다. 교사는 교실에 있는 물건의 의미를 규정하면서, 그 물건과 학생들의 관계를 함께 규정한다. 따라서 그 의미는 교실 환경을 기반으로 한 맥락적 의미가 된다.*

---

* 교탁에 올라가서는 안 되고, 선생님의 컴퓨터에 손을 대서는 안 되고, 다른 친구의 사물함에 자기 물건을 넣어서는 안 되고 등.

교실에서 사용하는 자료들에 대해 아동들에게 물으면 대답은 놀라울 정도로 한결같다. 아동들은 물건을 두 범주로 나누었다. 하나는 가지고 공부하는 것이고, 다른 하나는 가지고 노는 것이다. 어떤 아동도 사용 지침과 다르게 물건을 사용하지 않았다. 교사의 지침에 따라 사용하는 물건은 공부할 때 사용하는 것, 즉 책, 종이, 반죽, 크레용, 풀 등 전통적인 학용품들이다. 어떤 아동도 학년 초 '놀이' 시간에 이 물건들을 사용하지 않았다. 아동이 노는 시간에 가지고 노는 물건은 놀이도구 혹은 놀잇감이라고 불렀다. 여기에는 게임기, 작은 조작기, 인형, 장난감 수레 등이 포함되었다. 이처럼 교실 물건의 의미는 어떤 활동에서 사용되느냐에 따라 규정되었다.

공부와 놀이는 학년 초에 교실의 실재를 구성하는 강력한 범주이다. 교사와 아동은 모두 다 놀이보다 공부를 더 중요하게 생각한다. 아동이 학교에서 배운다고 말하는 지식은 모두 '공부' 활동 중에 교사가 말해준 것이다. '놀이' 활동은 시간이 남았을 때, 그리고 아동들에게 부과된 공부 과제를 끝냈을 때만 허락되었다. 관찰 기록에 따르면, 공부 범주는 놀이 범주와 뚜렷이 구분되는 몇 가지 특징을 보였다. 첫째, 공부는 교사가 지시한 모든 활동이다. 아동은 오직 자유시간에 하는 활동만을 '놀이'라고 불렀다. 색칠하기, 그림 그리기, 줄 서서 기다리기, 이야기 듣기, 청소하기, 노래 부르기는 공부라고 불렀다. 교사가 하라는 대로 **지시에 따른** 활동은 모두 공부일 뿐이다. 그 활동의 본질이 무엇인지는 전혀 문제가 되지 않았다.

둘째, 오직 공부 활동만이 의무다. 예를 들어 아동은 특정 주제를 놓고 그림을 그려야 했다. 노래를 부를 때도 교사는 종종 개입해서 노래를 부르지 않거나 소리가 작은 아이를 지적하고 훈계하기 위해 노래를 중단시켰다. 수업시간에 아동이 선택할 수 있는 경우는 교사가 허락할 때뿐이다. 예를 들어, 소방서를 견학하고 난 뒤에 교사는 모든 아동에게 그림을 그리라고 하면서, 소방서 견학에서 가장 좋았던 부분을 선택하여 그리라고 허락했다. 물론 아동들은 각자 좋아하는 부분을 설명하라는 교사의 지시를 받았다. 또 다른 수업시간에 교사가 소리 높여 말했다. "자, 오늘은 꽃을 만들 거예요. 꽃 색깔은 세 가지를 선택할 수 있답니다." 이 말에 아동들은 너무 좋아하며 박수쳤다. 교사가 허용한 선택은 아동들에게 같은 재료를 같은 방법으로 사용해야 한다는 원칙을 오히려 강조하는 셈이다.

공부는 필수이며, 정해진 시간에 모든 아동이 시작해야 했다. 반 전체 아동은 주어진 모든 과제를 똑같이 수행해야 하며, 정해진 수업시간 안에 끝내야 했다. 많은 아동이 주어진 미술 과제를 그 시간 안에 끝낼 수 없거나 끝내기 어렵다고 호소했다. "다음 시간에 끝내면 안 될까요?" 그러자 교사는 말했다. "지금 당장 끝내야 해."

모든 아동은 같은 것을 같은 시간에 해야 하며, 같은 재료를 가지고 비슷하거나 똑같은 결과물이나 성과를 내도록 요구

받았다. 겉보기에는 별로 중요하지 않은 절차도 모든 아동이 따라야 했다. 예컨대, 등원 둘째 날 수업이 끝난 뒤 교사가 말했다. "나와서 종이와 크레용을 가지고 가세요." 한 아이가 크레용을 먼저 집자 교사가 말했다. "종이를 먼저 집어야 해요."

아동이 과제의 완성을 통해 보여줄 결과물이나 능력은 같거나 최소한 비슷할 것으로 기대되었다. 교사는 대부분의 미술 과제에서 과제 수행법을 먼저 시범으로 보여주고 난 뒤에 재료를 나누어주었다. 아동들은 교사의 것과 최대한 비슷한 결과물을 만들어내려고 노력했다. 그리고 교실에는 교사의 것과 유사한 미술작품들만 전시되었다.

아동이 정의한 수업시간은 모든 아동이 동시에, 같은 재료로, 같은 활동을 해야 하며, 같은 목적에 도달해야 하는 것이었다. 공부 활동의 핵심은 하는 것이지, 반드시 잘해야 하는 것은 아니었다. 등원 둘째 날, 많은 아동은 친구들과 장난감을 가지고 놀려고 주어진 과제를 서둘러 끝냈다. 음악 시간에 교사는 노래를 크게 부르라고 당부했다. 음정, 리듬, 음색, 감정에 대해서는 언급하지도, 기대하지도 않았다. 교사가 원하는 것은 활기 넘치는 참여뿐이었다. 아동에게 주어진 과제는 반드시 해야만 하는, 누구에게나 동일한 것이었다. 교사는 아동이 제출한 과제물은 어떤 작품이든 받아주었다. 그중에는 종종 빈약하고 조잡한 것도 있었다. 교사가 수준 미달 과제물까지 우수하다고 평가해 평가 기준을 무색하게 만들었지만, 이는 아동의 근면, 인내, 복종, 참여에 대한 보상이었다. 물론 이러한 특성은 아동에 대한 평가이지 과제물에 대한 평가는 아니다. 이렇듯 교사의 평가 기준은 과제물과 분리되어 적절한 참여라는 기준으로 대체되었다.

등원 첫 달에 인터뷰한 아동들을 다음달에 다시 인터뷰했을 때, 아동들은 공부와 놀이라는 범주를 이용해 사회적 실재를 만들어내고 설명했다. 아동의 대답에 따르면, 유치원의 처음 몇 주 동안이 중요한 시기다. 교실에서 무슨 일을 하고, 그것을 어떻게 해야 하는지를 배우는 시기가 바로 이때이기 때문이다. 첫 인터뷰에서는 어떤 아동도 유치원에서 무엇을 하느냐고 물었을 때 '공부'라고 대답하지 않았다. 그러나 다음 인터뷰에서는 아동의 절반이 '공부'라고 대답했다. 모든 아동은 두 번째 인터뷰에서 놀이보다 공부에 대해 말을 더 많이 했다. 교사는 유치원 등원 몇 주 만에 보인 아동들의 진전을 기뻐하면서 '우리 착한 공부꾼들'이라며 칭찬을 되풀이했다.

교사는 유치원 교실에서 이루어지는 공부 활동은 아동이 초등학생과 성인이 되었을 때를 준비하는 필요한 과정이라고 정당화했다. 게다가 공부 활동이 성인이 되어 실제로 해야 할 일을 미리 연습한다는 점에서 아동에게는 선택하는 연습보다 지시에 따르는 연습이 꼭 필요하다고 믿고 있었다. 특히 유치원이 아동들에게는 초등학교 1학년 준비 기간이라며, 예쁘게 색칠하고 그림을 순서대로 올바르게 놓는 것이 초등학교 1학년에 꼭 필요한 기술이라고 강조했다. 따라서 유치원 공부를 소홀히 한 아동은 초등학교에 들어가 공부에 어려움을 겪게 될 거라고 경고했다.

아동들은 일상 활동의 흐름에 상대적으로 큰 영향을 주지 못한다. 그리고 복종이 독창성보다 훨씬 더 높게 평가받는다. 이러한 분위기는 가정과 미래의 노동환경을 연결해주는 중요한 다리가 된다. 교사는 아동에게 교실 상황에 적응하고, 적응하는 데 불편을 느끼더라도 참아내라고 요구한다. 이처럼 아동은 유치원 공동체에 들어가면서 노동의 세계라는 사회적 차원으로 첫발을 내딛게 된다. 물론 구체적인 수업 내용은 노동자가 겪는 경험보다 덜 중요하다. 복종, 열정, 적응력, 인내 등 개인적 속성이 학업 능력보다 더 높게 평가된다. 유치원이 가르치는 첫 교훈은 권위와 제도적 상황을 의심 없이 무조건 받아들여야 한다는 것이다. 따라서 아동은 중요한 지식과 중요하지 않은 지식, 공부와 놀이, 정상과 일탈의 의미를 유치원이 규정한 의미대로 자연스럽게 공부하듯 점차 받아들인다.

수사적 휴머니즘을 넘어서

그람시의 주장에 따르면, 사회의 지식을 보존하고 생성하는 영역에 대한 통제는 사회의 권력 계급이 다른 계급에 대한 이데올로기적 지배를 확장하는 데 결정적인 요인이다.[27] 이 점에서 학교의 명시적·잠재적 커리큘럼에 깊이 스며 있는 능력, 이데올로기적 규범, 가치의 개념을 선택·보존·전수하는 학교의 역할은 결코 적지 않다.

학교생활에서 적어도 두 측면은 분배, 사회적, 경제적 기능을 한다. 증가하는 잠재적 커리큘럼 연구와 역사적·경험적 증거가 이를 잘 드러내고 있다. 학교생활에서 나타나는 상호작용 형태는 학생들에게 규범적·성향적 의미를 전수하는 메커니즘 구실을 한다. 그리고 학교지식 자체, 즉 학교지식에 무엇을 포함하고 배제하는지, 무엇이 중요하고 중요하지 않은지도 이데올로기적 목적에 봉사한다.

또한 커리큘럼 지식에 포함된 많은 공식적인 내용은 합의 이데올로기가 지배한다. 갈등은 사회생활에서 무조건 부정적으로 여긴다. 일상적인 학교 경험과 커리큘럼 지식은 모두 규범적·인지적 합의 메시지를 전달한다. 교육기관에서의 경험에 의미를 부여하는 학교생활의 심층구조는 산업사회의 규범 및 의사소통 구조와 밀접하게 관련되어 있다.[28]

교사들이 공부와 놀이에 대해 앞서 말한 대로 규범적 해석을 내놓는다면, 샤프Sharp와 그린Green이 제기한 질문을 던져야 한다. "이러한 교사들을 위한 실행 가능한 해결책은 무엇인가?"[29] "교사의 상식적인 해석 틀은 무엇이며, 어떤 이데올로기적 전제에 기초하고 있는가?" 이러한 질문을 던져야 비로소 학교지식과 활동을 사회의 구조적 관계라는 더 큰 틀 안에서 바라볼 수 있다. 교사와 학부모의 기대, 교실의 물리적 환경, 교사가 집중해야 할 중요한 문제라고 여기는 것, 혹은 학교와 경제 간 관계 등, 사회의 구조적 관계는 교실에서 일어나는 일을 결정한다.

물론 이 장에서의 논의만으로 학교가 암묵적으로 기존의 불평등하고 계층화된 사회질서를 강화한다는 주장을 충분히 뒷받침할 수는 없다. 그러나 최근에 이루어진 다수의 연구는 학교가 사회적·이데올로기적 범주를 분배함으로써 안정적인 제도의 틀을 더욱 확고히 다지는 데 공헌하고 있다는 사실을 다시 확인시켜주고 있다.[30] 따라서 교사들은 사회·경제적 상황에 자신들이 '갇혔다'는 사실을 깨달아야 한다. 사회·경제적 상황은 교사가 필연적으로 감당해야 하는 문제를 야기할 뿐만 아니라, 물질적 제약을 가해 운신의 폭을 좁히기 때문이다. 바로 이러한 '학교 밖' 상황이 교사의 시간과 에너지 배분에, 또한 학교가 구체화하고 있는 문화자본의 종류에 정당성을 부여한다.[31]

이것이 사실이라면, 제기해야 할 질문은 휴머니즘의 차원을 넘어서 좀 더 관계적인 접근으로 나아가야 한다. 학교가 무엇을 잘못하고 있고, 무엇을 할 수 있는지 계속 물어야 하며, 휴머니즘적인 교사들이 더 많아지면, 자유 수업을 늘리면, 교육 내용을 좀 더 개선하면 문제를 해결할 수 있는지도 당연히 물어야 한다. 하지만 다음과 같은 질문을 진지하게 제기하는 것은 대단히 중요하다. "오늘날 학교는 누구의 이익을 위해 기능하는가?" "문화자본과 경제자본의 분배 사이에는 어떤 관계가 있는가?" 끝으로 "정치와 경제 현실을 바꿔 의미는 강화하고, 통제는 최소화하는 제도를 창출할 수 있을까?"

샤프와 그린은 수사적 휴머니즘에 대한 이러한 관심을 다음과 같이 잘 요약하고 있다.[32]

아동에 대한 휴머니즘적 관심은 교사의 자율성에 대한 한계를 민감하게 감지해야 한다. 따라서 다음과 같은 질문을 제기하고자 한다. "학교가 추구해야 하는 이익은 누구의 이익인가? 학부모와 아동, 아니면 교사와 교장?" "학교가 추구해야 할 더욱 광범위한 이해관계는 무엇인가?" 아마도 더 중요한 질문은 "사회현실 속에서 '이해관계'를 어떻게 개념화할 것인가?" 이다. 그러므로 교실을 사회 시스템으로 보고 사회 구조적 과정으로부터 분리하지 않고, 자신의 위치를 사회적 과정에서 이해하려는 교사가 더 나은 위치에서, 어디서부터 어떻게 해야 자신의 상황을 바꿀 수 있는지를 조망할 수 있다. 교육자는 자신의 도덕적 이상을 실현하기 위해서라도 사회적, 경제적 전제조건을 철저하게 살펴야 한다. 상식적인 자유주의 가설이 그렇듯이, 정치와 교육의 분리를 주장하기보다 모든 교육은 함축적 의미에서 볼 때 정치적 과정이라고 생각한다.

사실 이데올로기와 학교지식 간의 관계 연구는 사회 전체를 이해하는 데 특히 중요하다. 그리고 이러한 연구를 통해 다음과 같은 문제에 접근할 수 있다. 사회가 어떻게 자신을 재생산하는지, 불평등한 산업사회의 기반이 되는 특정 문화자본을 선택하고 전수함으로써 사회는 그 존재 조건을 어떻게 영속시키는지 파악할 수 있다. 그리고 궁극적으로 계층화와 불평등을 낳은 기존 제도적 질서를 인정하는 이데올로기를 전파해 사회가 어떻게 계급과 개인 사이에 응집력을 유지하는지 알게 된다.

그러나 이 모두를 제대로 이해하기 위해서는 현재 사람들의 의식을 지배하고 있는 실증주의 모델을 넘어서서, 현재 학교에서 실제로 일어나는 일에 대한 분석과 학교의 발전 과정, 즉 **역사**에 대한 평가를 결합해야 한다. 그래야만 학교의 일상 경험이 왜 그러한지 이유를 알게 된다. 다음 장에서 이 확장된 역사를 살펴보자.

커리큘럼의
역사와 사회통제

Curricular History and Social Control

_ 배리 프랭클린Barry Franklin과 공동집필

농업자본에서 산업자본으로

학교가 헤게모니 유지 목적에 이용되고 있다는 사실은 학교가 수행하는 다음 두 가지 기능에서 분명해졌다. 하나는 문화적·경제적 가치와 성향을 가르치는 기능으로, 학교는 당연히 이를 '모든 사람이 공유'해야 한다고 생각한다. 다른 하나는 경제가 요구하는 기술지식의 생산을 극대화할 수 있는 '능력'을 가졌다고 여기는 한정된 수의 학생들만 선택해 높은 수준의 교육을 '보장'하는 기능이다. 그러나 학교생활의 규칙적인 일상에서 가치 합의와 아동에게 산업경제가 요구하는 규범과 성향을 가르치는 일은 하룻밤 사이에 일어나지 않았다. 미국 교육에서 그 역사는 길다. 이 장에서는 바로 이 문제에 초점을 맞춘다. 역사적으로 보면, 가치 합의와 경제적 규범의 강조는 20세기 초 경제 기반이 농업자본에서 산업자본으로 급격히 전환하는 과정에서 계급 간 이데올로기와 경제적 이해관계를 놓고 갈등이 첨예했을 때 학교가 채택한 대응책이었다. 학교는 지배 계급과 소수 특권층의 문화자본을 확대하고 보존하기 위해 설립되었지, 모든 계급, 모든 공동체를 위해 만들어지지 않았다. 그리고 이 과정에서 **지식인, 특히 교육이론가와 행정가가 수행한 헤게모니적 역할**은 아주 선명하게 드러난다.

이어서 4장에서는 이데올로기적 헤게모니에 대한 강조가 '단순히' 지난 역사의 유물이 아니라 오늘날에도 여전히 교실생활을 지배하는 핵심 원리라는 사실을 보여주기 위해 현재의 공식적인 학교지식이 강조하는 합의에 대해 다시 살펴볼 것이다.

역사의 눈으로 본 현재

당신이 미국 어느 도시의 빈민가에 살고 있다고 하자. 그리고 어느 날 다른 지역에 사는 사람이 와서 다음과 같이 말했다고 하자. "당신도 알다시피, 학교는 잘하고 있잖아요." 그러면 당신은 그게 아닌데 하며 그를 바라볼 것이다. 누가 뭐라고 하든 당신이 사는 빈민가의 아동들은 지능검사 결과와 학업 성적이 상대적으로 보잘것없다. 그리고 이곳 젊은이 대부분은 백인 젊은이보다 보수가 낮은 직장에 들어간다. 많은 젊은이가 자신의 미래에 낙담하고, 학교에서는 폭력과 파괴가 난무한다. 학교 커리큘럼 또한 빈민가 주민들의 현실이나 역사와는 아무런 관계도 없는 것처럼 보인다. 사정이 이러한데도 주민들은 학교에서 일어나는 일에 대해 자신들은 전혀, 당연히 발언권이 없다고 생각한다.

당신은 이 모든 사정을 하나하나 설명하면서, 그가 잘못 보고 있거나 오류를 범하고 있다고 말한다. 그러면 그는 말한다. "당신의 말에 전적으로 동의합니다. 그러나 당신이 방금 말한 모든 것은 비단 여기에서만 일어나는 일이 아닙니다.

가난하고 정치·문화적으로 박탈당하고 억압받는 사람들이 사는 곳이면 어디서나 일어나는 일입니다." 그리고 그는 결정적인 증거 자료를 가지고 이를 매우 신중하면서도 열정적으로 입증하기 시작한다. 역사적으로 볼 때, 이 '지역사회' 학교들이 초기 설립 목적에 적합한 일을 하고 있음을 보여주고자 한다. 다시 말해, 학교가 설립된 목적은 주민에게 통제권을 주기 위해서가 아니며, 실상은 그와 정반대라는 것이다. 당신도 그의 말에 일리가 있음을 조금씩 깨닫기 시작한다. 큰 그림의 몇몇 조각들이 맞춰지기 시작한다. 그의 말이 옳다면, 그 결과는 어떻게 되는가? 학교와 커리큘럼이 지역사회의 이익을 권력 집단의 이익에 종속되도록 진화했다면, 그 결과는 어떻게 되는가? 현존하는 사회경제적 제도의 요구에 따라, 어떤 사람들은 가난과 미숙련 상태를 면할 수 없는 반면, 몇몇 다른 사람들만이 부와 숙련 기술을 향유할 수 있다면, 그 결과는 어떻게 되는가? 이제 당신도 학교가 이러한 제도적 질서 유지에 일익을 담당하고 있음을 이해하게 된다. 당신은 그의 말에 동의하면서, 그가 미처 말로 표현하지 못한 중요한 사실을 덧붙인다. "네, 학교는 잘하고 있습니다. … 그들을 위하여." 그리고 둘은 고개를 끄덕인다.

소설 같은 이 짧은 글에 담긴 의미는 바로 이 책이 주장하는 핵심 내용이다. 즉, 학교는 역사가 있으며, 학교의 일상적 관행을 통해 다른 강력한 기관들과 암암리에 복잡하게 연결되어 있다는 점이다. 이러한 역사와 연관성을 이해할 때, 비로소 짧은 글에 나오는 빈민 지역의 학교를 바꾸기 위해 어떻게 해야 하는지를 알 수 있다.

커리큘럼 분야는 학교와 지역사회 간 관계의 역사에서 중요한 역할을 담당했다. 이런 이유로 학교가 다른 기관과 맺는 관계를 파악하는 데 가장 좋은 표본이 된다. 여기서는 과거에 있었던 커리큘럼 분야의 중요한 순간을 집중적으로 조명함으로써, 위의 소설 같은 이야기에서 내린 결론이 결코 상상이 아니라 엄연한 현실임을 보여주고자 한다. 유감스럽게도 그 순간들은 학교가 어떤 지식을 어떻게 선택하여 학교지식으로 삼을 것인가를 결정하는 데 심대한 영향을 끼친 교육자 집단이 품었던 지역사회의 희망, 계획 그리고 보수적인 전망을 정확하게 보여준다.

이러한 사실들을 밝히기 위해, 제기해야 할 몇 가지 질문이 있다. 초기 커리큘럼 분야에 강력한 영향을 미쳤던 교육이론가와 교육행정가, 지식인에게 '지역사회'는 어떤 의미를 갖는가? 어떤 사회적·이데올로기적 이해관계가 그들의 커리큘럼 개발과 연구를 이끌었는가? 이러한 질문은 다음 몇 가지 이유에서 대단히 중요하다. 거듭 말하지만, 과거에도 현재에도 학교지식은 무작위로 선정된 것이 아니다. 학교지식을 선택하고 구성하는 원칙과 가치는 학교 밖 어딘가에서 오며, 이 원칙과 가치에 따라 정상과 일탈, 선과 악, 무엇이 '훌륭한 사람의 행동'인지에 대한 판단도 하게 된다. 그러므로 특정 집단의 지식이 주로 학교지식을 대표하게 되는 이유를 알고자 한다면, 커리큘럼의 선택과 구성을 주도하는 사회적 이해관계를 살펴볼 필요가 있다.

가장 큰 영향력을 가졌던 커리큘럼 전문가들의 연구 활동 기반이 된 사회경제적 이해관계는 중립적이지도, 그렇다고 무작위도 아니었다. 특정 경제구조와 교육정책을 지향하는 사회경제적 이해관계는 불평등을 초래했다. 지역사회는 어떻게 운영되어야 하며, 누가 권력을 가져야 하는가에 대한 비전과 교육·문화정책이 사회통제의 메커니즘으로 작용했다. 그러나 이 메커니즘은 오늘날까지 여전히 피지배집단의 경제적·문화적 영향력을 끌어올리는 데는 아무런 역할도 하지 않았다. 이제 커리큘럼 분야가 사회통제 기능을 하게 된 근원을 밝히기에 앞서, 이 장의 비판적 분석을 뒷받침하는 일반적인 관점을 간략하게 살펴보기로 하자.

권력과 문화

학교에서 일삼는 사회경제적 통제는 학교 규율의 형태나 성향 교육, 즉 규칙 준수, 틀에 박힌 일상을 통한 질서 유지와 잠재적 커리큘럼을 통한 공부 규범, 복종, 시간 엄수 등의 강화를 통해서만 이루어지지 않는다. 통제는 학교가 분배하는 의미 형식을 통해서도 이루어진다. 다시 말해, "학교가 가르치기 위해 한데 모은 공식적인 지식체계", 즉 커리큘럼이 사회경제적 통제의 한 형태가 된다.[1]

학교는 사람을 통제할 뿐만 아니라 의미도 통제한다. 학교가 보존하고 분배하는 지식은 '정당한 지식', 즉 '모든 사람이 반드시 배워야 하는' 지식이기 때문에, 학교는 특정 집단의 지식에 문화적 정당성을 부여한다.[2] 그러나 이것이 전부가 아니다. 왜냐하면 특정 집단이 자신의 지식을 '모두를 위한 지식'으로 일반화할 수 있는 능력은 학교 밖 사회의 정치경제 분야에서 그 집단이 가진 우월한 힘에서 나오기 때문이다. 그러므로 권력과 문화는 서로 관련되어 있으며, 사회에 현존하는 경제 관계의 속성으로 보아야 한다. 이들은 변증법적으로 서로 얽혀 있다. 경제 권력과 통제는 문화 권력과 통제로 이어지고, 그 역도 가능하다. 지식 혹은 문화통제가 경제 권력과 맺는 관계에 대한 인식이 바로 이 장에서 시도하려는 역사적 분석의 기초가 된다.

이러한 접근의 핵심은 다음 두 가지다. 첫째, 학교를 기본적으로 불평등한 정치·경제·문화와 같은 다른 제도와의 연결망 속에 얽혀 있다고 본다. 즉, 학교는 권력과 자원에 대한 접근 기회의 구조적 불평등을 만들어내는 더 강력한 제도들과의 관계를 통해 존재한다. 둘째, 학교는 이 불평등을 강화하고 재생산한다(물론 학교 혼자서는 아니다). 교실에서 일상적으로 이루어지는 커리큘럼, 교수, 평가 활동 등을 통해, 학교가 불평등을 야기하지 않더라도 불평등을 보존하는 데 중요한 역할을 한다고 본다. 문화를 보존·분배하는 다른 메커니즘과 함께 학교는 소위 선진산업사회 **계급관계의 문화적 재생산**에 공헌하고 있다.[3]

학교가 강력한 다른 제도에 얽혀 있고, 불평등을 재생산하는 역할을 하기 때문에 교육자들은 통상적으로 이해하는 학교와는 다르게 학교를 바라봐야 한다. 학교는 경제적·문화적 기능을 수행하고, 이데올로기적 규칙을 통해 기존의 구조적 관계를 보존하고 확대한다. 따라서 학교는 근본적으로 특정 집단에게는 도움이 되지만 다른 집단에게는 방해이자 장벽이 된다.

그렇다고 모든 교육자가 인종차별주의자라거나 그들 모두가 '하층 계급을 그 자리에 묶어두려는' 음모에 가담하고 있다는 의미는 아니다. 실제로 '지역사회'와 커리큘럼에 대한 초기 교육자들, 커리큘럼 전문가, 지식인들의 주장은 '사람을 돕기 위한' 최선의 자유의지에서 비롯된 것이었다. 오히려 여기서 제기되는 문제는 교수와 학습, 정상과 비정상, 중요한 지식과 그렇지 않은 지식 등에 관한 교육자들의 상식적인 생각과 실천으로부터 '자연스럽게' 형성된 상호작용의 조건과 형식이 갖는 잠재적 기능이다. 그리고 이러한 잠재적 기능은 많은 교육자가 일반적으로 깨닫지 못하는 어떤 것들을 포함하고 있다.

예를 들어, 학교교육의 중요한 암묵적 기능 중 하나는 서로 다른 학생들에게 서로 다른 성향과 가치를 가르친다는 것이다. 좀 더 구체적으로 말하면, 장차 전문경영직에 몸담을 장래가 촉망되는 학생들에게 제공하는 교수 학습과 커리큘럼에는 융통성, 선택, 탐구를 강조하는 반면, 반숙련직이나 비숙련직에 몸담을 학생들에게 제공하는 학습 경험은 시간 엄수, 정리정돈, 습관 형성 등을 강조한다. 학생의 장래에 대한 이 기대는 학교의 커리큘럼, 시험, 그리고 서로 다른 학생 집단에 붙이는 낙인효과로 더욱 강화된다.[4] 그러므로 학교가 가르치는 공식적·비공식적 지식, 평가 절차 등은 상호관계 속에서 파악하지 않으면 그에 내포된 진정한 의의를 놓치게 된다. 이처럼 학교에서 일어나는 일상적인 교육활동은 학교 밖의 경제적·사회적·이데올로기적 구조와 연계되어 있다. 이 관계는 현재와 과거를 막론하고 밝혀질 필요가 있지만, 여기서는 먼저 과거부터 살펴보기로 하자.

도시화와 학교교육의 역사적 기능

학교에서 가르치는 지식이 누구의 지식인가를 이해하고자 하는 진지한 시도는 본질적으로 역사에 기반을 두어야 한다. 커리큘럼, 교육학, 제도적 통제에 대한 현재의 논의는 특정 역

사적 상황에서 출현했다. 학교가 사회질서 유지를 위해 수행해
온 역할로 인해 시작되고 이어진 논쟁이다. 따라서 만약 학교
가 과거부터 수행해오던 경제적·이데올로기적 목적을 이해하
게 된다면, 교육개혁을 목표로 한 진보적인 사회운동이 제대로
성과를 거두지 못하는 이유를 알게 된다. 또한 **왜** 학교가 앞에
서 살펴본 그런 일을 하는지도 알 수 있다.

우선 공립학교 교육의 모델인 도심학교* 교육이 역사적으
로 어떤 목적을 갖는지, 여기서 '지역사회'는 어떤 역할을 맡아
무엇을 했는지에 초점을 맞춰 간략하게 살펴보고자 한다. 그런
다음, 학생들이 '배우는' 지식을 다루는 학교교육, 즉 커리큘럼
분야의 역사에 대해 좀 더 깊이 있게 검토할 것이다.

교육의 몰역사성으로 인해, 미국 도심학교의 뿌리가 잊혀
질 위험에 처해 있다. 이것은 불행한 일이다. 왜 많은 노동계
급, 흑인, 라틴계, 그리고 기타 소수민족이 학교에서 자신의 문
화와 언어를 찾아보기 어려운지 설명할 수 없기 때문이다. 동
부 도심학교의 성장을 다룬 최근의 연구들은 이런 점에서 큰 도
움이 된다. 예를 들어, 1850년대 뉴욕시의 공립학교 시스템이
점차 확고하게 자리를 잡자, 학교는 몰려드는 이민자들로 인

---

* 대도시의 다인종·다문화 인구 밀집 지역에 위치한 학교를 말한다. 이들 지역 청소년
의 대부분은 빈곤, 제한된 언어 능력, 불안정한 가정환경, 건강 악화 등의 문제를 안고 있
으며, 학교는 낮은 학생 성취도, 교육 일관성의 결여, 경험이 부족한 교직원, 업무 운영
의 부실, 학생들의 낮은 기대치 등을 해결해야 한다는 도전에 직면해 있다(Kincheloe,
2004, 2010; MDRC, 2002).

해 흐트러진 '영국계' 시민들의 문화적 헤게모니를 보존하는 기관으로 여겨졌다. 교육은 지역사회의 생활, 가치, 규범, 그리고 권력집단의 경제적 이익을 보호해주는 방편이었다. 학교는 이민자와 흑인 아동을 '우리'(백인 주류)에 동화시키는 도덕 십자군이었다. 따라서 학교교육의 성장에 중요한 역할을 했던 사람들은 문화 차이를 인정할 수 없었다. 오히려 문화 차이를 불순하고 부도덕한 것으로 치부했다. 도시사학자 칼 캐슬Carl Kaestle 은 뉴욕주 의회보고서를 인용하면서 이러한 태도를 제대로 포착해 드러냈다. 이 보고서는 다음과 같이 경고하고 있다. "드넓은 대서양처럼, 우리 안으로 쏟아져 들어온 불순물을 분해하고 정화해야 한다. 만약 그렇게 하지 않는다면, 내륙의 호수가 그렇듯이, 국가 시스템 전체가 그 독에 중독될 것이다."[5]

캐슬은 계속해서 다음과 같이 말한다.[6]

〈퍼트넘 먼슬리Putnam's Monthly〉 잡지도 같은 비유를 사용하여 그 오염 문제에 대해 똑같은 해결책을 내놓고 있다. "독자들도 동의하리라 믿는다. 대도시에서 삶의 흐름을 효과적으로 정화할 수 있는 유일한 기관 ─ 완벽한 여과기 ─ 은 바로 학교이다." … 교사 대부분은 아마 가난한 아동 몇몇이 교육을 통해 성공하는 데 반대하지 않을 것이다. 하지만 학교의 임무는 분명했다. 급변하는 도시 생활에서 직면하는 어떠한 어려움에도 아동들 사이에 협력하는 태도를 잃지 않게 하는 것. 그러므로 문화접변과 동화가 종종 동의어로 사용되고 있지만, 여기에서는 문화접변이 학교의 의도에 대한 더 정확한 표현이다. 학교는 영국계 시민의 입장에 따라 그들이 원하는 미국화, 즉 이민자의 습관을 영국계 백인의 습관으로 바꾸자는 것이지, 이민자의 지위를 영국계 시민만큼 높이자는 것은 아니었다.

이러한 학교의 도덕적 임무는 커리큘럼 선정과 일반학교 정책에 지대한 영향을 끼쳤다. 그러나 이것이 전부가 아니었다. 다양성을 제거하기 위한 십자군원정은 다른 사태들로 인해 더욱 고조된다. 도시 문제의 규모는 인구 증가로 인해 점점 더 커졌고, 특히 문화접변의 대상인 '이질적인' 아동의 수가 급격하게 증가함에 따라 모종의 조치가 불가피해졌다. 답은 관료화였다. 관료화에 따른 학교 시스템의 공고화, 그리고 절차와 커리큘럼의 표준화는 경제성과 효율성을 증진시켰다. 그러므로 당시 강조했던 문화접변과 표준화는 오늘날 지역사회 시민들이 여전히 직면하고 있는 문제들로 서로 밀접하게 얽혀 있었다. 근본적으로 "교육자들의 관료화와 도덕적 임무는 인구의 급격한 팽창과 다양화라는 같은 문제에서 비롯되었고, 강력한 순응 시스템 구축이라는 같은 결과를 지향했다."[7]

문화순응을 강조하는 학교의 도덕적 임무는 비단 뉴욕만도 아니고, 19세기 초중반에만 국한된 일도 아니었다. 이 도덕적 가치는 국가 산업 기반이 확대함에 따라 점차 경제적 이데올로기와 목적에 결합하게 되었다. 뉴욕, 매사추세츠, 그밖의 여러 도시의 학교는 이상적인 지역사회 생활에 걸맞은 전통적 가치를 지닌, 그리고 산업 기반이 될 근면하고 검소하며 능률적인 노동자에게 필요한 규범과 성향을 갖춘 사람들을 '생산'하는 기관으로 점차 변화했다. 1850년뿐만 아니라 1870~1920년에도 학교는 도시 문제, 대중의 빈곤과 도덕적 부패를 해결하고, 나아가 개인을 산업경제에서 각자의 위치에 적응시키는 기본적인 기관으로 여겨졌다.[8]

마빈 레이저슨Marvin Lazerson이 묘사한 매사추세츠 도심학교의 성장 과정은 이를 선명하게 보여주고 있다.[9]

매사추세츠 도심학교에서는 1915년까지 다음 두 가지 경향이 지배적이었다. 하나는 1870년부터 1900년 사이에 추진된 개혁 열풍에서 비롯되었는데, 교육을 사회 개선의 기반으로 보는 경향이다. 학교가 전통적인 도덕 가치를 가르칠 새로운 기법을 개발해 빈민을 구제할 수 있다고 생각했다. 다른 하나는 1900년 이후에 점점 뚜렷해진 경향으로, 학교가 산업 질서를 받아들여 반영했다는 것이다. 이로 인해 학교의 주요한 기능은 개인을 경제에 적응시키는 일이 되었다. 학교는 특정 기술과 행동 패턴을 가르침으로써 더 나은 능률적인 노동자와 시민을 양성할 수 있고, '시험'을 통한 선발과 생활 지도로 실현해낼 수 있다고 생각했다. 이러한 기법의 발달은 미국에서 교육 기회 평등 이념을 변화시켰다. 커리큘럼, 사회계급, 예상 직업 역할에 따른 분리를 학교 운영의 기본으로 삼았기 때문이다.

학교교육의 근간에는 보수적 이데올로기를 구현하는 이해관계가 있다. 즉, '우리'(영국계 백인들)는 '우리' 지역사회를 보존하기 위해 이민자들에게 우리의 가치를 가르치고, 그들을 기존의 경제 역할에 맞게 적응시켜야 한다.

이러한 역사적 접근은 커리큘럼 분야가 확립되기 시작한 당시, 특히 동부 도시지역의 이데올로기적 경향을 잘 보여준다. 이 경향은 대중뿐만이 아니라, 지식인과 교육자, 심지어 자신의 뿌리가 도시가 아닌 사람들에게도 영향을 끼쳤다. 떠오르는 지식인들도, 초기의 커리큘럼 개발자들도 이러한 이데올로기적 경향에서 벗어날 수 없었다. 어찌 보면 이들은 학교교육의 역할이 도덕적 임무나 경제적 적응과 계층화라고 생각했기 때문에, 그러한 경향에 쉽게 빠져들었다고 보아야 한다. 따라서 커리큘럼 선택과 결정 과정을 하나의 전문 분야로 만들기 위해 노력한 초기 지도자들은 도덕적 임무와 경제적 적응 윤리를 학교교육의 명시적 기능으로 받아들였다. 이들은 학교지식을 선택하고 구성하는 표준화된 절차가 이 두 가지 목적에 기여한다고 보았다.

이제 지식인들과 커리큘럼 개발자들 가운데 가장 강력하고 영향력 있었던 몇몇 사람들의 업적을 검토함으로써, 과거 커리큘럼 의사결정을 이끌어온 이데올로기가 무엇인지 보게 될 것이다. 학교교육 목표를 문화접변 기관으로만 인식하던 대중이 학교교육 목표를 경제에 적응시키는 기관으로까지 서서히 결합하여 인식하게 된 것처럼, 한 세대의 교육자와 사회과학자들도 이 둘을 결합하기 시작했다. 역사적으로 볼 때, 커리큘럼 이론과 개발은 경제적 필요와 변화, 이상적인 '사회'상과 깊이 관련되어 있다.

커리큘럼의 사회적 기능

커리큘럼 분야의 초기 개척자 중 가장 중요한 인물은 프랭클린 보빗Franklin Bobbitt, W, 차터스W. W. Charters, 에드워드 손다이크Edward L. Thorndike, 로스 피니Ross L. Finney, 찰스 피터스Charles C. Peters, 데이비드 스네든David Snedden이다. 이들은 커리큘럼 구성과 사회통제와 권력의 관계를 규정했는데, 이들이 설정한 관계 모델은 오늘날까지도 커리큘럼 분야에 영향을 끼치고 있다.[10]

커리큘럼 분야를 기초한 이론가들이 학교 커리큘럼이 수행해야 할 기본적인 사회적 역할을 규정할 때 가장 중시했던 사회경제적 쟁점은 산업화와 노동 분업이었다. 보빗에 따르면, 분업의 발달로 전통적인 장인은 전문기술자로 대체되었고, 소규모 작업장은 대규모 기업으로 대체되었다. 개인은 더 이상 단일 상품을 설계하고 생산하지 않았다. 대신 생산해야 할 특정 상품을 감독자의 지시에 따라 상품의 일부 공정만을 책임졌다. 개인의 책임은 상품 생산의 일부 공정이지만, 일을 하려면 다른 사람, 특히 작업 방향과 지침을 제공하는 감독자에게 의존해야만 했다. 더욱이 이제 개인은 식품, 주거는 물론 생존에 필요한 모든 생활필수품을 다른 생산 분야에서 일하는 사람들에게 전적으로 의존하게 되었다. 이러한 상황은 19세기 미국 농경사회에는 없던 새로운 필요를 낳았다. 보빗이 '집단 노동자 혹은 조합 노동자'라고 불렀던 이 새로운 기업 노동계급에게 새롭게 요구된 것은 다음 두 가지이다. 하나는 기업을 지배하는 계층화된 조직 속에서 전문적 기능을 수행해낼 수 있는 능력이 있어야 했다.[11] 다른 하나는 설계에 참여하지 않은 제품을 완성하기 위해 함께 일할 수 있도록 경제적·사회적 과제에 대한 충분한 지식이 필요했다.[12]

보빗과 차터스는 직무분석법을 도입해 새로운 경제적 요구에 적합한 전문 기능인 훈련 방안을 모색했다. 이들은 과학적 경영 운동에서 아이디어를 얻어 커리큘럼 구성이론을 정립하였다. 이 이론은 성인 생활의 전문적이고 협소한 기능 측면을 분석한 후, 이를 기반으로 교육 목표를 차별화했다.[13] 이 사실은 대단히 중요하다. 커리큘럼 이론의 창시자들이 커리큘럼의 가장 중요한 역할을 '지역사회'의 발달로 규정하도록 이끈 배경에는 전문직 노동자들의 단결, 협동, 수용적 태도가 성인 생활의 필수 덕목으로 요구되었기 때문이다.[14] 커리큘럼은 '사회통합'을 강화하는 데 이용되었다. 예를 들면, 보빗은 커리큘럼을 이른바 '대집단 의식'을 개발하는 수단으로 보았다. 그에게 대집단 의식이란, 한편으로는 사회경제적 집단 혹은 사회에 대한 개인의 소속감을 가리키고, 다른 한편으로는 사회의 목적, 가치, 행동 기준에 대한 개인의 헌신을 가리켰다.[15] 그러나 이 커리큘럼을 선정하고 결정하는 모델을 지나치게 보수적으로 만든 것은 인간공동체에 대한 정의 바로 그것이었다.

사회 동질성과 사회 문제

보빗과 차터스 등이 제시한 커리큘럼의 사회적 기능이 지닌 다음의 두 가지 특징은 중요하다. 첫째, 특이하게도 이 교육자들은 커리큘럼의 목적을 규정할 때 그 기능을 지역사회의 필요와 동일시한다. 보빗이 특히 강조한 것은 커리큘럼 개발자들이 무엇을 해야 할지는 학교가 속한 지역사회가 결정해야 한다는 점이다.[16] 이 주장은 대단히 진보적으로 들린다. 그러나 두 번째 특징은 우리를 좀 더 조심스럽게 만든다. 이 이론가들이 생각하는 커리큘럼의 사회적 기능은 사회 구성원들 간에 고도의 규범적·인지적 합의를 창출하는 것이기 때문이다. 바로 이

것이 보빗이 말한 '대집단 의식'이다.[17]

사람들은 크고 작은 사회집단 속에서 어떻게 진정한 소속감을 발전시킬 수 있을까? 여기에는 단 하나의 방법이 있는 것처럼 보인다. **즉 집단의 한 부분으로서 함께 생각하고, 느끼고, 행동함으로써 집단의 활동을 수행하고, 집단의 목표 달성을 위해 노력하는 것이다.** 개인은 친밀한 소집단에 융합되고, 서로 다른 소집단들은 공동의 목표, 공동의 비전, 통일된 판단을 위해 함께 행동할 때 대규모 내부 협력 집단으로 융합된다.

커리큘럼의 사회적 과제가 지닌 이 두 측면은 대단히 중요하다. 지역사회와 '동질성'이라는 두 이슈는 모두 미국 사회사상, 특히 19세기 후반부터 20세기 초에 걸쳐 새롭게 부상한 사회학, 심리학, 교육학 분야의 공통 주제였다. 이 시기에 이러한 주제를 어떻게 이용했는지 살펴보면 커리큘럼 영역의 본질에 대해 알 수 있다. 또한 과거부터 현재에 걸쳐 학교와 지역사회의 관계에 대응해온 방식과 누구의 지식을 정당한 지식으로 간주해야 하는지에 어떻게 대응해왔는지 알 수 있다.

커리큘럼 분야 개척자들과 사회학, 심리학, 교육학의 초기 지도자들은 농촌 중산층 가정에서 태어나 성장한 토박이들로, 개신교를 믿는 앵글로 색슨계였다. 따라서 이들은 다른 사회과학자들과 함께, 자신이 연구하는 학문 분야의 본질, 범위, 대상을 규정할 때 중산층의 이해관계를 반영하고 대변했다. 특히 이들은 19세기 후반에서 20세기 초에 걸쳐 미국 사회가 농경사회에서 산업사회로 이행하면서 중산층의 권력과 영향력이 쇠퇴하고 있다고 믿었다.[18] 그리고 이를 엉뚱하게도 지역사회 **붕괴**로 규정했다.

이들이 성장한 1865년부터 1900년에 이르는 시기는 중산층을 구성하던 소규모 농장주, 상인, 전문직 종사자들에게 의혹과 두려움의 시기였다. 친밀한 인간관계로 형성된 작은 촌락 중심의 사회질서가 뿌리째 흔들린다고 느꼈기 때문이다. 이들은 새로운 경제 단위인 기업의 지배력을 두려워했다. 새롭게 등장한 사회경제적 계급은 막대한 부와 권력을 가진 기업주들과 이들의 재정 후원자가 주축을 이루었다. 초기 지도자들은 이 새로운 계급이 소도시의 경제적 안정과 정치적 영향력을 위협하고, 농업과 소규모 제조업 기반 경제를 무너뜨린다고 생각했다. 그러나 기업경제의 성장은 도시의 확장을 가져왔다. 도시는 점차 동남부 유럽에서 온 이민자들과 미국 남부 출신의 흑인들로 넘쳤다. 이 이주민들의 다양성은 동질적인 미국 문화, 즉 소도시를 중심으로 중산층의 신념과 태도에 뿌리내리고 있는 미국 문화의 전통에 대한 위협으로 간주되었다. 영국계 신교도가 주축을 이룬 중산층은 그들의 조상이 '황무지에서 일궈낸' '지역사회'가 팽창하는 도시화·산업화로 인해 붕괴하고 있다고 느꼈다.

이 두 가지 이유에서, 새로운 사회과학의 초기 대변자들은 이주민의 문제에 비상한 관심을 쏟았다. 그들은 출산율이 높은 이주민들이 머지않아 '교양 있는 토박이들'(영국계 원주민)의 수를 능가하지 않을까 걱정했다. 도시에 이주민 거주지가 늘어나고, 정치적·문화적·종교적 전통이 다른 이민자들이 증가하는 것은 동질적인 문화에 위협이 되었다. 단일 문화는 미국에 안정을 가져다준 원천이었고, 진보의 동력이었으며, 지식인들에게는 민주주의의 이상 그 자체였다.[19]

지식인들이 처음 제기한 지역사회 이슈는 농촌 소도시가 직면한 존립 위기였다. 미국 사회학의 개척자인 에드워드 로스Edward A. Ross에 따르면, 소도시의 친밀한 인간관계야말로 자연스럽고 자발적인 사회통제의 메커니즘이었다.[20] 로스를 비롯한 초기 사회과학자들은 소도시가 사회질서와 안정을 보장한다는 데 놀라울 정도로 의견일치를 보였다. 사회학자 로버트 니스벳Robert Nisbet의 말을 빌리면, 소도시와 소도시의 정치, 종교, 가치는 바로 미국 사회의 정수였다.[21]

그러나 시간이 흐르면서 이 초기 지식인들은 지역사회 이슈를 처음과는 다른 입장에서 규정했다. 즉, 그들은 더 이상 소도시를 물리적 실체로 방어할 필요가 없었다.[22] 대신 소도시 안정에 기초를 이루는 능력, 신념, 가치관, 행동 규범의 동질성을 밝혀내, 소도시 생활의 이러한 특징을 신흥 도시·산업사회가 요구하는 질서의 기초로 이상화했다. 이들 지식인에게 지역사회란 이제 동질성과 문화 합의의 동의어다. 이들이 농촌사회에서 성장하며 배운 것이 있다면, 질서와 진보는 같은 신념과 행동을 얼마나 공유하는가에 달려 있다는 점이다. 이 관점을 점점 도시화하는 사회에 적용해 주장한 것이 중산층의 가치, 신념, 행동에 뿌리를 둔 단일 문화(그들이 의미하는 지역사회가 바로 이것이다.) 유지였다. 도시화, 산업화, 그리고 이민자들로 인해 문화적 동질성이 해체되고, 지역사회가 붕괴하고 있다는 생각이 들자, 이들은 '자신에게 적이라고 여겨지는 모두를 가리지 않고 공격'했다.[23]

사회통제와 사회 문제

문화동조라는 구실 아래 초기 사회과학자들은 동남부 유럽에서 온 이민자들을 집요하게 '매도했다.' 유전적 관점을 내세워 이민자와 노동자들이 영국계 토박이보다 열등하다고 여겼다. 비록 영국계 시민들이 경제적으로는 부유해도 로스가 '민족 자멸'이라고 부를 정도로 낮은 출산율을 보이고 있었기 때문에 이민자들의 높은 출산율은 위협이 된다고 본 것이다.[24] 그러나 이민자들을 공격한 더 직접적인 이유는 이민자들이 민주주의의 존립 자체를 위협한다는 것이었다. 미국의 초기 사회학자 찰스 엘우드Charles A. Ellwood의 주장에 따르면, 이민자들에게는 유전적으로 '북서부 유럽인이 보여준 자치정부 수립과 그에 필요한 제도를 창안해 자유롭게 운영할 능력'이 없다.[25]

이러한 예견된 위협에 대처하기 위해, 이들 지식인은 19세기 후반부터 20세기 초에 걸쳐 점점 열기를 더해가던 이민제한 운동에 가담했다.[26] 그러나 이미 온 이민자들에 대한 문화적 동질성을 이뤄내기 위해서는 제2의 방어선을 구축할 필요가 있었고, 여기서 생각해낸 것이 의미의 주입이라는 사회통제 방식이었다. 이민자들은 점차 중산층의 가치와 신념, 행동 규범에 동화되어갔다. 로스에 따르면, 그러한 동화 기관 중 하나가 바로 학교였다. 그가 도심학교의 성장을 둘러싼 이데올로기적 경향을 다루는 방식은 나와 놀랍도록 비슷하다.[27]

다양한 배경을 가진 다수의 사람에게 국민적 일체감을 불어넣기 위해서는 특정한 이념과 이상을 전파하고 보급할 수 있는 기관이 필요하다. 러시아의 황제들이 이질적인 신민들을 통합된 러시아 국민으로 만들기 위하여 모든 농촌 마을에 푸른 돔의 러시아 정교회가 필요했듯이, 미국은 통합을 위해 '작은 적벽돌로 지은 학교'가 필요했다.

이러한 맥락에서, 보빗을 비롯한 초기의 커리큘럼 분야 개척자들은 커리큘럼을 이용하여 지역사회의 이상을 이루고자 하였다. **커리큘럼**은 잃어버린 것을 다시 회복시켜줄 수 있었다.

커리큘럼과 사회 문제

초기 커리큘럼 이론가이자 최초의 교육사회학자였던 로스 피니Ross L. Finney는 중산층이 위로는 기업 자본가계급으로부터, 아래로는 이주 노동계급으로부터 위협을 당하고 있다고 보았다. 당시에 산업화가 진전되면서 값싼 노동력에 대한 요구는 늘어났고, 점점 더 많은 이주 노동자가 생겨났다. 제1차 세계대전 이후 저술에서 나타난 그의 주장은 적색 공포*로 알려진 국가적 공포를 드러냈다. 그는 동남부 유럽에서 온 이민자들이 미국에 볼셰비키 이데올로기를 전파하고 있으며, 1917년의 러시아 혁명과 유사한 혁명을 일으켜 중산층은 물론 국가까지도 전복하려 한다고 주장했다.[28]

피니는 중산층을 옹호하면서 지역사회의 붕괴를 개탄했다. 그가 동경한 시대는 미국 역사상 어느 때보다도 평화로운 시대였다. 그때는 산업화로 국가의 부를 생산한 사람들에게서 소유권을 빼앗지도, 그 과정에서 경제적·사회적 계급 간 이해관계의 충돌을 낳지도 않았다.[29]

---

* 제1차 적색공포는 1917~20년, 미국판 러시아 볼셰비키 혁명에 대한 우려에서 비롯되었다. '진실한 미국인'을 보호한다는 명분으로 공산주의, 무정부주의, 급진주의, 노동조합주의, 기타 '비미국적(un–American)'인 사상과 행위에 대한 전 국민적 공포와 히스테리를 불러일으켰다. 제2차 적색공포는 제2차 세계대전 종식 이후 냉전체제의 산물로 등장했다. 적대국의 공작에 의한 체제 전복의 공포가 확산되면서, 스파이 색출이라는 명분으로 대대적인 사상검증과 블랙리스트 작성 등 매카시즘으로 불리는 극단적 반공주의가 미국을 휩쓸었다.

이 문제에 대한 피니의 해결책은 이렇다. 국가는 이민자들에게 특정 가치관과 행동 규범을 각인시켜야 하며, 이민 노동 계급은 자신의 계급에 헌신하듯이 주어진 일에 헌신해야 한다. 그는 이러한 헌신이 '미흡하나마' 경제적 기능을 수행하는 노동 계급을 행복하게 만들어 잠재적인 혁명 위협을 줄여준다고 믿었다. 그리고 피니는 '미흡하나마' 경제적 기능을 수행하는 것이 앞으로 산업화된 미국에서 살아갈 대다수 대중의 피할 수 없는 운명이라고도 생각했다.[30] 그는 동시대의 다른 지식인들과 마찬가지로, "민주 시민들이 서로 신뢰하며 조화롭게 살아가기 위해서는 반드시 같은 생각과 느낌을 공유해야 한다"고 주장했다.[31]

다른 중요한 커리큘럼 학자들도 동질성에 대해 비슷하게 빠져들었다. 영향력 있는 커리큘럼 이론가이자 교육사회학자였던 피터스도 이민자를 미국 문명에 대한 위협으로 보고, 그들이 '정치, 사회, 경제, 위생 등의 문제에 대해 미국의 공인된 방식으로 생각하고, 행동하도록' 만들어야 한다고 보았다.[32] 손다이크도 빼놓을 수 없는 인물이다. 초기부터 커리큘럼 분야를 지배해온 행동주의 심리학의 대가였던 그는 다른 교육자들이 이민자를 바라보는 시선으로 흑인을 보았다. 그는 과연 흑인의 능력으로 민주주의 제도에 적응할 수 있을지 의심했고, 그들을 미국 도시의 골칫거리로 간주했다.[33] 그렇다면 이 골칫거리들에 어떻게 대처했을까? 이미 그곳에 있는 그들을 어떻게 동질화시켰을까? 어떻게 지역사회를 재건했을까?

　이전 시대와 마찬가지로, 손다이크 같은 이들은 학교로 눈을 돌렸다. 학교 커리큘럼이 자신들의 경제·사회 정책의 목표인 가치 합의를 이루어낼 수 있다고 믿었다. 이러한 맥락에서 피니는 다음과 같이 주장했다.[34]

　노동자들을 설득시키는 더욱 현명한 방법은 그들을 중산층에 동화시키는 것이다. 이러한 동화는 실질적으로 고등학교 졸업을 보편화하는 의무출석법으로 그들이 원하든 원하지 않든 하층계급에게 강제되어야 한다.

　그런데 사회과학자들과 교육자들이 생각한 커리큘럼의 본질과 밑그림을 실제로 현실에서 구현하고자 했을 때, 이들의 주장에 중요한 변화가 일어났다. 이는 커리큘럼의 미래 발전에는 물론이고, 그 발전이 영향을 미치게 될 사람들에게도 대단히 중요한 것이었다. 변화란 그동안 동질성의 필요 이유를 민족, 계급, 인종 차이 때문이라고 얘기해왔다면 이제 지능의 차이로 바꿔 말하기 시작한 것이다. '과학'은 종종 의식하지 못하는 사이에 수사적인, 즉 그럴듯한 설득 도구가 되어 보수적인 사회적·교육적 결정을 은폐한다.

　예를 들어, 피니도 입장을 바꿔 미국 사회가 직면한 가장 중요한 문제를 이전과 다르게 규정했다. 중산층에 대한 최대의 위협은 더 이상 증가하는 이민 노동계급이 아니었다. "국민의 절반이 평균 정도이거나 그 이하의 지능 수준을 가지고 있으며, 이들 중 상당수가 참으로 형편없는 지능을 가지고 있다"는 사실이 더 중요한 문제였다.[35] 그의 관점에 동의한 손다이크는 지능이 낮은 사람들이야말로 '문명'의 존립 자체를 위협한다고 주장했다.[36]

보빗을 비롯한 여러 학자는 이들의 주장을 점차 과학의 언어로 체계화했다. 사실, 이들은 극단적인 국수주의와 이로 인한 유럽인 혐오에 대해서도 경고하고 나섰다.[37] 이제 이들은 커리큘럼 구성 이슈와 관련된 지역사회 문제에 대한 관점도 바꾼다. 구체적으로 말하면, 더 이상 사회과학의 초기 개척자들이 주장해온, 사회에서 더 많은 혜택을 받은 사람들의 헤게모니를 유지하는 게 아니라 사회에서 높은 지능을 가진 사람들의 헤게모니를 유지하는 것으로 바뀌었다. 그러나 이것은 생각보다 작은 변화였다.

커리큘럼의 차별화와 사회 이슈

초기 교육이론가와 교육행정가뿐만 아니라 현재 커리큘럼 이론가들까지 지배하고 있는 커리큘럼 구성의 핵심 원리는 차별화이다. 즉, 지능과 능력이 서로 다른 개인이 다양한 성인의 직무 가운데 특정 기능을 준비할 수 있도록 커리큘럼을 차별화할 필요가 있었다.[38] 이 원리는 대단히 중요하다. 다양한 성인의 직무는 불평등한 사회적 책임을 함축하고 있으며, 불평등한 사회적 책임은 다시 불평등한 사회적 권력과 특권을 낳는다. 이 교육자들은 지능이 높은 개인이 다수의 대중보다 더 도덕적이고, 자기 일에 더 전념하며, 기꺼이 자신의 재능을 사회 전체의 이익을 위해 사용한다고 생각했다. 이런 이유로 손다이크는 지능이 높은 개인의 견해가 다수의 대중보다 사회적으로 더 중요하다고 주장한다. 따라서 지능이 높은 이들이 사회적·정치적으로 우월한 지위를 차지하는 것은 당연했다.[39]

사회적 책임과 권력의 불평등한 분배에 대한 이러한 관점은, 이들이 커리큘럼 차별화를 통해 이루고자 했던 두 가지 사회적 목적, 즉 리더십 교육과 이른바 '팔로워십' 교육을 어떻게 수행할 것인가를 논할 때 반영되었다. 지능이 높은 이들은 사회의 필요를 이해하도록 가르쳐 국가를 이끌 사람으로 교육해야 한다. 또한 사회의 필요를 충족시키기 위한 적절한 신념과 행동 규범을 규정하는 방법을 배워야 한다. 반면, 대중들은 이러한 신념과 규범에 대한 이해나 동의 없이 무조건 받아들이는 법을 배워야 했다.[40] 같은 맥락에서 피니는 다음과 같이 주장했다. "멍청한 이들이 스스로 생각하도록 가르치기보다, 지적인 지도자가 그들 대신 생각하고, 그 결과를 그들의 시냅스에 주입해야 한다."[41] '지능'에 기초한 커리큘럼 차별화는 미국 사

회에 문화적 동질성을 창출하고, 안정을 보장하게 될 것이다.[42]

요약하면, 초기 커리큘럼 전문가들의 관심은 두 가지였다. 하나는 문화 합의를 유지하는 것이고, 다른 하나는 상호의존적인 산업사회에서 개인을 '적절한' 자리에 배치하는 것이었다. 보빗은 이 관심을 산업사회의 주요한 두 직무와 관련해 우회적으로 설명했다. 하나는 '전문기술직'이고 다른 하나는 '관리감독직'이다. 전문기술가의 직무는 소속된 조직이 요구하는 특정 작업만 능숙하게 수행하면 된다. 이외에도 전체 생산·분배 과정에서 자신의 직무가 갖는 중요성을 인식하고, 조직 목적을 '기꺼이 따르는 데' 요구되는 전체 조직에 대한 한정된 지식이 필요하다.[43]

'전문기술직'에 요구되는 것은 오직 자신이 맡은 특정 작업에 대한 철저한 이해뿐이다. 손다이크에 따르면, 그들은 다만 '생각하지 말아야 할 때와 어디서 필요한 것을 구할 수 있는가를 아는' 정도만 필요했다.[44] 반면, 보빗이 경영자 혹은 감독자라고 부르는 '관리감독직'은 한 가지 작업에 능숙할 필요가 없었다. 전문기술가에게 일을 지시하고, 그들이 묵묵히 따를 수 있도록 조직 목적을 완벽하게 이해하고 헌신하면 된다.[45] 따라서 지혜로운 몇몇 사람이 다른 사람들을 지휘하는 것은 매우 당연한 일이다. 여기에 무슨 문제가 있는가? 그러나 누가 지혜로운 사람인가 하는 문제에서 이 관점은 중립성을 잃는다.

민족, 지능, 사회

앞에서 살펴본 바와 같이, 지금까지 커리큘럼 기능을 규정하는 데 가장 큰 영향력을 끼쳤던 이 분야의 전문가들은 자신의 태도를 바꾼다. 여전히 이민자를 두려워하고 혐오하면서도, 광범위하게 분포한 낮은 지능을 가진 사람들의 문제를 지역사회 유지의 이슈로 꼽았다. 그러나 이러한 태도 변화가 사회과학의 초기 개척자들과 공유하던 관점의 변화를 의미하는 것은 아니다. 비록 그들이 지능을 이유로 커리큘럼 차별화를 주장했어도, 보빗과 스네든을 비롯한 커리큘럼 전문가 및 교육사회학자들은 사회계급과 민족적 배경으로도 커리큘럼을 차별화해야 한다고 주장한 것이 그 증거다.[46] 손다이크는 미국 사회에서 선천적으로 탁월한 능력과 뛰어난 지능을 가진 사람들을 선별할 때 사업가, 과학자, 법률가를 꼽았다.[47] 그 시대에 이러한 직업은 거의 예외 없이 영국계 백인 중산층이 독점하고 있었다. 결국 높은 지능을 가진 사람들은 전부 영국계 백인 중산층 출신이었다. 지능이 낮은 대중도 다양한 배경을 가지고 있었는데, 동남부 유럽 이민자가 압도적으로 많고, 그다음이 흑인이었다. 이처럼 원래 미국 지식인들이 인종과 계급 차이에서 비롯한 문화 문제로 보았던 것을 겉보기에 중립적인 과학의 언어를 빌어 지능 차이의 문제, '능력' 차이의 문제로 재규정하게 되었다. 따라서 '손쉽게' 도덕적·기술적 지식을 최대한 확보하고 통제할 수 있게 되었고, 이러한 재규정으로 인한 경제적·사회적 내용상의 문제를 제거해주었다. 그 결과 사회통제는 과학의 언어로 은폐되었고, 이러한 현상은 오늘날까지 지속되고 있다.[48] 학교 커리큘럼을 통제하고 차별화함으로써 사람들과 계급을 통제하고 차별화할 수 있게 된 것이다.

그렇다면 이들은 왜 그랬을까? 선구적인 커리큘럼 이론가들은 자신을 중산층이라고 생각하면서도 산업화와 기업의 출현을 점점 호의적으로 보았다. 특히 효율적이고 생산적으로 보이는 산업화 과정에 매혹되어, 과학적 경영 원리를 커리큘럼 구성 개념에 포함했다. 커리큘럼을 구성하는 데도 과학적 경영 원리가 필요하다고 본 것이다.[49] 그러나 이들은 기업 방식에 대한 이러한 믿음을 넘어 기업의 위계적인 조직 방식을 **사회 모델**로 취한다. 이 사실은 미국 사회에 대한 피니의 전망에서 가장 분명하게 볼 수 있다.[50]

리더십과 팔로우십의 개념은 지능과 지식 수준에 따른 위계 구조라는 개념으로 전환될 수 있다. … 이 시스템의 꼭대기에는 고도로 전문화된 첨단 영역에서 연구를 주도하는 전문가가 있어야 한다. 그 아래에는 대학 졸업자로 전문가의 연구 결과를 이해하고, 부분과 부분을 관련지을 줄 아는 사람들이 있다. 이러한 상대적으로 독자적인 사고를 할 수 있는 지도자로 인해 진보적인 변화와 끊임없는 재조정이 가능할 것이다. 이들

아래에는 위에 있는 사람들의 언어를 어느 정도 이해하고 다양한 분야에 대해 약간은 알고 있으며 전문지식을 존중하는 고등학교 졸업자가 있다. 위계의 가장 아래에는 윗사람들이 하는 말과 행동을 이해한 양 흉내 내며 따르는 아둔한 대중이 있다.

사회조직을 위계 구조로 보는 이러한 관점은 모든 다양성을 제거하려는 시도가 아니라 통제하려는 것이었다. 다양성의 범위를 좁히고, 사회 안정, '전문지식'의 생산, 경제성장의 필수 조건을 위협하지 않는 영역으로 흐름을 유도하여 다양성을 통제하려 했다. 예를 들어, 선구적 이론가들이 활발하게 활동하던 1880년대부터 1920년대 초반까지 산업자본가들은 전국적인 이민제한운동에 저항하는 한편, 이민자들에게 중산층의 태도와 신념, 행동 규범을 주입해 미국 사회에 가할지도 모르는 위협을 줄이려고 했다. 동시에 산업계가 필요로 하는 값싼 노동력을 확보하기 위해 '기꺼이' 이민자들을 받아들이며 저임금 노동자를 고용했다.[51] 커리큘럼 개척자들은 초기 사회과학자들과 달리, 산업자본가들의 이러한 관점을 공유했다.[52] 이들은 제1차 세계대전 이후 점점 늘어난 이민을 제한하자는 영국계 백인 토착민의 정서를 감안할 때, 민족이나 인종이 아닌 지능의 문제에서 다양성을 규정한다면, 이질적인 사람들을 위계적인 조직 사회로 더 쉽게 통합할 수 있다고 믿었다. 당시의 맥락에서 볼 때, 이들은 미국 사회가 민족이나 인종을 문제 삼기보다는 지능을 문제 삼는 편이 훨씬 저항이 적으리라고 생각했다.[53] 또한 '타고난' 리더와 팔로우들이 있으며, '우리'가 '그들'의 존재를 규정할 수 있는 '진정한' 사회가 교육을 통해 건설될 수 있다고 확신했다.

그러나 이것으로 모든 것이 설명되지는 않는다. 여기에는 '궁극적인 정당성의 원리'를 제공하는 '과학'의 역할이 다시 한 번 덧입혀져야 한다. 계층화를 과학의 이름으로 정당화하는 사례가 늘고 점차 체계화됨에 따라, 과학적 정당화는 대립하는 집단에게 휘두르는 권력을 정당화할 때 야기되는 이데올로기적 갈등에 대한 이상적인 해결책으로 떠올랐다. 그 해결책은 다음 두 가지 방식으로 이루어진다. 하나는 개인들이 처한 상황을 '적절하게' 규정하는 것이고, 다른 하나는 경제자본과 문화자본을 둘러싼 갈등 상황에서 특정 계급의 이익에 봉사하는 것이다. 과학이 일종의 기술이 되고, 헤게모니를 창출-재창출하려는 사람들이 직면하는 경제적·문화적 딜레마를 해결할 수 있는 중립적인 방법이 될 때, 과학의 이데올로기적 역할(범위와 기능)은 명백해진다.

당시에 이 '개혁가들'은 기존 경제적·도덕적 질서가 무너지면서 사회적 유대가 흔들리자 딜레마에 빠졌다. 질서가 무너진 원인은 다양하다. 급격한 산업화, 농업자본에서 산업자본 축적으로의 전환, 과학기술의 발달, 이민자 증가, 지역사회 생활의 와해, 이윤 증대를 위한 분업과 노동 통제의 '필요성' 증가 등이 그 원인이다. 새로운 질서를 확립하기 위해서는 사람들 사이의 유대 관계를 맺어주는 의미를 새로운 토대 위에서 재구성해야 했다. 과학과 기술의 언어는 교육자들의 제휴에 필요한 완전히 새로운 범위의 의미를 제공함으로써, 다양한 방법으로 이러한 유대 관계를 제공했다.[54]

첫째, 과학기술 언어가 제공하는 설명 방식은 교육 문제와 교육정책을 이야기하던 이전 방식보다 훨씬 강력해 보이는 설명 방식, 즉 학교교육과 사회문제 간의 관계, 그리고 교실에서 일어나는 일과 일어나야만 하는 일을 훨씬 더 설득력 있게 설명했다. 둘째, 과학기술 언어는 학교 안팎에서 왜 어떤 일은 일어나고, 어떤 일은 일어나지 않는지 그 이유를 찾고 추론할 수 있는 것처럼 보였다. 셋째, 과학기술 언어가 더 나은 통제를 보장하고, 교육자들에게 예측과 조작을 훨씬 더 쉽게 해준다는 점은 중요한 사실이다. 과학기술 언어는 서로 다른 학생들을 A 상태에서 B상태로 빠르고 효율적으로 변화시키는 데 도움을 준다(변화를 이끄는 목적과 수단의 윤리적·경제적 '정당성'은 대단히 중요한 문제지만, 이들은 그 문제를 제기하지 않는다). 그리하여 과학기술 언어의 도움으로 만들어진 범주와 절차 및 방법 속에서 개인은 추상화되었고, 교사와 학생은 서로 관계를 맺지 못한 채 분리되었다. 그리고 이러한 현상은 오늘날까지 지속되고 있다.

과학기술 언어체계가 만들어낸 의미들은 명시적이며, 교육자들에게 자신의 노력이 정당하다는 생각을 부여해주었다. 현재 일어나는 일들을 더 잘 묘사하고, 설명하고, 통제할 수 있다는 데 누가 뭐라 할 수 있겠는가? 그러나 과학기술 언어체계가 갖는 잠재적 이데올로기 기능은 '상황을 규정하는' 명시적 기능보다 훨씬 더 중요하다. 이 기능은 다음 세 가지로 압축할 수 있다.

첫째, 과학은 추론된 효율성과 통제의 논리를 가지고 정당화의 기능을 수행했다. 드웨인 휴브너Dwayne Huebner가 지적했듯이, 정당화의 언어는 자신이 무엇을 하는지 알고 있으며, 그 일을 할 '권리와 책임, 권위와 정당성이 있다'[55]는 개인의 주장을 뒷받침해준다. 요컨대 이 언어는 많은 집단과 사람, 최소한 교육자 자신에게 자신은 줄곧 무슨 일을 해왔는지 알고 있으며, 그 일을 계속할 권리가 있다는 확신을 심어준다. 당시 경제를 장악했던 권력계급이 산업과 효율성 모델에 대한 믿음이 커지면서, 과학과 기술은 교육자와 지식인들을 더 큰 경제질서의 가치 시스템과 연결하는 과학기술 언어체계를 만들어냈다.

둘째, 과학기술 언어는 교육자들의 활동을 정당화함으로써 교육자들 사이에 집단 응집력을 만들었다. 또한 효율성, 기술 지식, '민주주의'에 대한 사회화를 필요로 하는 경제성장 과정에서 쉽게 제자리를 잡았다. 게다가 과학기술 기반 교육을 위해 헌신적으로 일할 신참자를 끌어들이는 데도 기여했다.

셋째, 이 언어는 다양한 개인과 집단이 어떤 행동을 취해야 하는가를 알려주는 처방전 구실을 했다. 이는 과학기술 언어가 정치적으로 사용되었다는 의미이다. 다시 말해, 개량주의적 제도개혁 운동에 참여하도록 사람들을 설득하는 논리에 당위성을 부여하고 특정 이데올로기에 헌신하도록 격려하는 정치적인 언어였다.[56]

과학과 기술의 합리성은 서술, 설명, 처방, 정당화, 격려 등 모든 방법을 동원할 수 있는 새로운 의미, '신성한' 것에 대한 새로운 비전을 창조할 수 있는 이상적인 장치였다. 따라서 교육자들은 이 장치를 통해 허물어진 유대 관계를 재건하고, '지역사회'를 재건할 수 있다고 믿었다. 그러나 이 믿음은 비단 교육자에게만 국한된 것은 아니었다. 과학, 진보, 효율성, 산업성장, 지속적인 발전은 모두 사회 안정의 범위를 벗어나지 않는 한, 국가 권력층 대부분이 내세우는 이데올로기적 세계관의 필수요소이다.

결론

커리큘럼 분야에 암묵적으로 남아 있는 가장 중요한 유산은 문화적 동질성과 가치 합의를 바탕으로 하는 지역사회 의식을 유지하려는 노력이다. 이는 커리큘럼 분야가 역사적으로 기업의 경영기법에 의존한 데 뿌리를 두고 있다. 이러한 의존은 60년 전 초기 개척자들이 커리큘럼 구성에 과학적 경영 원리를 도입했던 때 못지않게 오늘날에도 여전히 강하게 남아 있다. 예컨대 시스템경영기법에서도 이러한 의존은 지배적이다. 역사적으로 볼 때, 그들이 온 힘을 다해 건설하고자 했던 '지역사회'(그리고 커리큘럼)는 경제·문화 권력집단의 가치관을 반영하고 있었다. 따라서 그들의 노력은 20세기 초 흑인과 유럽 동남부 출신 이민자들에게 위협이 되었던 것처럼, 현대의 노동자, 여성, 흑인, 라틴계, 아메리카 인디언에게도 위협이 되고 있다. 초기 커리큘럼 이론가들은 다분히 보수적인 색채를 지능과 능력이라는 과학적이면서도 중립적인 언어로 표현했기 때문에, 그 위협은 역사적으로 인식되지 못한 채 남아 있었다. 커리큘럼이 동질성과 사회통제를 유지하려는 보수적 이해관계에 어떻게 공헌했는지 이해할 때, 비로소 오늘날 커리큘럼이 어떻게 작동하는지 알 수 있게 된다. 그러나 유감스럽게도 과학적이며 중립적이라는 표현은 여전히 드러내는 것보다 감추는 게 훨씬 많다.

불행하게도, 커리큘럼 분야의 과거는 완전히 지울 수 없다. 그래서 결국 앞서 소설 같은 이야기에서처럼, 학교는 … '그들'을 위해 일하고 있을 뿐이다. 경제적 재화와 서비스가 불평등하게 분배되듯, 교육에서 이익을 얻는 자는 '그들'이다.[57] 만약 진지하게 학교가 지금과는 다른 방식으로 지역사회의 요구에 부응하도록 바꾸려 한다면, 먼저 권력집단과 학교가 보존·분배하는 문화 사이의 역사적 관계를 이해해야 한다. 권력과 문화 간의 역사적 관계를 이해하면 새로운 시각으로 학교에 대해 다시 물을 수 있다. "학교는 **누구를** 위해 기능하는가?" 답이 '그들'이라고 생각하는 몇몇 교육자는 불만스러울 수 있다. 자신의 암묵적인 정치적 입장을 깨닫게 되었을 때 마음 편할 사람은 없을 테니까.

4장

잠재적 커리큘럼과
갈등의 본질

The Hidden Curriculum and the Nature of Conflict

갈등과 잠재적 커리큘럼

　　학교가 중립적으로 보이고, 정치적 과정과 이데올로기적 논쟁에서 분리된 듯 보이는 점은 긍정적인 요소와 부정적인 요소를 동시에 갖는다. 긍정적인 요소는 교육에 파괴적 영향을 미칠 수 있는 세상의 소용돌이로부터 학교를 보호해준다는 점이다. 반면, 부정적인 요소는 학교를 지역사회의 요구와 변화하는 사회질서에 제대로 대응할 수 없게 만든다는 점이다. 학교가 '보수적인' 기관으로서 갖는 장단점에 대해서는 지난 십수 년 동안 격렬한 논쟁이 계속되었다. 이 논쟁에 참여한 인물 중 가장 대표적인 사람은 에드거 프리덴버그Edgar Z. Friedenberg와 줄스 헨리Jules Henry다. 이들의 논쟁에서 주로 분석되고 논의된 주제는 업무 관련 규범 교육 이외에도, 성취 지향적 시장윤리에 대한 잠재적 교육과 학생이 스스로 체득한 자전적 의미를 '중산층'의 가치, 때로는 '정신분열적' 가치체계로 대체할 가능성이었다. 이들 논의의 초점은 필립 잭슨이 이름 붙인 '잠재적 커리큘럼'에 있었다. 잠재적 커리큘럼은 학교에서 암묵적으로 가르치는 규범과 가치이지만, 보통 교사들의 교육목적이나 목표 설정에서는 드러나지 않는다. 예를 들어, 잭슨은 학생들이 교실에서 군중, 칭찬, 권력 시스템에 대응하는 방식에 대해 폭넓게 살폈다. 구체적으로 말하자면, 학생들은 순서를 기다려야 하는 상황에 대한 대처를 어떻게 배우고 있는가? 교실의 보상체제에 순응해 자신의 행동을 조작하는 방법을 어떻게 터득하는가? 최초의 '두목'인 교사와의 관계맺음을 어떻게 배우는가?[1]

학교에서 정당화되는 이데올로기적 세계관에 대한 이러한 비판은 날카롭다. 하지만 잭슨은 헤게모니 유지에 지대한 공헌을 하는 오늘날 학교교육의 지배적인 특성을 제대로 밝히지 못했다. 이 특성을 파악하기 위해서는 학교교육에서 갈등을 다루는 방식을 분석해야 한다. 그러나 지금까지 어떠한 연구도 이루어지지 않았다. 학교 커리큘럼이 채택한 갈등 처리방식이 어떻게 학생들을 정치적 침묵으로 이끌었는지, 기존 사회의 권력과 정당성의 분배를 유지하는 역할을 해온 사회적·지적 갈등에 대한 관점을 어떻게 학생들이 받아들이게 만드는지 밝힐 필요가 있다.

갈등은 학교교육의 생산과 사회화 기능을 촉진하는 것 외에도, 다음 두 가지 이유에서 대단히 중요한 주제이다. 첫째, 학교에서 갈등을 다루는 방식은 불평등한 사회에서 자원을 획득하는 정당한 수단에 대한 학생들의 의식 형성에 도움을 준다. 이것은 특히 도시·노동계급 거주지역에서 더욱 중요하며, 무엇보다 도시와 노동계급, 특히 학생들이 갈등과 변화에 대해 긍정적 시각을 갖도록 하는 게 필수적이다. 그래야 사회의 복잡하고 억압적인 정치 현실과 사회권력의 역동성을 기존 제도적 상호작용방식을 보존하지 않는 방식으로 다룰 수 있다.[2] 둘째, 학교에 변화를 가져올 새로운 프로그램을 제안할 수 있다. 이 제안은 일부 문제를 완화할 수 있다.

정치사회화에 관한 문헌들을 살펴보면, 암묵적 혹은 잠재적 교육의 중요성을 알 수 있다. 점점 명백해지는 사실은 '우발적인 학습'이 사회과 수업이나 계획적인 특정 가치교육보다 학생의 정치사회화에 더 효과적이다.[3] 학생들은 학교에서 접하는 상호작용방식을 통해 자신이 속한 집단의 권위 구조에 대응하고 관계 맺는 방식을 배우게 된다.

학생이 '권위에 적응'할 수 있도록 도와주는 기관은 비단 학교만은 아니다. 특히 가정은 자녀교육 관행과 상호작용방식을 통해 아동의 권위에 대한 적응 태도에 엄청난 영향을 미친다.[4] 그러나 최근 연구에서 밝혀진 바에 따르면, 학교도 가정에 못지않은 중요한 정치사회화 기관이다. 시걸Sigel의 말을 들어보자.[5]

공립학교가 혁신보다는 전통적이고 덜 급진적인 것을 가르치는 기관임에는 의심의 여지가 없다. 따라서 학교는 주류 젊은 이를 쉽게 정치사회화하고, 그들이 기존 사회에서 수행해야 할 특정 역할에 필요한 도구와 수단을 갖추게 한다. 누군가는 국가와 학교가 학생에게 부과하는 역할의 차이를 문제 삼을 지도 모른다. 그러나 학교의 효율성을 부정하기가 더 어렵다.

갈등을 부정적으로 바라보는 시선은 명백하게 갈등 상황을 놓고 자료를 찾으며 가르치는 사회 교과와 같은 특정 영역에만 국한되지 않는다. 훨씬 부정적이고 비현실적인 갈등 접근법이 특히, 객관성을 중시하고 사람 간 갈등이 없는 과학 영역에서 고질병처럼 만연해 있다.

분명한 사실은 학교의 공식적인 지식체계에서 나타나는 갈등에 대한 서술이 편향된 시각을 드러내고 있다는 점이다. 과거 수년 동안 대부분의 역사책, 사회 교과, 그밖의 자료에서 공식적으로 다룬 여러 나라에서 벌어진 치열한 분쟁을 살펴보면, 분량과 서술 방법에서 사안의 본질이 편향된 시각으로 제시되고 있다. 우리 편은 선하고, 상대편은 악하다. '우리'는 평화를 사랑하고 분쟁을 끝내고 싶지만, '그들'은 호전적이고 지배를 목적으로 한다. 이러한 목록은 얼마든지 나열할 수 있으며, 특히 인종과 계급 갈등에서는 더욱 그렇다.[6]

그러나 현재를 지배하는 교육 방침의 뿌리를 파헤치기 위해서는 이러한 유형의 분석을 넘어, 수정주의 역사가, 정치학자, 사회학자, 교육자의 연구 전통도 뛰어넘어야 한다. 이를 위해 여기서는 사회와 과학 교과 분석을 통해, 먼저 두 교과가 학교의 변하지 않는 관점에 입각한 이데올로기를 강화하고 있음을 지적할 것이다. 그리고 사회 교과에서는 사회적 갈등의 긍정적이고 본질적인 기능에 대해, 과학 교과에서는 과학 연구와 논쟁의 본질, 그리고 이른바 '혁명적' 과학에 대해 논의하기로 한다. 특히 학교가 제시하는 과학에 대한 관점이 갈등을 바라보는 이데올로기적 입장의 전형이라는 점에서 대단히 흥미롭다.

교육과 커리큘럼 자료에 뚜렷하게 드러난 암묵적인 두 가지 전제는 특히 중요하다. 하나는 갈등의 본질과 유용성에 대해 부정적인 입장을 취한다. 다른 하나는 인간을 가치와 제도의 수용자로 볼 뿐, 창조-재창조하는 존재로 보지 않는다. 이 두 전제는 교육자의 경험에 질서를 부여하는 기본 지침으로 작용한다.

기본 규칙과 암묵적 전제

헤게모니는 사회가 경제적 통제와 권력뿐만 아니라, 의식하지 못하는 규칙, 암묵적인 이데올로기적 사고방식에 의해 유지된다는 사실을 의미한다. 이러한 규칙은 상호작용을 통해 사회질서를 형성하는 수많은 개인의 활동을 조직하고 정당화하는 역할을 한다. 이해를 돕기 위해 이 규칙을 기본 규칙과 선택 규칙으로 구분해보자.[7] 기본 규칙은 게임 규칙과 같다. 게임을 구성하는 각각의 요소가 따라야 하는 규칙을 말한다. 선택 규칙은 이름 그대로 게임 규칙 안에서 게임을 하는 사람이 상황에 따라 선택하는 규칙을 말한다. 장기 게임을 예로 들어보자. 장기의 기본 규칙(보통 이 규칙을 의식하지는 못한다)은 다른 게임, 예컨대 바둑, 윷놀이 등과 다르다는 구분의 기준이 된다. 졸(卒)은 앞으로, 좌우로 한 칸씩 움직일 수 있으나 뒤로는 갈 수 없고, 마(馬)는 전후좌우 방향은 상관없으나 반드시 날 일(日)자로만 움직여야 한다는 것이 기본 규칙의 예다. 이렇듯 각 말이 기본 규칙에 따라 움직이되, 말을 어느 방향으로 움직일지는 상황에 따라, 경기자의 전략적 판단에 따라 어떤 선택을 하느냐에 따라 달라질 수 있다. 만약 상대편이 졸을 마처럼 움직여 "장군"을 부른다면 그는 암묵적으로 받아들인 '게임 규칙'을 따르지 않은 것이다.

사회에 가장 널리 퍼져 있는 기본 규칙의 하나는 신뢰다. 사람들은 운전할 때 반대 차선에서 오는 차가 자기 차선을 지킬 거라 믿어 의심치 않는다. 이 규칙에서 벗어나 아노미가 발생하지 않는 한, 사람들은 기본 규칙이 어떻게 자신의 삶을 조직하고 있는지를 결코 의식하지 못할 것이다.[8] 이와 유사한 규칙이 갈등에 정당성의 한계를 설정하는 규칙이다. 암묵적인 게임의 규칙에 따라 사람들은 참여할 활동과 그렇지 않은 활동의 경계를 정하고, 제기할 수 있는 질문의 유형을 찾고, 다른 사람이 하는 활동의 수락 또는 거부를 결정한다.[9] 각 개인의 행동은 이러한 경계 내에서 허용되는 활동 중에서 선택된다. 예를 들면, 법원에 소송은 제기할 수 있어도 폭탄을 사용할 수는 없고, 논쟁은 할 수 있어도 결투는 할 수 없다는 것 등이다. 사회가 채택한 기본 규칙에 따르면, 집단 간의 갈등은 **본래 근본적으로**

나쁜 것이기 때문에 현재의 확립된 제도의 틀 안에서 이를 제거하기 위해 노력해야 한다. 따라서 갈등과 모순을 사회의 기본적인 '추진력'으로 생각하지 못한다.

몇몇 우수한 학교와 교실에서는 어떤 쟁점을 놓고 활발하게 논쟁을 벌이기도 하지만, 그 논쟁은 암묵적으로 주어진 **기본 규칙 내에서** 어떤 행동을 선택할 것인가를 놓고 벌어질 뿐이다. 어떤 시도도 기본 규칙 자체를 문제 삼지 않는다.

학교의 잠재적 커리큘럼은 갈등의 본질이 무엇이며 그것을 어떻게 이용해야 하는가를 규정하는 기본 규칙을 강화한다. 그리고 잠재적 커리큘럼을 통해 학생들에게 기본 규칙을 내면화시켜 정당성의 경계를 설정한다. 이 과정은 갈등이 초래한 부정적인 가치를 공공연하게 설명한다고 이루어지는 게 아니라, 교과에서 지적·규범적 갈등의 중요성을 다루지 않음으로써 이루어진다. 이제 학생들은 이에 대해 자기 의사를 명확히 표명하거나 의문을 제기해본 적이 없기 때문에, 갈등은 본래 근본적으로 나쁘다는 사고방식에서 벗어나지 못하고 그저 당연시된다. 이러한 사고방식은 암묵적이고, 의식 깊숙이 자리 잡은 무의식의 영역이라 헤게모니로 작용할 가능성이 더욱 커진다.

로버트 드리븐의 연구에 의하면, 사회를 지배하는 기본 규칙은 학교의 잠재적 커리큘럼과 깊이 연관되어 있다. 그는 학생들이 주로 교실에서 일상적으로 사람을 만나고 과제를 수행하는 과정에서 특정한 사회적 규범을 암묵적으로 배운다고 주장한다. 그리고 학생 때 배운 이 규범은 나중에 성인이 되어서도 생활 구석구석에 깊이 스며든다고 한다. 이러한 사실은 학교교육이 기존 사회적·경제적·정치적 질서에 개인을 어떻게 적응시키는지 밝히는 데 도움을 준다는 점에서 중요하다. 드리븐의 분석은 상당히 보수적인 것으로, 학교교육, 직업, 정치 간의 유기적 관계가 잘 드러나 있다. 즉, 학교는 특정 사고방식을 분배하는 역할을 하며, 교육을 통해 학생들이 이를 내면화하면, 학생들은 '산업사회의 안정에 공헌하는 직업과 정치제도'를 받아들여 그 안에서 살아가게 된다.[10]

대다수 학교에서 가르치는 사회 교과와 과학 교과는 잠재적 교육을 여실히 드러내는 사례를 제공한다. 이 두 교과를 선택한 이유는 두 가지다. 첫째, 과학의 사회학에서 과학적 시도와 관련된 많은 연구가 광범위하고도 중요한 성과를 축적했다는 것이다. 이 연구는 과학자들이 '재구성한 논리'(과학철학자 등이 과학자들이 하는 것이라고 말하는 것)가 아닌 과학자들이 '사용하는 논리'를 통찰력 있게 다루고 있다. 학교는 보통 재구성한 논리를 가르친다.[11] 둘째, 사회 교과에서 주로 논의하는 문제들을 마르크스의 관점에서 명확하게 밝혀낼 수 있기 때문이다. 이 관점에 따르면, 사회 교과에서 가르치는 사회생활에 대한 상식적 관점은 반드시 그렇게 될 수밖에 없는 불가피한 것이 아니다.

먼저 과학부터 살펴보자. 이는 과학적 시도가 학교교육에 내재된 이데올로기적 사고방식에 초점을 맞추어야 한다고 여기는 교육자들, 특히 커리큘럼 연구·개발자들에게 대안적이면서도 폭넓은 관점을 제공하게 될 것이다.

과학 커뮤니티에서의 갈등

초중등학교 과학 교과에서 학생들이 배우는 갈등의 유용성에 대한 관점은 기본적으로 비현실적이고, 본질적으로 보수적이다. 지식('사실 지식'과 '방법 지식') 체계로서 과학 분야는 최선의 경우, '브루너의 인지 혁명' 이후 발달한 많은 교과와 탐구 중심 커리큘럼처럼 특정 기본 규칙을 중심으로 조직된다. 그러나 최악의 경우, 시험을 위해 암기하는 파편화된 정보 자료 이상이 되지 못한다. 그러므로 과학이 개인의 구성물로서 진지하게 검토된 경우는 거의 없었다.

과학은 '전적으로' 지식의 영역도, 발견과 정당화를 공식화하는 기술의 영역도 아니다. 개인들로 구성된 **집단이며**, 폴라니Polanyi의 표현을 빌자면 학자들의 **커뮤니티로**, 그 세계 안에서 탐구 작업을 수행한다.[12] 모든 커뮤니티가 그렇듯이, 과학도 명백하고 암묵적인 규범, 가치, 원리가 지배한다. 따라서 과학 또한 지적 갈등과 구성원 간 갈등으로 점철된 투쟁의 역사가 있다. 갈등은 새로운, 그리고 보통은 아주 혁명적인 패러다임의 출현으로 시작된다. 이 패러다임은 특정 과학자 집단이 지금까지 받아들이던 기본적인 의미구조에 도전하고, 때로는 학자들의 커뮤니티를 순식간에 분열시키기도 한다. 이러한 투쟁이 벌어지는 계기는 정당화된 지식을 획득하는 방법에 대한 이견일 수도 있고, 과학이 무엇인가에 대한 견해차일 수도 있으며, 과학의 기본 토대를 보는 서로 다른 시각일 수도 있다. 나아가 자료에 대한 상반된 해석, 누가 먼저 무엇을 발견했는지 등, 갈등과 투쟁의 원인이 될 만한 상황은 수없이 많다.

그러나 학교에서 가르치는 과학에 대한 관점은 **실증주의적 환상**이라고 부르는 것과 유사하다.[13] 과학적 연구는 암묵적으로 항상 인정되는 타당성의 기준이며, 개인적·정치적으로 어떠한 외부 영향 없이 온전히 경험적으로 증명된다고 가르친다. 과학에는 '학파'가 존재하지 않으며, 설령 존재하더라도 '객관적' 기준이 있어 옳고 그름을 판단할 수 있다고 한다. 학생들에게는 과학자들의 활동 패러다임을 구성하는 방법론과 목적, 여타 요소들에 관한 심각한 불일치를 강조하지 않는다. **합의된 과학 이론만** 가르친다. 따라서 학생들은 불일치와 논쟁이 없다면 과학이 발전할 수 없고, 발전한다 해도 그 속도가 느릴 수밖에 없다는 사실을 알지 못한다. 논쟁은 과학자들을 결정적인 문제에 집중하게 함으로써 발견을 자극할 뿐만 아니라,[14] 서로 부딪치는 지적 관점을 선명하게 드러내는 데도 공헌할 수 있다.

한편, 학교에서 가르치는 '객관성'의 기준은 정치적으로 중립이라고 주장하지만 중립적이지 않은 것처럼, 지적·도덕적·정치적 갈등에 대한 깊은 공포를 반영하고 있다.[15] 학교는 학생 또는 학생 과학자(이들은 자발적인 탐구를 강조하는데도 수업에서 수동적인 관찰자로 앉아 있다)에 초점을 맞추면서, 이들이 객관적·합리적으로 보증된 가설을 검증하거나 추론하고, 점검하도록 지도한다. 그러나 이는 과학 커뮤니티에서 대안적 해결, 해석 또는 절차적 방식을 놓고 지지자들 사이에서 생겨나는 갈등의 본질을 왜곡한다. 이렇게 되면 학생들은 대안이론을 지지하는 사람들이 경쟁자들을 이기는 과정에서 나타나는 정치적 양상을 볼 수 없다. 그뿐만 아니라 과학적 논쟁에 내재된 권력 양상을 간과하게 된다.

과학 영역에서는 경쟁하는 이론 간에 계속되어온 역사적 갈등이 무시된다. 그뿐만 아니라 가설을 검증하고 **기존의 과학적 준거**를 적용하는 것만으로는 경쟁하는 이론 중 하나가 어떻게, 그리고 왜 선택되는지를 **제대로 설명할 수 없다**. 그리고 이러한 관점이 잘못되었다고 말하는 반론의 예들은 셀 수 없이 많다.[16] 과학 자체는 차곡차곡 축적한 기반 위에서, 기본적인 합의 기준을 따라 발전하는 것이 아니다. 오히려 과학자 집단이 새로운 개념 틀에 따라 세계를 이해하고 조작하는 모델을 재조직하고 재개념화하는 개념 혁명을 통해 발전했다.[17]

과학의 역사는 연구 프로그램(혹은 패러다임들) 간 경쟁의 역사였고, 또한 그렇게 보아야 한다. 따라서 표준 과학 시대가 계속되지도 않았고, 그렇게 되어서도 안 된다. 과학 발전을 위해 경쟁의 시작은 빠르면 빠를수록 좋다.

과학에서 '객관성', '중립성' 그리고 가설 검증과 탐구 절차가 중요하지 않다고 주장하려는 것이 아니다. 과학적 논증과 반증은 과학 연구의 중요한 부분이며, 이론과 절차(혹은 '학문의 구조')는 과학자 집단 사이에 격렬한 논쟁을 불러일으키는 규범이나 신념으로 작용한다.[18] 논쟁은 과학 발전에 없어서는 안 될 필수 불가결한 것이다. 그러나 이러한 지속적인 갈등과 논쟁은 학생들에게 계속 은폐되었다.

지금까지 과학 분야의 갈등에 대해 집중적으로 논의했지만, 때로는 갈등과 경쟁을 구분하기 어렵다. 학교가 범하는 가장 중요한 실수 중 하나는, 과학에서 발생하는 경쟁 '문제'가 무엇이든 간에 학교는 이를 다루지 않는다는 사실이다. 새로운 것을 발견했을 때 누가 먼저 발견했는지, 누가 먼저 인정을 받아야 하는지를 놓고 벌이는 경쟁은 모든 기존 과학계의 보편적인 현상이다.[19] 제임스 왓슨James Watson의 《이중나선The Double Helix》을 보라.[20] DNA 구조를 발견해 노벨상을 수상한 라이너스 폴링Linus Pauling과 벌인 치열한 경쟁 과정이 생생하게 그려져 있다. 이 책은 경쟁이 어느 정도까지 치열해질 수 있는지, 그리고 과학자도 개인이자 집단의 구성원으로서 놀라울

만큼 인간적임을 깨닫게 해준다.

　경쟁은 어떤 학문 분야의 전문가 사이에서도 일어날 수 있다. 반드시 왓슨과 같이 탐구의 '최전방'에 있는 학자들 사이에서만 일어나는 것은 아니다. 프로축구팀처럼, 각 분야에서 그 분야의 권력과 명성을 증대시킬 수 있는 최선은 최고의 '상품', 즉 최고의 학생을 선발하는 것이다. 이때 과학의 하위 학문 간에 한정된 명성을 놓고 물밑 경쟁이 일어난다. 여기서 갈등은 대단히 결정적이다. 명성이 비교적 높은 영역은 가장 우수한 인재를 선발할 수 있지만, 상대적으로 명성이 낮은 영역은 기존의 이익을 지키기도 어렵다. 수준 높은 과학 연구에서 실제로 **중요한** 것은 그 분야가 선발할 수 있는 학생과 과학 '노동'의 질적 수준이다. 명성은 학생들을 유혹하는 가장 강력한 무기다. 이런 이유로 상대적 명성을 놓고 벌이는 경쟁은 더욱 치열해진다.[21] 이는 전문지식을 극대화할 수 있는 학생들, 즉 '인재'를 선발하는 학교의 문화적·경제적 역할과 관련이 있다.

　이제 과학에 대한 좀 더 현실적인 관점과 과학자들 간의 **갈등이 과학 발전에 미친 영향**을 살펴보자. 여기서 갈등은 대단히 '기능적'이다. 갈등은 각 분야의 과학자들이 자신만의 특화 영역을 확립할 수 있도록 유도한다. 또한 '경쟁' 압력 덕분에 상대적으로 대중의 관심을 받지 못하는 연구 영역도 무시되지 않는다. 한 걸음 더 나아가, 과학 커뮤니티에서 일어나는 치열한 경쟁은 구성원들이 위험을 감수하면서까지 경쟁자들을 능가하게 함으로써, 새롭고 놀라운 발견의 가능성을 높인다.[22] 한편, 경쟁은 과학 탐구에서 여성의 공헌을 무시하는 요인이 되기도 했다. 이는 로잘린드 프랭클린Rosalind Franklin이 DNA 구조 발견에서 이룩한 공헌이 무시되었다고 지적한 올비Olby의 주장에서 그 예를 찾을 수 있다.[23] 갈등은 과학 커뮤니티 자체의 규범 체계에 의해서도 고조된다. 사실 규범 체계는 갈등과 경쟁 유발에 지대한 공헌을 한다. 과학자들의 행동을 이끄는 많은 규범 중에서도 논의와 가장 관계가 깊은 것은 논리적 회의론의 규범이다. 스토어Store는 이를 다음과 같이 정의한다.[24]

이 규범이 구현하고자 하는 지침은 각 과학자가 자기 연구의 바탕이 된 다른 사람이 한 이전 연구의 타당성 검증을 개인의 책임으로 묻겠다는 것이다. 사실이 아닌 것을 받아들이고도, 'A박사가 내게 그것이 사실이라고 말했기 때문에' 그런 줄 알았다고 변명해도 책임을 면할 수 없다. 비록 개인적으로는 비난할 수 없지만, 그에게 A박사의 연구를 애초에 의심하고 확인했어야 하는 책임이 없어지지는 않는다.

과학자는 또한 이 규범에 따라 다른 사람의 연구에 잘못이 있다고 생각하면 이를 공개할 의무가 있다. … 과학자의 지적 공헌은 철저한 검토 없이는 받아들여질 수 없다. 그리고 과학자는 자신의 연구 결과뿐만 아니라 다른 사람의 연구 결과도 의심해야 한다.

논리적 회의론의 규범이 과학 커뮤니티 내의 논쟁에 어떻게 공헌해왔는가를 알아보는 것은 어렵지 않다.

　　갈등의 사례는 얼마든지 있다. 아마도 여기서 다루는 주제에서 가장 중요한 것은 과학 커뮤니티 내에 존재하는 '반항적'인 하위 집단의 존재 사실이다. 다루는 범위가 넓은 학문 분야인 만큼, 그 목적이나 수단에 반기를 드는 반항아의 존재는 과학적 전통에서 아주 흔한 일이다. 이들 반항적 과학자 집단은 특정 영역의 과학적 논의를 주도하는 주류 집단으로부터 소외되며, 양 집단 간에는 불꽃 튀는 논쟁이 빈번하게 일어난다. 문제는 여기서 끝나지 않는다. 과학적 논쟁이라고 생각하는 일상적인 논쟁, 즉 지식의 근거 등과 같은 실질적인 쟁점을 놓고 벌이는 논쟁이 목적과 정책을 놓고 벌이는 논쟁과 뒤섞이게 된다. 이보다 더 중요한 사실은 학문이 취해야 할 정치적 입장과 그 분야 지식의 사회적 유용성을 놓고 벌이는 열띤 논쟁과 알력이 오늘날에도 매우 다반사로 (아주 다행스럽게) 일어나고 있다는 것이다.[25]

　　지금까지 과학 커뮤니티에서 일어나는 갈등의 중요성을 논의했다. 그리고 학교에서 가르치는 과학적 지식이 사실상 과학을 발전시키고 비판하는 역할을 하는 과학 커뮤니티와 유리되었다는 점을 지적했다. 학생들은 과학 교과에서 권력과 경제자원이 어떻게 분배되는지 실상을 배우지 못했다. 이로 인해 과학자들 간의 갈등이 자신의 삶과 교육적·경제적·정치적 상황을 지배하고 있는데도, 갈등에 대한 암묵적 관점을 의심할 수 없도록 내면화를 '강요'당하고 있는 셈이다. 학교가 가르치는 과학에 대한 관점은 명백히 비현실적이며, 개인 간, 집단 간, 계급 간의 논쟁과 갈등이 과학 발전에 얼마나 중요한지도 보여주지 못하는 심각한 문제를 안고 있다. 이러한 상황을 사회의 경제적 · 정치적 활동 패러다임과의 관계에 대한 기본 관점으로 일반화하면, 학생들은 더욱 침묵을 강요당하며, 이러한 구조를 바꾸려는 학생들은 '적절한 경로'로 유도한다. 또한 지식에 대한 다른 관점을 비정상적으로 여기게 함으로써 기존 구조를 정당화할 것이다.

사회 교과에서의 갈등

학교교육에서 갈등에 대한 기본 규칙을 잠재적 커리큘럼을 통해 암묵적으로 가르치는 또 다른 분야는 사회 교과이다.

사회과 문헌을 살펴보면, 기본적으로 사회를 협력체제로 본다. 이 경향의 원천이 되는(그러면서 의식하지 못하는) 이데올로기적 사고방식은 갈등, 특히 사회적 갈등이 사회 관계망의 **본질적 특징이 아니라는 것이다.**[26]

교과서가 그리는 사회현실은 암묵적으로 '행복한 협력'이 최선은 아닐지라도 정상적인 삶으로 받아들이게 한다. 여기서 분명히 해야 할 것은 사회가 협력체제라는 주장의 진위가 경험적으로 **결정될 수 없다는 사실**이다. 이 주장은 근본적으로 가치지향적이며, 학생들에게 제공될 교육 경험이나 질문의 성격을 규정한다. 그리고 교육 경험은 근본적으로 보수적인 관점을 강조한다.

학교의 지배적인 관점은 사회를 구성하는 모든 요소, 즉 초등학교 1학년 교과서에 나오는 우편배달부와 소방수에서부터 고등학교 민주시민 과정에서 다루는 불완전한 기관에 이르기까지 기능적으로 서로 연결되어 있고, 각 요소는 사회 유지에 공헌하고 있다고 가르친다. 그리고 이 관점은 사회의 내적 불화와 갈등이 본질적으로 사회질서의 원활한 작용을 방해한다고 본다. **합의**가 두드러진 사회적 특성으로 다시 한 번 빛을 발한다. 이러한 경향은 교육 경험에서 학생들을 암암리에 가치 창조자가 아니라 가치 전수자와 가치 수용자로 강조하고 있는 데서도 명백히 드러난다.[27]

사회를 이해하는 데는 다양한 패러다임적 방법이 있다. 그러나 중요한 것은 각 방법이 사회활동에 대해 특정 논리체계를 상정하고 있고, 전혀 다른 가치 지향성을 밑바닥에 깔고 있다는 것이다. 뒤르켐과 좀 더 주관적인 베버주의의 관점 차이가 대표적인 예다. 구조기능주의 사회이론, 특히 파슨스의 이론에 대한 굴드너의 최근 분석도 좋은 예가 된다. 지식사회학에서 오랜 역사를 가진 그의 분석은 최근 사회사상이 가져온 사회적·정치적 결과에 흥미로운 의문을 제기한다. 즉, 최근 사회사상의 이론적 배경이 사상가의 개인적·계급적 존재에 의해 결정되며, 그 사상은 '사회의 전체상을 보여주기보다 극히 일부만을 선택적으로, 그것도 일방적인 관점으로' 보여주고, '정치적 긴장을 회피하는' 데 맞춰져 있다는 것이다. 또한 '정치적 안정을 이루기 위해서는 기존 권력을 배분하고 정당화하는 방식을 바꾸려는 어떠한 시도도 차단해야 한다'는 생각을 심으려 한다는 것이다.[28] 요컨대 사람들의 인식을 지배하는 사회적 '패러다임'의 본질적 기초는 기존 사회질서의 정당성을 지향한다. 사회 **균형**, 시스템 **유지**와 같은 주제를 다루려고 한다는 사실만으로도 순응을 지향하고, 갈등은 부정하는 강한 경향을 알 수 있다.[29] 최근의 사회사상은 사회 전체가 합의한 가치가 있다고 상정하고, 지식인의 이데올로기적 사고방식과 아동에게 심어줘야 할 헤게모니 범주가 완전히 일치한다고 전제한다.

굴드너가 구조기능주의의 추론 방식에 반대하며 주창한 새로운 '패러다임'은 자신과 자신의 활동을 바꾸고자 하는 개인의 노력에 뿌리를 두고 있다. 또한 이 패러다임은 기존 사회를 표준으로 설정하는 것이 아니라, 개인의 열정적인 헌신과 사회 참여를 통한 기본 구조의 변화 가능성을 탐색한다. 따라서 정당성의 문제는 기존 제도에서 생겨난 긴장의 원인을 찾아 이를 '해소'할 방법을 찾는 것이 아니다. 오히려 정당성의 문제는 기존 제도를 역사적 발달 과정에서 검토하고, 정치적·경제적·윤리적 논쟁을 거쳐 확정된 원리에 따라 제도의 변화 가능성을 탐색하는 문제로 본다. 이 갈등관은 굴드너가 비판한 학교의 관점과는 다르다.

예를 들어, 굴드너는 파슨스의 사회사상에서 배경을 이루는 기본 규칙을 분석하면서 도덕 논쟁과 가치 갈등이 얼마나 중요한가를 보여준다. 그에 따르면, 논쟁과 갈등은 인문과학과 사회에 대한 인식에서 핵심을 이룬다. 이를 통해 그는 갈등이 일어날 수 있는 영역의 범위를 더욱 넓게 확장하고 있다. 이 확장은 파슨스의 사회화 관점에 대한 굴드너의 비판에서 더욱 명백해진다. 파슨스가 중시하는 사회화 과정은 암암리에 '인간'을 본질적인 가치 수용자로 규정한다.[30] 굴드너는 기능주의 사회이론으로는 '기존 사회질서에 적극적으로 반대하고, 법체계와 구성원의 자격 요건을 바꾸기 위해 투쟁하는 사람들'을 다룰 수 없다고 비판한다. 인간을 가치와 제도를 받아들이고, 창조하며, 재창조하는 변증법적 과정에 참여하는 존재로 보기 때문이다.[31] 사회에서 가치를 계속 재창조하는 일은 어려운 과정이다. 이로 인해 서로 다른 가치체계를 가진 사람들 간에는 갈등이 생겨난다. 새로운 가치 출현으로 나타나는 가치 갈등이 다른 어떤 것보다 굴드너가 중시하는 갈등이다.

사회적 '패러다임'은 본질적으로 끊임없이 변화하고, 때로는 계급 갈등과 사회적·경제적 모순에 의해 '주도되기'도 한다. 사실 굴드너의 최근 연구는 이 변화를 반영하는 변화의 한 부분으로 볼 수 있다. 그러나 사회적 패러다임들은 초중등 커리큘럼에서는 변화하지 않은 채 고스란히 남아 있다. 변하지 않은 대표적인 예가 오늘날 학교가 가르치는 사회생활을 이해하는 모델이다. 놀랍게도, 학교는 초기 교육학자와 커리큘럼 전문가들이 처음으로 표명했던 이데올로기적 입장을 그대로 고수하고 있다.

사회 커리큘럼에서 합의와 질서, 갈등의 부재를 강조한 가장 대표적인 예는 과학연구협회가 펴낸 경제 '교육자료' 〈우리의 직업세계Our Working World〉이다. 이 자료는 경제학의 기본 개념을 초등학생에게 가르치기 위해 구상되었다. '일하는 가족'이라는 부제가 달린 초등학교 1학년 교재는 일상적인 사회적 상호작용을 중심으로, 아동에게 친숙한 것들로 구성되었다. 이 자료에 스며 있는 취지는 다음과 같다.[32]

규칙을 따르면 상을 받는다. 그러나 규칙을 어기면 벌을 받는다. 그래서 모든 사람이 주의하고 조심하며, 관습과 규칙을 **배우고** 이를 **따른다**. 이렇게 하면 모두 그 보상으로 더 좋은 세상, 질서정연한 세상에서 살게 된다.

이 자료가 드러내는 태도에서 합의와 사회생활에 대한 기본적인 관점이 무엇인지 분명히 알 수 있다. 학생들이 이처럼 질서만을 강조하고 무질서에는 어떤 가치도 부여하지 않는 상황에 갇혀 지낸다면 어떻게 될까?

탐구 중심 커리큘럼은 여러 방면에서 상당한 성과를 거두고 있지만, 갈등의 유용성과 사회관계에 뿌리박고 있는 갈등의 역사를 외면하고 있다. 예를 들어, 비교적 최근에 개발된 사회 커리큘럼을 살펴보면, 갈등은 허용된 범위 내에서 '해소'되어야 하며, 제도의 지속적인 변화는 바람직하지 않다는 기본 전제를 찾아볼 수 있다. 1970년 교육연구센터에서 개발한 이 커리큘럼은 학생들이 능동적으로 역할 놀이와 탐구 활동에 참여함으로써 내면화해야 하는 일반화의 위계를 제시하는 '개념체계' 접근법을 취하고 있다. 일반화 수준의 범위는 아주 단순한 것에서부터 상당히 복잡한 것까지 다양하고 폭넓은 '기술적' 일반화 또는 '인지체계'에 포함되어 있다. 예를 들면, '정치조직(정부)은 갈등을 해소하고 사람들 간 상호작용을 더 원활하게 만든다'는 조직 일반화에 포함되는 하부 일반화는 다음과 같이 세분화된다. 이를 복잡한 정도에 따라 나열했다.[33]

1. 개인의 행동은 널리 허용된 규칙을 따른다.
2. 가족 구성원은 규칙과 법률의 적용을 받는다.
3. 지역사회 집단은 지도력과 권위로 통치된다.
4. 사람들의 평화로운 상호작용은 사회통제에 달려 있다.
5. 정부 형태는 정치 시스템에 참여하는 사람들의 통제에 의해 결정된다.
6. 안정된 정치조직은 시민의 삶의 질을 향상시킨다.

학생들은 이러한 '서술적' 일반화 외에도 배워야 할 '보충 개념'이 있다. 이를테면, '규칙이 질서를 유지해준다', '규칙이 건강과 안전을 보장해준다' 같은 것이다.[34] 이제 이러한 일반화에 시비를 거는 사람은 거의 없다. 규칙의 강조가 낳은 결과다. 그러나 아동은 사회구조의 안정과 질서 유지를 암묵적으로 강조하는 상황에 또다시 직면하게 된다.

흥미로운 점은 사회 커리큘럼이나 대부분 교실 수업에서 갈등을 사회적 이해관계나 사고의 범주로 다루거나 언급조차 하지 않는다는 사실이다. 다만 대중적으로 인기 있는 자료 중에서 힐다 타바Hilda Taba의 후원으로 만들어진 것들만이 갈등을 핵심 개념으로 다루고 있다. 그러나 갈등을 다루는 실제 내용은 지속적인 갈등이 초래할 수 있는 심각한 결과에 대한 것으로, 갈등의 여러 긍정적인 측면까지 다루지는 않았다. 즉, 갈등은 항상 존재하는 것으로 설명하지만, 여기서도 갈등은 '역기능'으로 그려진다.[35]

사회에는 긍정적인 측면과 부정적인 측면이 동시에 존재한다. 그것은 암묵적이고 상식적인 규칙과 사고의 패러다임에 의해, 그리고 권력과 헤게모니에 의해 유지된다. 이와 같은 사회 교재가 학생들에게 강조하고 암묵적으로 심어주려는 것은 지배적인 기본 규칙과 합의를 중시하는 태도, 그리고 반대를 모르는 신념 구조다.

그런데 이 관점은 흑인과 여성 연구에 의해 반박되고 있다.

여기서는 분명하고 긍정적으로 사회집단의 투쟁과 갈등에 초점을 두고 있다.[36] 많은 커리큘럼 개발자들이 사회집단의 목표에 대한 이러한 공개적인 지지가 자신이 지향하는 바와 대립하더라도, 시민권운동과 흑인권리운동 등을 예시함으로써 사회계급과 집단의 진보에 있어서 갈등이 갖는 역사적 의의를 비교적 현실적으로 인정하려고 시도했다는 사실은 평가해야 한다. 이런 주제를 외면하거나 보수적 관점만을 취해온 사람들은 지금까지 불가능했던 집단의식과 응집력을 형성해주는 이러한 관점의 위력과 긍정적 가치를 깨달아야 한다.

그러나 흑인 연구 커리큘럼 대부분이 이와 동일한 관점을 취하지는 않았다. 흑인의 역사 자료에서 다룬 흑인들은 법이 정한 테두리 내에서 저항하고, 사회적으로 용인된 경제, 운동, 학문, 혹은 예술 분야에서 성취를 이룬 사람들이다. 따라서 그 자료에는 경제와 문화 활동의 기존 통제방식을 강력하게 비판했던 맬컴 엑스Malcolm X[*], 마커스 가비Marcus Garvey[**] 등은 등장하지 않는다. 여기서 주목해야 할 것은 암묵적 합의 관점이 과학과 사회 교과뿐만 아니라 다양한 자료에서 방대하게 나타

[*] 미국의 급진적 흑인해방운동가. 블랙모슬렘의 지도자였으나 그 운동 목표와 방식에 불만을 품고 1963년 직접행동을 추구하는 블랙내셔널리스트운동에 나섰다.

[**] 자메이카 출신 흑인 지도자로 만국흑인진보연합이라는 운동조직을 결성해 노예무역으로 세계 각지로 흩어진 아프리카인들의 자각과 자존, 자조를 표방하는 범아프리카주의 운동을 이끌었다.

나고 있다는 사실이다.

그러나 잠재적 커리큘럼이 학생들에게 기본 규칙의 경험을 어떻게 요구하는지를 밝히는 것만으로는 부족하다. 중요한 것은 대안적 관점을 제시하고, 사회적 갈등의 유용성을 입증해야 한다. 합의에 근거하지 않았지만, 경험적으로 타당성이 입증된 이론을 가지고 합의 이론을 논박할 수 있다. 몇몇 사회이론가들의 입장에 따르면, "사회는 원래 사회유기체, 사회 시스템, 또는 정적인 사회구조로 원활하고 질서정연하게 작동하지 않는다." 오히려 사회의 구성요소와 기본구조가 지속적으로 변화하는 것이 지배적인 특징이다. 갈등은 사회의 구조 변화가 잉태하는 당연한 귀결이고, 갈등의 이러한 특성으로 인해 진보가 이루어진다. 그러므로 사회의 '질서'는 규칙적인 변화를 의미한다. 사회의 '현실'은 갈등이고 흐름이지 '폐쇄적인 기능 시스템'이 아니다.[37] 마르크스는 변화와 혁신의 원천이 내적 갈등이라고 본다.[38] 그는 이러한 통찰 덕분에 사회를 좀 더 깊이 이해할 수 있게 되었다고 한다. 요컨대, 갈등은 사회에서 벌어지는 기본적이면서도 유익한 차원으로 여겨야 한다.

갈등에 대한 이러한 관점과 이와 밀접하게 관련된 입장들을 살펴보는 것은 갈등의 중요성을 밝히는 데 도움이 된다. 우선 갈등이 개인과 집단에 혁신하고 창조하도록 압력을 넣어 제도를 변화시킴으로써, 기존 사회질서가 변화 없이 유지되는 것을 막아주고 있다는 관점이다. 코저Coser의 말을 들어보자.[39]

사회집단 내부와 집단 사이에서 생겨나는 갈등은 익숙하고 편안해진 관계가 서서히 창의성을 떨어뜨리는 것을 막아줄 수 있다. 가치와 이해의 충돌, 현실과 이상의 긴장, 기득권 세력과 이에 맞서는 새로운 세력 간의 갈등은 사회의 발전적인 활력소이다.

그러나 학교의 교육자료와 수업에서 이와 유사한 경향을 찾아보기는 어렵다. 그저 갈등은 본질적으로 사회생활에 해가 되며 부정적이라는 지배적인 규칙만 가르칠 뿐이다. 그러나 '즐거운 협력'과 갈등은 사회라는 동전의 양면과 같다. 그중 어느 것도 전적으로 긍정적이거나 부정적이지 않다. 코저가 비록 기능주의적 관점에서 말하고 있다고 하더라도, 갈등에 대한 그의 초기 저술에서 나타난 이 관점은 여전히 설득력을 지닌다.[40]

어떤 집단도 완전히 조화로울 수는 없다. 그렇게 되면 집단에 과정과 구조가 있을 수 없기 때문이다. 집단에는 조화뿐만 아니라 부조화도 필요하고, 결합뿐만 아니라 해체도 필요하다. 집단에서 생겨나는 갈등은 결코 파괴적인 요인이 아니다. 집단은 두 유형의 과정이 빚어낸 결과로 형성된다. 하나가 다른 하나를 완전히 무너뜨려 결국 그 하나만 고스란히 남는다는 생각은 잘못이다. 사실은 이와 반대로 '긍정적' 요인과 '부정적' 요인 양쪽 모두 집단관계를 형성한다. 따라서 갈등은 역기능이기는커녕 집단 형성과 집단생활 유지에 필수적인 요소가 된다.

갈등에 대한 부정적인 기본 규칙은 사람들에게 무의식적으로 갈등이 '법과 규칙을 파괴한다'는 경험을 축적하게 만든다. 그러나 분명히 해야 할 것은, 갈등이 '단순히' 법을 파괴하기만 하는 데 그치지 않고, 법을 **창조한다**는 사실이다.[41] 갈등은 바꿔야 할 부분을 지적하는 중요한 역할을 담당하고 있다. 한 걸음 더 나아가, 갈등이 일어나는 특정 활동을 지배하는 암묵적인 기본 규칙을 의식의 세계로 끌어올려 깨닫게 한다. 즉, 개인이 자신의 행동을 구조화하는 상황에 스며 있는 숨겨진 명령을 깨달아 평소에는 상상할 수 없었던 적절한 행동 패턴을 창조하도록 이끌어 사람들을 자유롭게 해주는 고유한 기능을 한다. 이러한 갈등 상황은 이전 사고방식으로는 규정할 수 없는 근본적으로 새로운 것이다. 그러므로 갈등은 새롭고 유연하고 상황에 적절한 행동 규범을 수립하도록 이끄는 자극제로 작용한다. 즉, 깨어 있는 의식으로 이슈를 규정하고, 새로운 차원을 탐색해, 상황을 선명하게 할 수 있다.[42]

교육과 관련해 갈등의 긍정적 측면은 의식적인 경험, 더 구체적으로는 계급과 인종, 젠더의 경험을 창조하고 정당화하는 데 요구되는 갈등의 중요성이다. 집단은 투쟁하는 상대 집단에 비추어 자신을 인식하며 스스로를 규정한다. 이러한 투쟁은 구성원의 집단 활동에 대한 참여를 높일 뿐만 아니라, 서로를 하나로 묶어주는 깊은 유대감을 형성한다.[43] 흑인, 소수민족, 여성 공동체가 집단 안팎의 구분에 따라 자신을 규정하고 있다는 사실이 중요한 이유는, 공동체 내부의 다양한 요소들이 있는데도 이를 통해 구성원의 내부 결집을 더욱 공고히 하고 있기 때문이다. 계급, 인종, 젠더와 같은 '원초적 정서'를 바탕으로, 개인과 집단이 지속적이고 차별화된 존재가 될 수 있는 공동체적 의미구조가 형성된다.[44] 갈등은 개인의 자율성을 확립하고, 외부 세계와 개인의 인격을 완전히 차별화하기 위한 주요 수단이다.[45] 이와 마찬가지로 공동체 또한 갈등을 통해 자율성을 충분히 발달시킬 수 있다. 요약하면, 갈등은 '집단 특유의 관점과 사고체계를 선명하게 드러내도록 요구해, 집단 구성원 간의 단결과 합의를 강화한다.' 이는 강력한 이데올로기의 중요한 요소이기도 하다.

이제까지 사회집단에서 나타나는 갈등과 그 유용성에 대해 논의했다. 이러한 논의는 학생들이 경험하는 변하지 않는 잠재적 커리큘럼을 바꿔 새롭게 커리큘럼을 설계하고 수업을 이끄는 데 객관적인 토대를 제공해줄 수 있다. 갈등을 사회현상을 개념화하는 정당한 범주로서, 그리고 집단생활의 유효하고도 필수적인 특성으로 강조한다면, 학생들은 갈등이 기존 경제적·정치적 제도와 맺고 있는 관계를 제대로 인식할 수 있고, 실용적이면서도 강력한 정치적·지적 관점을 키워갈 수 있다.

그리고 이러한 관점을 통해 학생들의 활동을 구조화하는 암묵적인 이데올로기적 전제를 더 잘 이해할 수 있게 될 것이다.

프로그램으로 어떻게 구현할 것인가

학교의 공식적인 지식체계를 대표하여 분석한 과학과 사회 교과는 잠재적 커리큘럼과 선택적 전통의 영향이 역력했다. 이러한 영향을 부분적으로나마 상쇄할 수 있는 몇 가지 프로그램을 제안하고자 한다. 제안의 특성상 시험적이고 부분적이긴 하지만, 그 중요성만큼은 부정할 수 없다.

과학 교과에서는 일반적으로 신봉하는 과학적 가치를 균형 있게 제시해야 하며, 특히 체계화된 회의론에 입각해야 한다. 역사적으로 볼 때 회의론적 관점을 고수한 과학 커뮤니티가 과학 발전에 결정적인 공헌을 했다는 점을 인식시키고 강조해야 한다.

과학의 역사는 논쟁과 갈등의 끊임없는 변증법적 과정이다. 논쟁과 갈등은 경쟁하는 연구 프로그램과 패러다임의 옹호자 사이에서, 그리고 '진리성'에 대한 수용된 해답과 이에 대한 도전 사이에서 계속 빚어지기 때문이다. 따라서 과학의 역사는 개념 혁명을 통해서 비약적인 발전이 이루어졌다는 사실을 밝혀야 한다.

과학을 진리로 고집하기보다, 반증이 나올 때까지 잠정적으로만 수용하는, 즉 진리를 추구하는 과정으로 보는 균형 잡힌 과학관을 제시한다면 과학에 대한 태도의 고착화를 막을 수 있다. 아울러 과학에서 개념 혁명이 어떻게 전개되었는가를 함께 다룬다면, 합의를 유일한 발전 방식으로 보는 관점에서 벗어날 수도 있다.

여기에 과학의 도덕적 쓰임새와 딜레마에도 초점을 맞추어야 한다. 예를 들어, 과학의 역사를 개인화하여 오펜하이머Oppenheimer, 왓슨 같은 사례와 벨리콥스키Velikovsky 사건을 둘러싼 논쟁 중심으로 살펴본다면 많은 도움이 될 것이다.[46] 또한 과학과 의학에서 여성이 해온 역할을 진지하게 분석해보는 것도 개인적이고 대인관계적인 논쟁과 갈등을 살펴볼 수 있다는 점에서 현재의 커리큘럼이 가지고 있는 편견을 극복하는 데 도움이 될 것이다.[47]

사회 교과를 위해서도 몇 가지 제안을 할 수 있다. 예컨대 미국, 프랑스, 포르투갈, 중국의 혁명을 비교연구한다면, 사람들 간의 갈등으로 인해 촉발되기도 하고 개선되기도 하는 인간 조건의 특성을 밝힐 수 있을 것이다. 이는 많은 나라에서 혁명이 국민적 불만을 해소하는 정당한 절차 방식으로 받아들여졌다는 사실에 비추어 볼 때 더욱 큰 의미를 지닌다. 여기에 더하여 경제적·문화적 제국주의를 연구할 수도 있다.[48]

흑인, 인디언, 여성, 노동자, 그밖의 다양한 사람들이 전개해온 법적·경제적 권리투쟁에서 갈등이 갖는 이점을 좀 더 현실적으로 평가하고 제시한다면, 이러한 활동을 정당한 행동 방식으로 인식하는 관점을 형성하는 데 도움이 될 것이다. 어떤 법은 **폐기되어야 마땅했고**, 실제로 법정에서 폐기되기도 했었다는 사실을 보통 사회 커리큘럼에서는 학생들에게 가르치지 않는다. 그러나 바로 이러한 활동이 있어서 역사적 진보도 이루어졌다. 변화가 어떻게 영향을 미쳤는지를 알 수 있는 사회와 '운동'에 관한 탐구도 흥미로운 프로그램으로 중요하게 다루어야 한다. 이는 학교에서 노동운동사와 같은 것을 가르치는 일이 얼마나 중요한가를 말해준다. 노동자들이 참여한 구체적인 투쟁과 그들이 치른 희생의 역사를 사람들은 너무나 자주 경시해왔다. 이런 역사를 배우면 학생들은 가족과 개인의 경험을 계급과 인종의 역사 위에 놓고 볼 수 있게 된다. 노동운동사와 함께 여성과 흑인 등의 투쟁을 다룬 수많은 문헌을 활용한다면, 선택적 전통에 맞서 이를 무력화할 수 있을 것이다.[49]

여기에 하나 더 추가하자면, 학생과 교사가 생활하는 상식적 현실을 설명하는 사회학적 '패러다임'이 있다. 학교는 이 현실에 전적으로 개입해 이를 내면화시키고자 한다. 학교가 일상적인 학교생활에서 이루어지는 활동 패러다임을 정렬·발전시키는 일에 학생들을 참여시키는 것은 현명한 처사이다. 이러한 참여를 통해 학생들은 자신이 처한 조건과 누릴 수 있는 자유에 대해 중요한 통찰력을 얻게 된다. 이 통찰은 잠재적으로 기존 패러다임과 상식적인 현실 자체를 바꿀 수도 있다. 또한 가치와 제도를 재창조하는 과정을 통해 학생들에게 구체적이고 의미 있는 교육 경험을 제공할 수 있다. 사회적 행동 커리큘럼*과 학생의 권리투쟁은 기존 사회제도나 권력구조에 '흡수'될 위험 때문에 유용성에는 한계가 있지만, 학생들에게 특정 영역의 헤게모니에 도전할 수 있다는 자신감을 부여한다는 점에서 도움이 된다.[50]

결론

아동의 정치사회화 연구에 따르면, 대통령과 경찰은 아동이 사회 권위와 정당성 구조를 인식하는 데 중요한 역할을 한다.[51] 예를 들면 아동과 대통령, 경찰 같은 권위 구조의 대표자 간에는 초기에 강력한 개인적 유대가 형성된다. 아동이 성숙함에 따라 이 개인적 유대는 의회와 같은 익명의 제도로, 혹은 투표 행위와 같은 정치적 활동으로 전환된다. 비인격적인 제도를 높이 평가하는 경향은 산업사회 권위 구조를 안정시키고 지속성을 보장해주는 아주 중요한 원천이 된다.[52]

---

* 가장 중요하고 합당하며 가치 있는 것이 무엇인가를 학생들 스스로 결정하게 하는 것을 말한다. 학생들이 사회와의 관계에서 느끼는 개인적 필요와 욕구가 무엇인지를 파악하는 것이 중요하다.

그러나 이 공식이 정치와 사회의 안정에 대해 제기할 수 있는 질문의 답인지는 확실하지 않다. 정치적(넓은 의미에서) 성향과 정치·사회 구조와 맺는 관계의 기초는 그 자체가 사회적·경제적 활동으로 '결정되는' 기본적인 사고방식에 의존하는 신념체계에 있다. 이러한 활동 규칙(그리고 이 활동의 기본 형식으로서의 사고)은 개인이 세계와 맺고 있는 관계에서 굉장히 중요하다. 지금 이러한 기본적인 이데올로기적 사고방식 중 하나를 검토하고 있다.

지금까지 학교가 집단에서 일어나는 사회적 갈등의 기능을 체계적으로 왜곡했다고 주장했다. 이 왜곡이 사회적으로, 지적으로, 그리고 정치적으로 드러내는 양상은 다양하다. 이 양상에 의해 구축된 이데올로기적 토대는 기본적으로 개인을 불평등한 사회에 순응하도록 만든다.

대다수 학생, 특히 도심학교 학생들은 기존 사회질서를 정당화하는 관점만을 배운다. 변화, 갈등, 가치와 제도의 수용자이자 창조자로서의 인간은 체계적으로 무시되기 때문이다. 이러한 관점은 지배적이며, 이 의미구조는 의무적이다. 학생들은 자기 삶에서 그 의미를 '중요한 타자'들로부터, 즉 교사나 책, 다른 곳에서 만나는 역할모델을 통해 배운다. 이 상황을 바꾸려면 학생들이 '전문지식'의 소유자로 알고 있는 사람들에 대한 인식부터 근본적으로 바꿔야 한다. 빈민 지역에서 부분적 해결책은 아마도 학교에 급진적인 관점을 제도화하는 것이다. 이러한 변화는 정치적 행동에 의해서만 이루어질 수 있다. 교육자의 교육활동과 정치활동을 분리하는 것은 타인에게 영향을 주는 행위로서 교육이 본질적으로 정치적 행위라는 사실을 망각하는 것이다. 이와 같은 정치적 감수성과 경제와 문화에 대한 올바른 이해가 바탕이 될 때 이들 이데올로기적 의미의 위력을 인식할 수 있으며, 이데올로기적 의미가 생성된 실제 사회적 배경 위에 그 의미를 놓고 볼 수 있다.

이러한 이데올로기적 시고방식이 존재한다는 것은 특정 경제와 이데올로기의 '내적 논리'에 비추어 볼 때 전혀 놀라운 일이 아니다. 선택적 전통은 기존 문화와 경제 제도 간의 관계에서 '자연스럽게' 자라난 결과물이다. 사회가 경제와 문화 양쪽에서 기술지식 생산의 극대화(분배가 아니라)를 '요구'한다면, 학교에서 가르치는 과학은 구체적인 인간 경험으로부터 유리되어 더 이상 지속할 수 없을 것이다. 또한 사회가 '생산'하기를 요구하는 경제 인력이 내면화해야 할 규범이 기존 질서가 강요하는 것, 즉 개인적으로 무의미한 일에 종사하도록 압박하고, 기본 정치·경제 제도를 안정적이고 유익하다고 받아들이게 하며, 합의에 근거한 신념체계와 실증주의적이고 기술적인 논리를 강조하는 것이라면, 학교가 가르치는 공식적·비공식적 커리큘럼과 문화자본은 이데올로기적 지배 양상을 띠게 될 것이다. 이러한 긴장과 기대의 내적 논리는 의식에 한계를 설정하고 기본 규칙을 제공하며, 결국 상식이 된다. 그리고 상식을 벗어나 다르게 생각하면 자연스럽지 못하다. 바로 윌리엄스와 그람시가 주장한 바가 이러한 점이다.

과학과 사회 교과에서 이러한 관점에 대한 명시적, 잠재적 교육은 초기 사회화와 결합해 이를 정당화한다. 이 과정에서 계속되는 이데올로기의 침투를 학생들이 깨닫기는 대단히 어렵다. 왜냐하면 세계라는 '사실'이 그 사실에 대한 이론에 기초하고 있다면, 사람들이 보는 세계와 그 세계에 부여하는 경제적·문화적 의미는 자기 정당화 방식으로 규정되기 때문이다. 의미는 세계가 '실재하는' 방식이 되고, 세계가 **왜** 이런 방식인가를 설명하는 경제적·문화적 이해관계도 같은 방식으로 정당화된다. 이데올로기의 기능은 순환적이다. 여기서 다시 권력과 지식은 상식의 뿌리와 헤게모니를 통해 친밀하고 미묘하게 연결된다.

이 장에서 주요 과제 중 하나는 현재 커리큘럼 학자들이 설계한 학생들의 활동과 경험을 정당화해주는 관점을 대신할 수 있는 대안적 관점을 제시하는 것이다. 커리큘럼 영역은 자체가 의식의 형태를 제한한다. 이로 인해 커리큘럼의 일반적인 활동 패턴을 뒷받침하는 정치적·이데올로기적 사고방식 또한 은폐된다.[53] 갈등의 본질을 직시한다면, 그 안에서 하나의 대안적 '의식 형태'를 찾을 수 있다고 본다. 그러나 이러한 이론적 연구가 체험적으로, 정치적으로, 혹은 프로그램 개발 면에서 유용할 것인가 하는 질문의 여지는 여전히 남는다.

새로운 관점을 개발할 때 부딪히는 어려움은 이론과 실천의 차이, 다른 말로 표현하면, 세계를 '단순히' 이해하는 것과 변화시키는 것 사이에 드러나는 차이에 대한 지적이다. 그러나 마르크스는 철학과 이론의 궁극적인 과제가 단지 '현실을 이해하는 것'이 아니라 현실을 변화시키는 것이라고 주장하면서, 세계혁명은 세계에 대한 충분한 이해를 기반으로 해야 한다고 주장한 것도 사실이다. 마르크스는 평생 《자본론》을 집필하면서 정치·경제의 변혁운동에 참여하여 자신의 사상을 더욱 명료화하였다. 행동과 사고가 실천으로 통합된 예다.[54]

정작 위험한 것은 '이론'이 현실을 비판하고 변화시킬 수 있는 아무런 방식도 제공하지 않는 게 아니다. 오히려 햄릿처럼 세상이 무너지고 있는데 침묵으로 일관하거나 복잡한 사안을 놓고 주절주절 혼잣말만 늘어놓는 관점으로 흐르는 게 더 위험하다. 현실에 대한 이해는 변화를 위한 필요조건일 뿐만 아니라, 윤리적·심미적·경제적으로 충실히 재건하는 데 실질적인 영향을 미치는 중요한 단계다.[55] 따라서 커리큘럼 전문가들은 사회환경을 충분히 이해하면서, 암암리에 인식되어 이데올로기가 되는 잠재적인 사고방식에 대항하여 의식의 수면 위로 끌어올리고 행동하려는 지속적인 시도를 해야 한다. 왜냐하면 잠재적인 사고방식은 그들이 내리는 결정, 설계하는 환경, 선택하는 전통을 아주 당연한 것으로 구조화하기 때문이다. 또한 이는 학생들이 자신도 모르게 경험하는 잠재적 커리큘럼에 심

대한 영향을 끼친다. 그리고 잠재적 커리큘럼은 헤게모니를 재창출하는 데 크게 기여한다.

만약 교육자들이 잠재적인 사고방식을 분석하여 충분히 이해하지 않는다면, 이데올로기적 가치가 자신을 통해 계속 실현되는 실질적인 위험에 직면하게 될 것이다. 하지만 교육자들이 의식적으로 사회변화를 보다 현실적으로 전망하고 그 변화의 변증법을 가르친다면, 학생들은 이해하기 어려운 현실을 다루는 데 필요한 정치적·개념적 도구를 갖출 수 있을 것이다.

그렇다면 커리큘럼 전문가와 다른 교육자들에게도 가능할까? 불평등한 사회에 대항하여 이를 바로잡는 데 필요한 정치적·이론적 도구를 밝혀낼 수 있을까? 이 일을 시작하기 위해서는 커리큘럼 전문가와 교육자들이 이론적·정치적 도구를 가지고 **지금 무엇을 하고 있는지** 규명해야 한다. 여전히 잘못된 합의를 고수하는가? 헤게모니를 어떻게 행사하는가? 그들의 행동이 갖는 잠재적 이데올로기적 기능은 무엇인가? 학교가 학생들의 '사회화'를 통해 헤게모니를 창출하는 방식을 확실히 이해했다면, 이제 헤게모니가 교육자들의 의식 속에서 어떻게 작동하고 있는가를 탐구해야 한다. 이것이 지금부터 탐구하고자 하는 과제다.

시스템경영과
통제 이데올로기

Systems Management and the Ideology of Control

커리큘럼 분야의 상황

    몇 년 전, 널리 알려진 커리큘럼 전문가 한 사람이 교육에 '시스템경영기법'을 도입하기 위한 선행 요건이자, 그 기법의 기본 신조가 되는 행동 목표 진술을 강조하면서 몇 가지 흥미 있는 해설을 덧붙였다. 그는 교육활동을 '측정 가능한 학습자 행동'으로 설계하자는 논쟁적 주제에 대한 서로 다른 입장의 가치를 면밀하게 검토하기 위해 대화가 필요하다고 말한다. 그러면서 커리큘럼 분야에서 '과학'이 차지하는 이데올로기적 위치를 분석하기에 적절한 몇 마디를 언급했다. 그의 말을 들어보자.[1]

    지난 몇 년 동안 커리큘럼 및 교수 분야에서 진행된 상당히 격렬했던 논쟁은 교육 목표를 측정 가능한 학습자 행동으로 진술할 때 얻을 수 있는 이점에 대한 것이었다. 나는 이성적이고 본능적으로 교육 목표는 행동적으로 진술해야 한다는 데 전적으로 동의하는 입장이다. 그래서 이 논쟁을 다소 양면적으로 본다. 한편으로는, 분야의 전문가들끼리 이런 종류의 대화를 한다는 것이 바람직하다. 갑론을박하면서 서로를 더 잘 알게 되기도 하고, 상대방의 입장에 내포된 가치를 살필 수도 있다. 이러한 활발한 학술토론회를 바란다. 그러나 다른 한편으로, 나는 내 입장을 만장일치로 지지해주기를 바란다. 여러분도 아시다시피, 다른 사람들은 잘못을 범하고 있다. 잘못은 죄악이라는 철학적 신념을 지니고 사는 나로서는 내 동료들이 악의 구렁텅이에 빠져 허덕이는 것을 보고 싶지 않다.

더욱이 그들이 저지르는 죄악은 문명사회의 어떠한 타락보다도 더 위험하다. 어쩌면 가장 천박한 포르노보다 더 많은 사람에게 해를 끼칠지도 모른다. 교육자들이 교육 목표를 행동적으로 진술하는 것에 반대하는 사람들은 학교 수업의 질을 최악으로 만들고 있다.

포팸Popham의 주장은 상당히 흥미롭다. 그 이유는 커리큘럼 분야에 종사하는 지식인들의 현주소를 말해주고 있기 때문이다. 어떤 학문 분야에서든 방금 인용한 포팸의 주장처럼 **편견에 호소하는 인신공격[2]**이 많아지면, 머지않아 그 분야는 몰락하게 된다는 조지프 슈와브의 주장에 동의하지 않을 수 없다. 그러나 이보다 더 중요한 것은 포팸의 주장에서 드러난 전제이다. 바로 이 전제가 교육에서 시스템경영의 근간이 되는 이데올로기를 제공하며, 암암리에 지적 갈등과 가치 갈등의 중요성을 부정한다. 또한 과학적 활동에 대한 제한된 관점, 모호함을 분석해내지 못하는 무능함, 심지어 도덕적 문제와 기술적 문제를 분리하는 시대착오적인 잘못마저 저지르고 있다. 교육에서 시스템경영이라는 용어가 점차 많이 사용된 것은 비현실적이며, 사회적·정치적으로 보수적인 신념들에서 비롯한다.

앞선 논의에서 밝혔듯, 학교에서 배우고 가르치는 지식은 사회의 지배적인 제도와 밀접하게 관련되어 있고, 이를 반영하며 재생산한다. 마찬가지로 학교교육과 커리큘럼 설계에 대한 교육자의 생각 또한 본질적으로 사회구조의 영향에서 벗어날 수 없다.[3] 물론 사람들의 의식을 지나치게 결정론적으로 해석해서는 안 된다. 하지만 분명한 사실은 커리큘럼 이론의 기본 틀이 사회에서 기회와 권력을 분배하는 기존 경제, 정치, 이데올로기, 지적 질서를 지지하고 수용한다는 것이다. 따라서 커리큘럼을 개발하고 운영하는 사람들은 자신의 이데올로기적·인식론적 책무를 다하지 못하게 방해하는 암묵적인 사고방식에 따라 행동해서는 안 된다. 커리큘럼 학자들은 자신이 하는 일이 가져올 잠재적 결과를 분명하게 인식해야 한다. 당연한 말이지만, 교육 문제들을 쉽게 해결하려고만 든다면, 학교교육에서 나타나는 불평등, 문제가 되는 활동, 잘못된 결과들은 근본적으로 사라지지 않을 것이다. 교육 문제에 대한 해결책은 극히 작은 일부분이라도 정치적·이론적 성향을 드러낸다. 그러므로 정치와 이론은 상당한 정도로 서로 뒤섞여 있다.

시스템경영기법의 추세를 살피다 보면, 흥미롭게도 그것이 커리큘럼 분야의 사회적 책무에 대해 말하고 있는 것을 알게 된다. 그 책무는 커리큘럼 분야의 초기 개척자들이 그랬던 것처럼 공개적으로 주창되지 않고 눈에 보이지 않게 은밀히 작용하고 있지만, 그 영향력은 강력하다. 이 추세는 초기 개척자들의 이데올로기적인 관심이 변신을 거듭하여, 공공연한 계급 이익에서 만인을 위한 '중립'적인 지원 원리로 바뀌고 있음을 증명해주고 있다. 예를 들면, 시스템경영 언어는 보수적인 사회적 수사에 불과하며, 그릇된 과학관을 심어주고 있다. 우선 교육에서 일반적으로 지적인 틀로 간주하는 시스템적 사고를 보자. 단, 여기서 논의는 시스템적 논리를 교육에 적용하는 경우로 국한한다. 굳이 **시스템적 사고 자체**에까지 적용할 필요는 없다(비록 이 역시 논란의 여지가 있다고 할지라도).

시스템과 기술적 통제

일반적으로 시스템 접근법은 좀 더 빈틈없이, 그리고 '과학적'으로 분석하기 위해 사용한다. 그러나 교육을 조직하고 커리큘럼을 개발할 때 사용하는 시스템 전략의 바탕이 되는 과학적 활동관은 과학적 방법을 정확하게 이해한 데서 나온 것이 아니라 사후적으로 과학 활동의 결과만을 살핀 데서 나온 것이다. 여기서는 과학에서 실제로 **사용하는 논리**와 그 논리를 바탕으로 **재구성한 논리**를 구별할 필요가 있다.[4] 전자는 과학자들이 실제로 하는 일을 의미한다. 그러나 과학자들의 활동은 목표를 명확하게 진술할 수 있는 것도 아니고, 반드시 통계적 기법이나 다른 여타 분석 방법 등을 사용해 가설을 검증하고, 진실임을 입증하고, 허위임을 반증해야 하는 것도 아니다. 반면에 후자는 관찰자, 과학철학자, 그밖의 사람들이 과학 탐구의 **논리**라고 규정한 것을 의미한다. 스네든에서부터 오늘날에 이르기까지, 과학 활동의 재구성 논리를 빌려와 교육에 적용한 사례는 그 역사가 아주 길다. 재구성 논리가 커리큘럼 '탐구'에는 말할 것도 없고, 커리큘럼을 개발할 때 발생하는 복잡한 문제를 충분히 해결해줄 수 있다고 기대했기 때문이다.

따라서 재구성 논리를 기반으로 하는 커리큘럼 개발 절차는 일반적으로 확실성을 담보하고자 했다.* 또한 연구자, 교육 정책 결정자, 혹은 학생들의 활동에서 많은 부분을 정당화하고 명시화해주는 절차를 개발했다. 휴브너는 이 접근법의 특징을 '기술공학적'이라고 규정했다. 그에 따르면, 이것은 엄격한 수단-목적 형식을 취하거나 과정-산출 논법을 따르고, 특히 효율성을 최우선으로 하기 때문에 다른 가치판단을 배제한다.[5] 기술공학적 접근의 예는 커리큘럼 분야의 기본 패러다임을 결정하는 것처럼 보이는 활동 분석에 대한 보빗의 초기 연구와 이후 행동 목표에 대한 강조가 있다. 이들은 각각 학교나 교사가 목표 달성을 위해 무엇을 할 수 있는지 드러나도록 조작적으로 서술되어야 하고, 다른 목표와 중복되지 않도록 완벽하게 개별

---

* 여기서 확실성을 담보한다는 말은 확실할 수 없는 것을 축소·변형해 확실한 것처럼 제시한다는 의미이다.

적으로 서술되어야 하며, 무엇보다도 길러주고자 하는 행동 목표가 분명해야 한다. 구체적으로 말해서, 행동 목표 운동은 교육자가 교육의 최종적인 결과물을 확신할 수 있도록 교육 목표를 학생의 명시적 행동으로 자세히 서술하려고 특정 형태로 축소·변형하려 했다. 교육에 투자되는 막대한 재정을 생각할 때, 교육이 산출하는 성과를 분명히 해야 한다는 요구에는 수긍이 간다. 그러나 그 확실성이 정말 확실한 것인지는 혼란스럽다.

교육 목표를 행동으로 구체화하는 문제 자체는 실로 많은 사람이 연구해온 주제이다. 예를 들어, 인식을 성향의 의미와 성취의 의미로 대비시킨 길버트 라일Gilbert Ryle의 분석, 생각이나 의사가 밖으로 드러나지 않는 암묵적 인식 형태에 대한 폴라니의 연구, 그리고 확실성의 필요가 어떻게 개인이 직접 의미를 창조하는 것을 가로막고, 정치적 행동의 기반을 효과적으로 약화하는가를 보여준 한나 아렌트Hannah Arendt의 거장다운 탁월한 연구가 그 예다.[6] 그러나 이 같은 분석적 연구까지는 아니더라도, 교육 문제를 좀 더 '과학적'으로 해결하기 위해서는 시스템적 관점에 대한 깊이 있는 연구가 필요하다.

교육자들이 끝없이 확실성을 추구해온 데 반해, 과학적 활동은 서서히 그리고 꾸준히 이루어지는 기술 데이터의 축적으로 인해 확실성에 따라 좌우되지 않았다. 과학 커뮤니티의 대다수 구성원에 따르면, 진정한 과학은 신념의 도약, 심미적 감수성, 개인적 헌신, 그리고 가장 중요한 모호성과 불확실성을 받아들일 수 있는 능력으로 구성된다.[7] 과학 활동의 이러한 특성이 과학을 본질적으로 끊임없이 변화하는 인간 산물로 만들어준다. 그러므로 이러한 특성이 없다면 과학은 단순한 기술로 전락하고 말 것이다. 커리큘럼 구성 원리에 정당성을 부여하고 있는 과학에 대한 관점, 특히 시스템적 접근의 관점은 19세기 실증주의에 더 가까운 것으로, 현재 이루어지는 과학적·철학적 논의와는 거리가 있다. 예를 들어, 인간의 행동을 순진하게도 환원주의적으로 이해하려는 경향은 1930년대의 철학 사조[8]에서 비롯한 것으로, 오늘날의 커리큘럼 구성 논리 또한 여기서 한 걸음도 더 나아가지 못했다.

재구성 논리에서 비롯하는 문제가 더욱 복잡해지는 것은 시스템경영이 본질적으로 중립적이라는 신념 때문이다. 사람들은 은연중에 시스템경영기법은 단순한 '과학적' 기술이고, 이해관계와 무관하며, 사람들이 직면하는 문제가 무엇이든 '기술적으로 잘 처리할 수 있다'고 생각한다. 그러나 면밀히 검토해보면, 이 생각에는 도저히 그대로 방치할 수 없는 문제가 있음이 드러난다.

정확하게 말하면, 시스템경영기법은 이해관계와 무관하지 않다. 시스템경영기법의 구성적 이해관계는 무엇보다 **기술적 통제와 확실성**에 영향을 미치고 유지하는 데 있으며, 사회적으로 실제 그러한 결과를 낳는다.[9] 정밀과학의 재구성 논리와 마찬가지로, 시스템경영기법이 추구하는 근본적이면서도 변함없는 목적은 인간 행동에 규칙성을 부여하는 것으로, '개인차'를 존중한다면서 실은 그 반대로 무시한다. 엄연히 존재하는 개인차를 마치 없는 것처럼 다루는 것은 본질적으로 억지 조작에 불과하다. 인간 행동을 조작할 필요가 있다는 이 생각은 확실성을 추구할 때 이미 내재되어 있었다. 교육 목표는 정확해야 하며 행동적인 언어로 구체적으로 기술해야 한다는 단호한 요구가 사회적 실재와 변증법적인 관계로—사회적으로 부과되는 의미를 자신의 것으로 만들고, 켜켜이 쌓인 의미와 관습의 틀을 넘어서고 벗어나려는—살아가는 사람들의 삶을 생각할 때, 어떻게 조작이 아니라고 말할 수 있겠는가?[10] 이러한 조작 속에서 추상적 개인이 탄생한다. 추상적 개인은 항상 일방적이며, 그를 둘러싸고 있는 사회적 실재에 대해 무비판적이다. 그리고 추상적 개인이야말로 '기술공학적인' 교육사상에 깊이 뿌리박혀 있는 보수적 성향의 전형적인 예다.

리처드 세넷Richard Sennett도 도시계획자들이 시스템을 만드는 경향을 논하는 자리에서 유사한 주장을 한다. 그에 따르면, 도시계획자들은 어떤 것도 '통제 범위 밖에' 있지 않은 시스템을 수립하고자 한다. 왜냐하면 제도적 삶은 '빈틈없이 조종되어야 하며 모든 다양한 활동은 최소 공통분모에 의해 지배되어야 한다'[11]고 생각했기 때문이다. 그는 시스템 개발자가 기술공학적 생산 모델을 사용하는 경향을 분석하고, 다음과 같이 요약했다.[12]

도시계획자들은 거의 본능적으로, 예기치 않은 놀라운 일의 발생 가능성을 제거해 알지 못하는 위협을 통제하려는 인간의 경향을 따르고 있다. 사회적 상호작용에 사용하는 생각의 틀을 통제함으로써, 사회적 행동이 그 틀에서 벗어나지 않도록 길들인다. 사회의 역사는 사회 계획의 수동적인 '산물'로 대체된다. 공장의 기계처럼 삶을 미리 명확하게 계획하려는 욕구 속에 묻혀 있는 것은 무엇인가? 그것은 고통을 피하고 다양한 사람들에게 휘말리지 않는 초월적인 삶의 질서를 만들고자 하는 욕망으로, 그 속에는 사람들 사이에 일어나는 불가피한 갈등이 묻혀 있다.

교육에서 사용하는 시스템경영의 특징은 철학적으로 순진할 뿐만 아니라 놀라울 정도로 결정론적이다. 이는 교육 시스템을 구축하는 사람들에게 하는 다음과 같은 요구에서 아주 선명하게 드러난다. "학습 목표를 구체적으로 설정하라. 학습 경험의 결과로 기대하는 것이 학습자의 **행동인지, 지식인지, 감정인지**를 명확하게 진술하라."[13] 인간의 기질, 성취, 성향의 본질에 대해, 그리고 이러한 것들이 어떻게 '학습되고' 다른 형태의 '지식'과 연관되는지에 대해 분석한 심리학적, 특히 철학적 연구를 살펴보면, 이 연구가 사람들이 실생활에서 어떻게 행동하는지에 대해서 생각하지 않는다는 사실을 알게 된다.[14] 더욱이 인지를 구성하는 요소들이 '감정'에서 분리되어 행동적인 용어로 구체화될 수 있다는 축소·환원적인 사고방식은 근본적으로 인간 행동의 본질을 잘못 해석한 것이다.[15] 교육자들이 인간 행동의 모든 측면, 혹은 가장 중요한 측면을 구체적으로 명시해야 한다는 바로 그 생각은 도덕적 선택 과제를 조작이라는 구호로 대체했다.

커리큘럼 설계, 즉 학생들이 생활할 교육환경을 구성하는 일은 분명히 정치적이고 도덕적인 과정이다. 이 과정에서 가치 있는 교육활동이 무엇인가를 놓고 이데올로기와 정치적·개인적 견해가 서로 경쟁한다. 나아가 교육활동의 가장 중요한 특징은 학생들에게 영향을 미친다는 사실이다. 그러나 교육에 대한 상식적인 판단은 도덕적·정치적 고려를 하기보다는 그 반대 방향으로 나아가고 있다. 의사결정은 기술 전문가들이 생산하는 도구적 전략과 정보만을 필요로 하는 **기술적인 문제**로 인식되어,[16] 정치적·윤리적 토론장에서 의사결정을 사실상 제외시키고, 기술지식과 경제적·문화적 재생산 간의 관계를 은폐한다. 다시 말해, 시스템경영의 논리는 '현실적'이라는 언어로 은폐했지만, 오직 기술 역량만을 받아들임으로써 현실을 왜곡하고, 복잡한 가치 쟁점을 세상에 존재하지 않는 것으로 규정한다. 요컨대 시스템경영기법을 기계적 공식으로 도입하면, 교육자가 학생 집단에 대해 아주 중요한 윤리적·경제적 결정을 내리고 있다는 사실을 은폐하게 된다.

진짜 쟁점은 시스템경영기법이 사회통제 시스템에 이용될

수 있는 정보와 피드백을 생산한다는 것이 아니다. 시스템경영 기법 **자체가 통제 시스템이기 때문이다.**[17] 이에 못지않게 중요한 사실은 시스템경영기법을 떠받치는 신념체계와 커리큘럼 분야의 핵심 부분이 기존 사회의 권력과 특권의 분배를 정당화하는 기술관료 이데올로기*에서 비롯되었고, 그 이데올로기로 기능한다는 점이다.[18] 교육에서 시스템경영의 옹호자들은 시스템경영 언어를 사용하며 근거 없는 전제를 마치 입증된 사실처럼 실어 나른다. 시스템경영에서도 변화를 중요하게 보지만, 일반적으로 시스템 **적응의 문제**로 축소한다.[19] 그러므로 시스템 자체의 본질적 기초에 대해서는 어떠한 문제도 제기되지 않는다. 시스템경영기법에서는 학교제도가 근본적으로 아무 문제 없이 온전하다는 전제를 당연하게 여긴다. 즉 '교육의 질'이 떨어져도 학교만 '조화롭게 운영되고' 있다면 아무 문제될 것이 없다고 여긴다. 학교교육 문제는 "전문적인 지도, 조사, 조언에 따라 상부의 명령을 일선학교에 하달"하여 해결할 수 있다. 교육의 질적 문제는 기술적 섬세함이 미비한 탓이므로, 기술공학을 통해 충분히 해결할 수 있다.[20] 하지만 이러한 인식은 학생들이 의무와 복종을 강요하는 학교생활에 불만을 표출하는 사례가 늘고, 학교교육과 불평등 간의 관계 연구가 증가하면서 거짓임이 드러났다.

---

* 과학기술 전문가가 사회를 이끌고 지배해야 한다는 이데올로기를 말한다.

타일러의 커리큘럼 모형과 마찬가지로, 시스템경영은 시스템의 효율성을 "산출물이 시스템의 존재 목적을 충족시키는 정도에 의해" 평가할 수 있다고 전제한다.[21] 그러나 이러한 전제에 따르면, 질서를 내세워 서로 상반된 목표관이 갈등하고 조정되는 정치적 과정을 사실상 무시하게 된다. 즉 한 사람—아마 한 기관의 경영자—이 실재하지도 않는 비현실적 세계를 '기술공학적으로 통치하는 것'이다. 따라서 기술공학적 커리큘럼에서는 교육의 현실 세계에서 누가 무엇을 결정해야 하는지, 교육 목표는 무엇이어야 하는지 같은 윤리적, 이데올로기적, 심미적인 문제들에 대한 이해의 폭을 넓히기는 어렵다.

시스템 설계 자체는 본래 독자적인 역사를 가진 분석 방법으로, 일반적으로 **전통 내에서 유지될 때** 스스로 교정할 수 있는 자체 수정모드이다. 그러나 교육에서의 시스템 설계는 이러한 정교함에 접근하지도 못했을 뿐만 아니라 과거 50여 년 동안 커리큘럼 전문가들이 학교교육을 설명할 때 사용해온 지배적인 은유를 은폐하기 위해 빌려온 용어에 지나지 않는다. 학교를 공장으로 은유하는 시스템경영론자들은 이와 같은 접근방식이 하나의 연구 분야로서 커리큘럼을 탄생시켰다고 생각하며, 그 뿌리의 시작을 특히 보빗과 차터스의 연구에서 찾는다.[22] 컴퓨터 분야의 시스템 분석에서 투입과 산출은 **정보**이다. 그러나 교육 시스템 분석에서 투입과 산출은 흔히 아동이 된다. 학교는 학생을 처리하는 공장이 되고, '교육 받은 사람'은 그 공장의 '제품'이 된다.[23] 한 분야의 언어와 은유의 구성 개념이 그 분야의 운영 방식을 결정한다는 사실을 고려하면, 아동을 **제품이라는 말로 표현**하는 것은 이미 형성되어 있는 조작적인 학교교육의 흐름을 유지·확대할 경향이 있다. 또한 이러한 잘못된 흐름이 계속 강화되는 것은 교육자들이 시스템적 사고 자체가 무엇인지를 제대로 통찰하지 못하고 있기 때문이다.

커리큘럼 분야에서 시스템경영을 다루면서 가장 창의적인 시스템 이론가들을 언급한 문헌을 찾아보기는 대단히 어렵다. 예를 들어, 버탤런피Von Bertalanffy의 구조적 시스템 이론도, 그가 문제를 다루는 섬세함에 관한 언급도 찾아보기 어렵다. 그를 언급하는 사례가 간혹 있지만, 정작 커리큘럼에서 사용하는 시스템경영의 기본 개념은 그에게서 가져오지 않았다. 오히려 무기공학과 군수산업 같은 분야에서 실제로 가져온 모델을 발견한다.[24] 시스템경영을 다룬 커리큘럼 연구 문헌에서 시스템 이론의 원조에 대한 언급을 발견할 수 없다는 점은, '과학적'이고자 하는 노력에 비추어 대단히 중요한 사건이 아닐 수 없다. 반면에 커리큘럼 분야에 지적·경제적 정당성을 부여하고, 그것이 중립적임을 선언하는 갖가지 구호 속에서 학교를 공장으로 보는 기본 모델을 발견한다.

과학적 연구의 한 분야로서 시스템 설계는 그 자체로 수정 메커니즘을 내장하고 있다. 연구와 사고에 대한 지속적인 비판, 시스템 분야에서 서로 다른 다양한 생각을 가진 구성원 간의 지적 갈등은 시스템을 활기차게 유지하기 위한 맥락을 부여한다. 그러나 교육자들은 단지 용어만, 그것도 피상적인 용어(재구성 논리)만을 빌려와 시스템 이론의 자체 수정 맥락 밖으로 끌어냈다. 그 결과 용어는 자신의 결함을 바로잡을 수 없게 된다. 따라서 교육자들은 시스템경영 분야에 힘과 생명력을 불어넣는 지속적인 비판과 토론에 거의 관심을 두지 않는다.

교육자들은 다른 분야에서 빌려온 모델을 교육에 적용할 때 수반되는 위험을 인식해야 한다. 아주 드물기는 하지만, 이처럼 빌려온 모델은 빠르게 시대에 뒤쳐지고, 본래의 의도나 목적이 왜곡되는 경우가 많다.[25] 또한 시스템 환경을 설계하고, '전통'의 선택·유지라는 복잡한 문제를 해결하는 데 필요한 어떤 개념적 도구도 제공하지 못한다. 전통은 학생과 구체적인 집단이 추구하는 개인적 요구와 사회가 축적해온 지식과 제도를 보존하려는 사회적 요구 사이의 갈등을 중재하는 역할을 한다.

시스템 분석은 **경영기법이 아니라** 복잡한 문제의 특성을 밝히기 위한 분석 틀로 시도되었다. 한 분야의 구성요소가 어떻게 관련되어 있고, 어떻게 상호작용하는지를 밝혀내고, 변화와 안정을 더욱 깊이 이해하기 위한 사고방식이었다. 하위 시스템 A가 X방식으로 하위 시스템 B와 관련되어 있고, 다시 하위 시스템 B가 Y방식으로 하위 시스템 C와 관련된다. 그리고 이들의 결합은 새로운 관계, Z를 만들어낸다. 그러므로 C에서 일어나는 변화는 A와 B에, 그리고 그들의 모든 결합에 깊은 영향을 미친다. 이런 이유에서 시스템적 사고방식은 통제가 아닌 이해를 위한 모델로 여겨졌다. 그러나 많은 커리큘럼 전문가는 시스템적 사고방식을 빌려와 관계 자체의 복잡성을 이해하지 못한 채 문제를 해결하는 데 적용하기 급급했다. 슈와브는 이 점을 정확하게 지적했다. 그에 따르면, 교육환경 구성요소 간에 형성되는 복잡한 관계를 이해할 때 교육자는 단순한 기술자 차원을 넘어 행동할 수 있다.[26] 그래야 마땅히 해야 할 일을 열거하는 그림이 아니라 가능성을 여는 모델로서 시스템 분석이 원래 자리를 찾게 된다. 제도의 취지와 목적을 의무로 규정하고, 잘못된 합의를 이끌어내기 위한 경영기법이라면, 이것은 이미 중립적이지 않다.

　시스템경영기법의 옹호자들은 자신의 작업이 과학적임을 공언하지만, 빌려온 시스템적 사고방식은 과학적 시스템 이론이 아닌 기업경영 모델에서 가지고 온 것이다.[27] 물론 이는 전혀 새로운 것이 아니다.[28] 그러나 교육자들은 이러한 시스템 분석 모델이 학생들을 다루는 데 정말로 적합한가를 의심해야 한다. 이 의문은 기업이 시스템경영을 도입한 배경을 알게 될 때 더욱 깊어진다. 기업주들은 노동자를 더 효율적으로 **통제**해 기업 이윤을 증대시키고, 21세기 초, 급성장하는 노동조합운동을 약화시키기 위해 시스템경영기법을 만들었다.[29]

여기서 시스템경영기법이 '과학적'이고 중립적인 기법으로 더 나은 교육 경험을 약속해준다는 주장에 대해 살펴보자. 이는 사실 여부를 아주 꼼꼼하게 검토해야 할 주장이다. 나아가, 주장 속에 잠재된 보수성에 대해 몇 가지 질문을 제기해야 한다. 하나는 사회적 수사로서 시스템 언어가 가진 성격에 관한 것이고, 다른 하나는 시스템적 방법이 오늘날 교육에 적용될 때 드러나는 본질적 양상에 대한 것이다. 좀 더 구체적으로, 수업 목표를 행동 목표로 상세화하는 것을 보자. 수업 목표가 행동적인 언어로 구체적으로 잘 서술되었다면 학생은 그 목표에 대해 의문을 가질 수 없다. 행동 목표를 구체적으로 진술한다는 것은 목표에 대한 학생 나름의 해석과 의문을 사전에 차단하는 효과가 있기 때문이다. 이 경우 학생은 교사가 제시하는 목표를 달성하기 위해 노력만 하면 되기 때문에 양자의 관계는 일방적이다. 이런 의미에서 수업 목표의 상세화는 암묵적으로, 그리고 질문을 제기하지 않는 방식으로 불평등한 경제체제에서 일어나는 지배적인 제도적 상호작용 방식을 보존해준다. 이것이 바로 재생산이 일어나는 경로이고 양상이다. 이제, 오늘날 커리큘럼이 중시하는 질서가 어떻게 이와 유사한 기능을 하는지 살펴볼 것이다. 먼저 시스템적 방법의 언어 특성부터 살펴보자.

시스템적 방법의 수사적 언어

　　언어의 의미는 그 쓰임새로 결정된다는 비트겐슈타인의 원리는 커리큘럼 논의에서 사용하는 시스템 언어를 분석하는 데 안성맞춤이다. 과학과 기술공학의 언어가 초기 커리큘럼 전문가 및 교육자들에게 했던 기능과 유사하게, 오늘날의 시스템 언어는 수사적이고도 정치적인 기능을 수행한다. 이러한 사실을 이해하지 못하면 핵심을 놓치게 된다. 가장 중요한 시스템 언어의 쓰임새는, 비록 표면적으로 드러나지는 않지만, 교육 밖에 있는 사람들에게 교육의 복잡한 상황을 납득시키는 것이다. 어떤 학문 분야가 기금지원기관, 정부, 혹은 대중에게 과학적 방법과 절차를 도입했다는 확신을 심어줄 수만 있다면, 이것의 실제 도움 여부와는 관계없이, 재정 지원과 정치적 지원을 받을 수 있는 확률은 높아진다. 선진산업국가에서 기술지식과 과학이 누리는 높은 지위와 호평을 고려할 때 이 점은 중요하다(유감스럽지만, 여기서 과학은 과학 그 자체가 아니라 기술공학이요, 그 응용일뿐이다).

　　어떤 분야의 문제를 시스템 언어로 표현하면, 암묵적으로 대중들에게 과학적이라는 믿음을 불러일으킨다. 더욱 중요한 것은 정부 통제가 점차 중앙집중화하고, 교육 연구는 항상 재정 지원이 절실하기 때문에, 시스템 언어는 정부로부터 재정 지원을 끌어내는 정치적 임무가 주요 기능이다. 그러므로 물리학계에서 격렬하게 벌어지고 있는 '작은 과학 대 큰 과학' 논쟁이 교육에서도 재연될 가능성이 있다.[30] 지방분권을 요구하는 압력이 강해지고 있다 해도, 재정 지원과 통제를 어떻게 할 것인지는 여전히 중요한 문제로 무시될 수 없다. 재정과 수사적 문제가 아니더라도 시스템경영기법은 중앙집중화 경향을 띠고 있다. 시스템이 최상의 효과를 발휘하기 위해서는 대인관계, 경제 등 가능한 많은 요인을 시스템 안으로 가져와서 통제해야 한다. 질서와 합의가 대단히 중요해진 반면, 갈등과 무질서는 원활한 시스템 운영을 방해하는 요인으로 인식된다. 그러므로 갈등과 무질서가 제도적 상호작용 방식을 고착화하지 않도록 하는 데 특히 중요하다는 사실은 또다시 무시된다.[31]

무엇보다도 시스템경영기법은 **내용**이 없다. 시스템적 사고 방식은 교육 문제에 적용할 수 있는 공식화된 형식 혹은 방법론에 불과하다. 그리고 내용이 없다는 사실은 목표, 절차, 피드백 장치의 정확한 공식화가 필요한 다양한 문제들에 '중립적인' 방식으로 적용할 수 있게 해준다. 시스템적 방법론은 이러한 중립적인 느낌 때문에 합의를 강화하는 데 적합했다. 이처럼 갈등을 피하고 합의를 형성하는 과정은 학교교육에 제기되는 문제를 교육기관의 행정경영자들이 자신의 이해관계에 따라 맘대로 이끌어갈 수 있도록 해준다. 즉 그들이 원하는 대로 문제를 해결할 수 있다. 그러나 이는 언제나 이미 '결정된' 경제와 문화 제도 간의 실질적 관계 안에서 이루어진다.[32]

이러한 암묵적 합의에 대한 이해는 시스템경영 사고를 검토하는 데 대단히 중요하다. 당연히 합의되어 있다는(혹은 합의되어야 한다는) 암묵적인 인식으로 인해 후원하고 지원하고자 하는 감정이 생기고, 이는 정치적 침묵을 초래한다. 예를 들어 공립 초등학교와 그 근본 이데올로기를 살펴보면, 미국의 소수민족과 유색인종 등은 적절한 교육을 제대로 받아본 적이 **결코 없다.**[33] 바로 이것이 학교가 경제적 계급에 따라 기회를 불평등하게 분배하는 예다. 그렇다면 정교한 '과학적' 논리를 이용해 후원하고 지지하는 감정을 불러일으키면 어떤 효과가 생겨날까? 학교가 소수민족과 유색인종 등의 요구를 충족시킬 수 없다는 사실을 대중이 깨닫지 못하게 만든다. 이처럼 학교제도는 경제제도와 같은 다양한 다른 제도처럼 기존 정치·경제 구조를 유지, 강화하는 역할을 한다.

특히, 정치적 침묵은 두 갈래로 이루어지며, 두 부류의 대중을 겨냥한다. 하나는 시스템경영 언어가 현재 교육활동을 비판하는 사람들, 예를 들어 소수민족에 대한 교육을 비판하는 사람들을 겨냥하는 경우다. 이 언어에 '책무성'*의 개념이 결합하면 비판하는 사람들조차도 학교에서 뭔가 실제로 이루어지고

---

* 책무성이라는 말은 예컨대 국민 세금으로 운영하는 학교와 같은 공공기관은 지원금에 상응하는 업무 성과를 달성해야 한다는 의미가 강하다. 반면에 책임(responsibility)은 여기에 더하여 학생의 도덕적·인격적 발달까지 학교와 교사의 의무로 삼는다. 미국에서 2000년대 초에 시행된 '아동낙오방지법(No Child Left Behind)'이 주로 아동의 학업성취와 성적을 묻고 있는 것도 그 법이 학교의 책무성을 기반으로 하고 있기 때문이다.

있다고 느끼게 된다.[34] 결국 시스템경영 언어가 간단명료하다는 인상을 준다. 하지만 이것은 주요 갈래가 아니다. 빈민가에 거주하는 소수민족들은 기술적 전문용어에 공감하지 못하고, 정치권력도 없으며, 이 언어가 겨냥하는 두 번째 집단만큼 경제자원과 재정지원을 얻는 데 영향을 주지도 못한다. 시스템경영 언어가 겨냥하는 핵심 대중은 중산층계급과 산업가들이다.[35] 이들은 기술 전문성과 산업 논리에 깊이 공감하며, 시스템적 논리가 대단히 의미 있고 중요하다고 생각한다. 설령 소수민족 집단이 한순간, 시스템경영 언어가 명백히 학교생활을 억압적으로 만들고 있다는 결론을 내린다고 하더라도, 권력을 가진 중산층계급과 산업가들은 기술 합리성과 전문성이 인간 문제 해결에 기여하는 게 당연하다고 굳게 믿기 때문에 여전히 시스템경영 논리를 지지할 것이다. 그러므로 시스템경영 논리는 의미를 제공하고 상황을 규정한다. 그러나 그 규정은 이미 경제자본과 문화자본을 '소유하고' 있는 계급의 이해관계만을 따른다.

시스템 언어가 대중들에게 미친 영향을 정확하게 기술하기 위해서는 위의 두 집단 외에 다른 집단을 하나 더 언급해야 한다. 바로 시스템 언어를 사용하는 집단이다. 지난 50여 년 동안 커리큘럼 담론사의 상당 부분은, 커리큘럼 연구자들이 이 분야를 더욱 과학화하는 것이 곧 자신의 직분이라고 생각하고 있었음을 보여준다. 과학의 이름을 빌려 자기 분야의 명성을 높이고자 하는 욕구를 정신분석 할 생각은 없다. 그러나 의심의 여지 없이, 커리큘럼 연구자들이 시스템 접근을 통해 그들이 추구하는 과학 커뮤니티와 동일시하고 있음을 확인시켜 준다. 하지만 그들이 본 과학 커뮤니티 또한 실제와는 다른, 그들이 오해한 과학 커뮤니티다.

분명한 것은 시스템 접근법이 본질적으로 중립적이지 않으며, '과학적' 기능만을 수행하는 것도 아니라는 사실이다. 오히려 그 접근법의 사용자와 대중이 제도로서 학교가 가진 근본 문제에 눈을 감게 만드는 경향이 있다. 이렇게 함으로써 시스템 경영기법은 지식과 권력에 대한 기존 접근 양식을 지지하는 정치적 정서를 조성하고 확산시킨다.[36]

시스템 용어와 기술방법론의 수사적 기능은 정치적 힘을 발휘해 재정 지원을 받아내고 '정서적' 동조를 끌어내는 것 말고도, 또 다른 방법으로 기존 제도의 지배를 지원하는 경향이 있다. 사회학에서 시스템적 사고방식을 연구한 굴드너는 이 주제에 관해 아주 도전적인 주장을 내놓았다. 그에 따르면, 시스템적 사고방식의 가치중립적 태도는 "의사결정의 이데올로기적 성격을 모호하게 하고, 궁극적인 가치의 차이와 연구 중인 사회정책의 장기적인 결과에 사람들이 관심을 기울이지 않게 한다." 그뿐만 아니라 가치-중립적인 기술적 관점은 최고위 경영자들에게는 해결책을 제공하는 것으로 보이지만,[37] 교육에서 직면하는 복잡하고도 근본적인 가치 있는 쟁점들에 대해서는 해결책을 제공하지 못한다. 예를 들어, 아동을 가르치는 적절한 방법은 무엇인가, 교육은 훈련과 어떻게 다른가, 아동은 스스로 배우도록 자유롭게 놔두어야 하는가 아니면 어른의 권위로 지도해야 하는가 등에 대해서는 아무런 해결책도 내놓지 못한다. 굴드너는 이 문제를 다음과 같이 잘 요약하고 있다.[38]

이용할 수 있는 재정 지원이 증가하면서 엄격한 방법론에 대한 강조가 설득력을 높여주는 특별한 수사적 기능을 하게 되었다. 이는 조직과 기관 경영자들 사이에 방법과 수단을 놓고 벌이는 제한적 정책 선택에서 생기는 사소한 차이를 과학의 이름으로 해결해준다. 이 경영자들 사이에는 기본 가치나 사회적 지형 설계에 관해서 거의 갈등이 없다. 동시에 경험과 사실을 강조함으로써 정치적 견해차에 담긴 가치 갈등을 흐려놓고, 논쟁의 초점을 사실의 문제로 몰아 가치 갈등이 정치와는 무관하게, 그리고 정치 갈등을 유발하지 않고 해결될 수 있다고 암시한다. 따라서 실증주의(시스템경영과 같은 관점도 부분적으로 실증주의에서 비롯했다)는 사회적 지형을 구획할 때 발생할 수 있는 갈등을 피하는 방법이 되어왔다. 그러나 겉으로는 중립적·초당파적으로 보이지만 이 관점이 사회에 미친 영향은 경쟁적인 사회적 지형 구획에 관한 한 무작위적이거나 중립적이지 않다. 사회질서 문제를 강조하고, 지지자들의 사회적 출신 배경과 교육, 성격으로 인해, 그리고 재정지원 요건이 만들어낸 의존성 때문에 실증주의적 관점은 끈질기게 현상 유지를 지지한다.

굴드너의 주장은 깊이 생각해볼 문제다. 시스템경영기법은 기관 운영자들과 기업 경영자들이 **기본 가치**와 교육 비전에 대한 갈등을 회피하기 위해 사용하는 '한낱' 기법에 불과할까? 시스템경영기법의 선택은 한정된 선택지 내에서 이루어지고, 기존 상호작용 방식의 틀 안에서 이루어진다. 그렇다면 기본적인 구조 자체에 대한 문제들은 배제되는가? 예를 들어, 목적을 쉽게 규정할 수 없는 학교교육을 놓고 대립하는 두 이데올로기가 충돌한다면, 시스템경영기법은 이 충돌을 어떻게 해결할 것인가? 교육제도가 다양한 집단의 요구에 부응하기 위해서는 이러한 문제를 깊고 자세하게 검토해야 한다.

교육자와 커리큘럼 전문가들의 잠재의식은 정치적이며, 다소 보수적이다. 즉 이들의 사고방식은 선진산업사회의 기반이 된 기존 사회적·경제적 구조와 권력분배 구조에서 생성되었으며, 이 사고방식을 고수함으로써 기존 사회구조와 시스템을 유지케 한다. 시스템경영 접근법은 이러한 사고방식 문제에 관해 아주 흥미로운 예를 제공한다. 헤게모니 강화에 '지식인'이 담당하는 역할은 무엇인가? 그 예를 보자.

시스템경영 틀의 바탕은 분명하게 설정된 목표다. 행동 언어로 구체화한 목표는 일반적으로 시스템경영 틀의 미시적인 시스템을 이룬다. 즉, 학생의 행동은 교육활동을 하기 **전에** 미리 선택되고, 이 행동이 시스템의 최종 산출물로서 시스템에 피드백한다. 그리고 이 미시적인 시스템은 다시 거시적인 시스템 목표 달성에 투입되고, 이러한 반복을 통해 전체 시스템경영의 궁극적인 목표가 달성된다. 이것을 찬찬히 살펴보자. 여기서 사용하는 과정/산출의 추론은 목표를 행동으로 진술하라는 요구에서 그 특징이 아주 선명하게 드러난다. 이러한 추론은 노동자 대부분이 지루한 조립 노동이나 기계적인 사무 업무를 해야 하는 사회에서 가장 잘 기능한다. 여기서는 일의 목표도, 이를 달성하기 위한 행동도 다른 사람이 미리 결정한다. 타인이 선택한 행동을 따라 하면서, 타인이 어떻게 그 목표를 달성하는가를 터득함으로써, 학생들 또한 점차 기업화·관료화되는 사회에서 살아가는 법을 배우게 된다. 이 사회에서 학생들이 배우는 성인의 역할은 **이미** 역사적 퇴적물로 사회구조 속에 응축되어, 각 역할에 따른 고유한 사고방식을 **이미** 구축하고 있다.[39] 따라서 상대적으로 소외감을 느끼는 역할을 맡더라도 학생들은 그 역할의 존재 방식이라고 배웠기 때문에 편안함을 느낄 수 있다. 결국 이러한 추론을 내면화하고 사용하는 커리큘럼 전문가들은 사회적 역할과 그 역할에 이미 분배된 의미를 창출하고 유지함으로써 정치·경제 질서 유지에 공헌한다.[40] 이 문제는 대다수 교육자가 공유하고 있는 무질서를 보는 관점과 복잡하게 얽혀 있다.

시스템, 과학, 합의

교육에서 시스템 접근법을 채택하며 반영한 질서와 갈등에 대한 관점은 놀랍다. 이 관점에서 질서는 긍정적으로, 갈등은 부정적으로 인식하게 한다.[41] 질서는 심리적 안정에 필요하며, 이 점이 상당히 중요하다. 그리고 시스템 접근법은 갈등을 피해 정치적인 문제와 가치의 문제를 기술적으로 해결하려고 한다. 이는 전혀 이상하지 않다. 대부분의 선진산업사회에서 윤리적·정치적·심미적 문제를 기술공학적 문제로 완전히 바꿔 놓으려는 경향이 있기 때문이다.[42] 이데올로기와 도덕적 입장이 대립하는 집단 간에 나타나는 심각한 갈등은 학교와 같은 문화기관에 의해 극대화된 기술 전문성으로 해결해야 할 문제로 규정된다. 시스템경영 접근법이 교육에서 갈등을 제거하려하고, 이를 재규정하려 하며, 합의를 추구하려는 경향이 있다고 문제를 제기하면, 이 접근법의 옹호자들은 단지 문제를 과학적으로 바라보고, 과학적으로 해결하기 위해 노력하는 것뿐이라고 말한다. 여기서 문제가 어려워진다. 그들이 과학을 보는 관점은 분명히 잘못된 것이다.

이 장 서두에 소개한 포퍔의 주장에서 지적 합의를 정당화하는 관점을 보았다. 이 관점에 따르면, 더욱 과학적이 되기 위해 커리큘럼 사고의 바탕이 되는 '패러다임'에 대한 총체적 합의를 요구한다. 합의된 패러다임을 의심의 눈초리로 보는 사람에게는 사실상 일탈자라는 낙인이 찍힌다. 이것이 말로만 이루어진다면 그 자체는 잘못된 것도 특이한 일도 아니다.[43] 그러나 과학적 합리성을 합의와 연결한다면 이는 과학에 피해를 주는 일이자, 과학사에 대한 심각한 오해다.

과학사와 개별 학문의 성장은 **합의를 통해 이루어지지 않았다.** 치열한 지적·개인적 갈등과 개념 혁명을 통해 이루어졌다.[44] 과학사에서 괄목할 만한 도약은 모든 사람이 합의한 패러다임에 입각한 사실 자료를 축적함으로써 달성한 것이 아니라, 갈등을 통해 이루어졌다. 과학 커뮤니티의 규범은 회의론으로 이끄는 경향은 있어도 반드시 지적 합의를 지향하지는 않는다.[45] 따라서 합의만을 추구하는 건 과학을 추구하는 것이 아니다.

포퍰의 인용문에서 분명히 알 수 있는 한 가지는 수용된 사고방식이 만들어내는 강한 개인적 헌신이다. 이는 어느 분야에서나 찾아볼 수 있다. 그러나 이는 전통적인 중립성 개념에 문제를 제기한다. 어떤 사고방식을 받아들였다면 그것은 심리적으로 강한 신념이자, 가치관이 되고, 행동의 규범이 된다는 의미이다. 과학자들은 자신이 받아들인 생각에 열정적으로 몰두한다.[46] 그리고 바로 이것이 각 학문 내에서 일어나는 갈등의 일차적인 원인이다. 따라서 합의를 추구한다는 것은 **개인적 헌신이 필요 없다**는 말이 되고, 이는 또한 학문의 발전에 불확실성과 개념 갈등이 얼마나 중요한가를 무시하는 일이다. 개인적 헌신을 내려놓으라는 이 은밀한 요구는 대단히 중요하다. 이를 시스템경영 언어로 바꿔 말하면, 도덕적 딜레마를 기술적으로 해결할 수 있다는 것이다. 도덕적 의무감이 확고하지 않다면, 실재를 평평하게 단순화하며 왜곡하는 일은 그만큼 쉬워진다. 그러나 '실재'가 불평등할 때, 경제적, 문화적 권력을 가진 계급이 갖지 못한 계급을 통제할 때, 현실 왜곡은 심각한 결과를 초래한다.

대안 탐색

교육에서 시스템경영기법을 적용하면서 나타나는 문제는 다양한 방법으로 해결할 수 있다. 첫째, 교육자들은 산업과 기업의 의도로 빌려온 것과는 다른 형태의 시스템 이론을 계속, 심층적으로 분석해야 한다. 예컨대 개방 시스템과 생물학적 시스템 접근법을 탐구한다면 이는 탁월한 분석 모형이 되어 진일보한 연구를 가능하게 할 것이다. 둘째, 교육자들이 시스템 분야의 쟁점과 논쟁에 적극적으로 참여해 시스템 분야가 직면한 이론적·실제적 난제를 인식해야 한다. 이렇게 되면 교육자들은 자기 수정 메커니즘이 없는 피상적이고 일방적인 시스템 이론을 또다시 빌려오지 않도록 할 수 있다. 교육에 사용하는 시스템 접근법이 지금 당장은 그럴듯하게 보일지 몰라도, 분석의 기초가 되는 시스템 개념이 대규모 공동체 시스템에서 정당화되기 어렵다면, 시스템적 사고 자체와 관련된 지적인 복잡성이나 교육의 제도적 관계가 갖는 본질적 복잡성(시스템 접근법은 이 복잡성의 극히 일부밖에 밝혀줄 수 없다)을 올바르게 다룰 수 없다. 시스템 논의에는 교육자들이 더욱 엄격한 방식으로 탐구해야 할 대안들이 있다.

그러나 대안을 철저하게 탐구한다 해도 모든 어려움을 해결할 수는 없다. 왜냐하면 사람들이 시스템경영 접근법과 관련하여 제기할 수 있는 다른 문제도 많기 때문이다. 가장 심각한 문제는 교육을 총체적으로 합리화한다는 명분 아래 관료화와 사회통제를 강화할 가능성이 커진다는 점이다. 현실을 보자. 도심학교의 성장사를 보면, 의사결정의 합리화와 중앙집권화는 그 의도가 아무리 인간적이고 진보적일지라도 결국 제도의 고착화와 구체화로 귀결되었다.[47] 문제를 피상적으로 다뤄온 건 이러한 성격을 가진 '개혁'의 역사를 잘 몰랐기 때문이다.

경영과 통제 이데올로기의 대안을 찾는 일은 쉽지 않다. 예를 들어, 행동적 목표 진술과 관련한 인식론적·심리적 문제를 보여주기는 쉽다.[48] 그리고 타일러의 커리큘럼 원리가 행정 문서에 지나지 않으며, 학교의 구체적 현실을 적절하게 다룰 수 없다는 사실도 입증할 수 있다. 그러나 여기서 문제는 이런 형식의 입증 활동이 타일러와 같은 행동주의적 원리가 마치 논리적인 근거가 있고, 과학적 논쟁이 가능한 것처럼 다뤄진다는 점이다. 하지만 실제로는 그렇지 않다. 행동주의적 원리는 확실성을 추구하는 산업사회의 지배적인 의식을 표현하고 있다. 즉, 이는 사회적·이데올로기적 구성물로서, 커리큘럼 학자와 교육자들이 당연하게 여기는 실재의 일부를 구성하는 기본 사고방식에서 비롯된다. 또한 이는 '실재'를 만들어내는 헤게모니 측면으로서, 인간적 딜레마와 사회적·경제적 모순을 무시하게 함으로써 다양한 가치 활동과 그 활동의 대안적 개념을 다룰 수 없게 만든다.

시스템경영 접근법을 대체할 수 있는 단 **하나의 대체물**을 찾거나 **하나의 대안**을 찾을 수 있다는 생각의 바탕에는, 아무리 복잡한 문제라도 통상적으로 수용된 틀 안에서 쉽게 해결할 수 있다는 전제가 깔려 있다. 여기서 결정적으로 중요한 과제는 틀 자체에 도전하거나, 도전하지는 않더라도 최소한 그것이 무엇인지를 밝히는 일이다. 틀 자체에 대한 도전의 목표는 '단지' 학교를 좀 더 잘 통제할 수 있도록 해주는, **하나의 수용 가능한 대안**을 찾는 것이 아니다. 오히려 학교에 대한 상식적인 관점과 관련된 문제를 밝혀내고, 효과적인 개념적·경제적 방도를 찾아 나서야 한다. 만약 그 방도를 찾게 된다면 복잡한 문제를 없는 것으로 규정하는 대신, 그 복잡성에 깊이 천착하여 그 문제를 올바르게 다룰 수 있게 될 것이다.

실재를 이해하는 모델로서 시스템이 여기서는 도움이 될 수 있다. 그러나 먼저 생각해야 할 문제가 있다. 우선 교육자들은 윤리적·정치적 토론에 참여하는 방법을 다시 배워야 한다.[49] 이때 도덕적 추론과 가치에 관한 논의를 다루는 철학적 분석의 도움을 받을 수 있을 것이다. 롤스가 최근 정당한 도덕적 기준을 설명하려고 시도한[50] 것과 같은 연구는 오늘날 학교를 둘러싼 격렬한 논쟁을 고려할 때 논의의 출발점으로 삼기에 적절하다. 그러나 이것으로 문제가 해결되는 것은 아니다.

교육자들은 역사를 다시 배워야 한다. 산업의 시스템경영 기법은 어디서 왔는가? 그것은 경제자본 축적에 어떻게 작용했는가? 누가 시스템경영기법으로 이익을 보았는가? 일단 이러한 의문이 풀린다면 지금의 상황이 계속되지 않도록 다른 제도를 계획하고 구상할 수 있다. 그러나 현재 이 분야에는 심미적·경제적·역사적 감각과 상상력을 지닌 훈련된 사람들이 없는 탓에, 대안적 교육환경과 경제환경을 계획하는 일은 쉽지 않다. 그리고 교육 목표로서 최종 결과물을 미리 조작적으로 설정할 필요가 있다는 생각 자체가 그러한 상상력의 발달을 방해할 수 있다.[51]

끝으로, 학문 분야로서 커리큘럼은 스스로 '비판적 과학'이 되어야 할 책임에 충실해야 한다. 비판적 과학으로서의 커리큘럼은 교육기관에서 이루어지는 인간 행동의 거의 모든 국면을 중립적 기술통제 아래 두고 유지하려는 현재의 지배적인 관심사를 비판적으로 반영한다는 점에서 해방적이어야 한다.[52] 커리큘럼이 비판적으로 되어야 하는 이유는 교육을 전체 사회의 맥락 속에 놓고 보는 관계 분석에서 찾을 수 있다. 이러한 비판적 관계 분석을 통해 커리큘럼 사고의 바탕이 되는 이데올로기적·인식론적 전제를 찾을 수 있고, 그 실상을 밝힐 수 있다. 비판적 과학이 되어야 한다는 책임감은 커리큘럼 학자들을 자각하도록 독려한다. 이러한 변증법적인 비판적 자각이 이루어질 때, 커리큘럼 학자들은 진정으로 자신이 단순히 문화적·경제적 재생산이 아니라, 제대로 교육에 관여하고 있다고 말할 수 있다. 또한 다양한 방법으로 교육환경을 설계하고 가치를 평가하는 복잡한 문제들[53]을 엄격한 방식으로 탐구할 수 있다. 그리고 그 문제들을 기존 경제적·문화적 헤게모니의 요구가 아니라, 이 사회를 구성하는 구체적인 개인, 집단, 계급의 요구에 더욱 부응하는 방식으로 다룰 수 있게 될 것이다.

여기서 **평가한다**는 말은 대단히 중요하다. 왜냐하면 상식적으로 교육활동을 평가하고 반성하는 방식 자체가 이데올로기의 문제로, 그 실상을 밝힐 필요가 있기 때문이다.

지금까지 살펴본바, 기술적·실증주의적 지식 형태가 경제와 문화에서 높은 지위를 차지하고 있어서 다른 형태의 행동과 사고는 교육자들에게서 배제되었다. 이것이 바로 선택의 전통이 작동하는 방식이다. 즉, 선택의 전통은 학생들의 경험 속에 침투한 이데올로기를 통해 사고방식에 한계를 설정한다. 또한 자신과 학생들의 '성공'과 '실패'를 판단하는 교육자들의 상식적인 가치관과 기본적인 사고방식도 선택의 전통이며, 이것이 교육자 자신의 이데올로기적 입장과 채택한 이론과 원리의 실제적 기능, 조직 형태를 결정한다. 오늘날 교육을 지배하는 언어와 사고가 어떤 의미를 창출하며(잠재적으로 다른 형태의 의미는 배제하며), 어떤 집단의 이해관계에 봉사하고 있는가 하는 문제는 탐구해야 할 다음 과제다.

6장

상식 범주와
낙인의 정치학

Commonsense Categories and the Politics of Labeling

"왕의 사자가 있단다. 그는 지금 감옥에 있어. 벌을 받는 중이야. 재판은 오는 수요일에야 열릴 거야. 물론 죄를 짓는 일은 맨 마지막에 일어나겠지."

여왕이 말했다.

"만약 그가 죄를 짓지 않는다면요?"

앨리스가 물었다.

"그건 더 좋은 일이지, 그렇지 않니?"

여왕은 손가락에 리본을 감으면서 말했다.

앨리스는 그 말에 아니라고 할 수 없었다.

"물론 그만큼 더 좋겠지요. 그러나 벌을 받는 것이 더 좋은 일은 아니잖아요."

"어쨌든, 네가 틀린 거야. 너 벌을 받아본 적 있어?"

"잘못을 저질렀을 때는요."

"그래, 그래서 훨씬 좋아졌지, 그렇지!"

여왕은 의기양양하게 말했다.

"그래요, 하지만 나는 내가 저지른 잘못 때문에 벌 받은 거잖아요. 그건 중요한 차이예요."

"하지만 네가 잘못을 저지르지 않았다면 훨씬 더 좋았겠지. 그럼, 그렇고말고."

_ 루이스 캐럴Lewis Carroll, 《거울나라의 앨리스 Through the Looking Glass》 중에서

윤리, 이데올로기, 이론

월리엄스와 그람시의 저작에서, 지배와 통제는 공공연하게 자행되는 경제적·정치적 조작을 통해서뿐만 아니라 우리 삶의 바탕을 이루는 상식적인 활동과 의식을 통해서도 실현된다고 했다. 따라서 지배는 물질에 의해서뿐만 아니라 이데올로기에 의해서도 이루어진다.

시스템경영과 행동 목표는 교육적 사고에 이데올로기가 침투해 구현된 유일한 사례가 아니다. 이러한 교육 절차는 상황을 '적절하게' 규정하면서도 이미 경제·문화자본을 가진 자의 이익을 옹호하는 효과적인 이데올로기의 이중 역할을 수행하는 한편, 개념구조의 한 부분으로 모두가 당연하게 생각하는 교육에 대한 관점을 형성한다. 시스템경영과 같은 이데올로기의 구현물을 문제시하고 비판하기 위해서는 교육적 사고와 행동을 조직하기 위해 채택한 바로 그 상식 범주에 의문을 제기해야 한다는 의미이다. 사람들 생각의 기초가 되는 이 상식 범주와 그 범주에서 나온 교육 개선책은 사회 전체를 실질적으로 지배하는 헤게모니적 지배문화의 양상들이다. 상식 범주와 개선책이 어떻게 헤게모니적 지배문화의 양상이 될 수 있을까? 이 장에서는 그 이유를 살펴보기로 한다.

앞 장에서 지적한 바 있지만, 널리 통용되는 학생을 바라보는 방식에 내포된 윤리적·이데올로기적 특성을 분석하는 것이 중요하다. 이때 두 특성이 서로 뒤얽혀 있다는 데 유의해야 한다. 이 점은 좀 더 깊은 검토를 요구한다. 모든 교육적 질문은 최소한 부분적으로는 도덕적 질문이다. 우선 질문은 교육자들이 학생과 학교를 이해하기 위해 사용하는 전문지식 중에서 합당하다고 생각되는 것을 선택해야 한다고 전제하기 때문이다. 앨런 블룸Alan F. Blum에 따르면, "모든 탐구(특히 교육적 탐구)는 현상을 이해하기 위해 항상 권위 있는 의견을 참조한다는 점에서 도덕적 참여 과정이다."[1] 더욱이 '도덕적'이라는 개념이 당위적이거나 선함에 대한 질문이라면, 교육적 질문도 이 기준에 따라 당연히 도덕적 질문이라는 것이다. 끝으로, 교사와 교육 행정가들은 학생들에게 영향을 준다는 사실로 인해, 윤리규정을 적용하지 않고는 그들의 행동이 충분히 이해될 수 없다. 그러나 여러 가지 요인으로 인해 교육자들은 자신의 문제를 이와는 상당히 다른 방식으로 인식한다. 이 인과관계는 대단히 복잡하다. 이 어려운 문제를 해결하기 위해서는 과학, 이데올로기, 교육적 사고 간의 관계에 대한 광범위한 탐구가 필요하다.[2] 또한 선진산업사회에서 인간과 제도의 개념을 기술적인 차원으로 축소하는 현상에 대해서도 충분한 분석이 요구된다.[3] 희망컨대, 이 책이 이 분야, 특히 교사와 교육행정가들이 간과하고 있는 그들 행위의 윤리적·정치적·경제적 의미에 대한 심화 연구를 자극하고 촉발하는 계기가 되었으면 하는 마음 간절하다.

이 장의 분석은 잠재적·명시적 커리큘럼을 다룬 앞선 장들보다 더 이론적이다. 교육자와 같은 지식인의 의식 속에서 헤게모니가 어떻게 작동하는지에 대한 주제는 구체적인 커리큘럼을 통해 계속 탐구하게 되겠지만, 헤게모니가 일상적인 교실 생활에 미치는 영향은 말할 수 없이 중요하다. 여기서 사용하는 이론적 탐구라는 말은 그 의미가 좀 독특하다. 구체적으로 이는 커리큘럼의 바탕을 이루는 이데올로기 범주와 상식적인 전제로부터 한 걸음 뒤로 물러서서 커리큘럼 현실을 보는 연구 모형이라는 뜻이다. 이러한 형태의 연구 경향은 잭 더글러스Jack D. Douglas가 지적하는 자연주의와 이론적 입장에서 그 차이가 아주 선명하게 드러난다. 그는 이 차이를 다음과 같이 서술한다.[4]

상식적인 경험을 활용하는 방법은 다양하다. … 특히, **자연적**(혹은 자연주의적) 입장을 취하는 것과 **이론적** 입장을 취하는 것 사이에는 근본적인 차이가 있다. 이는 에드문트 후설을 비롯한 현상학자들이 오래전부터 취해온 입장이다. 자연적 입장은 무엇보다도 **상식의 관점**을 취하고 **상식 안에서 행동하는** 반면, 이론적 입장은 **상식에서 한 걸음 물러서 상식을 연구하여 그 본질을 규명한다**는 것이다.

상식적인 전제 자체를 탐구하기 위해서는 당연하게 생각하는 상식적인 관점은 물론이고 전통, 관습 등에 대한 판단을 중지해야 한다. 그런 다음, 상식적인 생각, 전통, 관습 등에 집중해 그 본질을 탐구할 수 있다. 여기서는 상식적인 생각, 전통, 관습 등이 분석해야 할 **원자료**가 된다. 이러한 분석을 통해 학교에서 아무런 의심 없이 하는 수많은 일의 숨은 의미를 밝힐 수 있다. 이러한 접근이 특히 중요한 이유는 상식적 생각, 전통, 관습 등이 교육활동의 조직 원리로, 암묵적 지침으로 작용해 교육적 조처의 성공과 실패를 결정하기 때문이다.

그러나 상식적 사고방식, 관습, 전통과 같은 이데올로기의 구성물은 의식적으로 만들어진 것이 아니다. 그런데도 이 구성물은 사람들의 의식 속에서 헤게모니를 행사할 뿐만 아니라, '실행, 기대, 일상적인 이해를 포괄하는 전체 체계'의 측면이라는 사실 때문에 다루기가 훨씬 더 어렵다. 그에 대해서는 의문을 제기하기도 어렵다. 그 구성물이 근거하는 전제가 분명하지 않은데도, 교육을 발전시키는 데 아주 중요한 것처럼 보이기 때문이다. 다른 한편으로 그러한 전제는 비판적인 통찰을 방해하는 요인들이 있다. 교육 분야에서 이 이데올로기적 구성물은 학문적·사회적으로 인정받고 있을 뿐만 아니라, '학문이 확고한 근거 위에 서 있다는 것을 보여주는 다양한 징표, 예컨대 완벽한 도표, 풍부한 각주, 과학적 전문용어 등을 사용함으로써' 탐구 방법의 지지를 받는다. 더욱이 이러한 입장이 이타적이고 인간적인 요소를 가지고 있는 것도 분명하기 때문에 사회 또는

교육 문제를 해결하는 능력을 크게 훼손하는데도 이를 인식하지 못하게 한다.[5]

개량주의 개혁운동사 연구의 예를 보자. 이 연구가 증거로 제시하는 사실은 개량주의 개혁이 문제투성이 결과를 낳았다는 것이다. 개량주의 개혁은 자신이 개혁의 대상이 되고, 결국은 사람들에게 해를 끼치고 있다. 이와 관련하여 19세기 후반에 있었던 앤서니 플랫Anthony Platt의 청소년 사법제도 개혁은 시사하는 바가 크다. '방황하는' 청소년들에게 좀 더 나은 인간적인 삶의 조건을 만들어주고자 추진된 이 개혁은 '비행 청소년'이라는 일탈 범주를 만들어내, 장기적으로는 청소년의 시민권과 헌법이 보장한 권리를 약화시키는 결과를 초래했다.[6] 여러 모로 볼 때, 사회는 아직 이러한 '개혁'의 잘못된 영향에서 벗어나지 못하고 있다. 결국 학교 종사자들이 제안하는 수많은 개량적인 개혁과 그 개혁이 배경으로 하는 전제도 똑같은 결과를 초래했다. 궁극적으로, 개혁은 개혁 대상에게 도움을 주지 못할망정 해를 끼치고, 기본 쟁점과 가치 갈등을 모호하게 만들어 제대로 직면하는 것을 방해한다.

이 장에서는 학교가 임상, 심리, 치료 분야에서 전문적으로 ('과학적으로') 사용하고 있는 관점, 평가, 분류·낙인을 학생들에게 적용하는 과정을 집중적으로 분석한다. 학교가 실제로 실현하는 이러한 형태의 언어와 관점은 자유주의적 '도움' 장치가 아니라, 좀 더 비판적인 관점에서 학교의 일상적인 학생 처리장치로 보아야 한다. 학교는 이 장치를 이용해 추상적 개인을 익명화하고 분류하여, 미리 정해진 사회, 경제, 교육 체제의 빈자리에 그들을 배치한다. 그러므로 낙인찍기[*] 과정은 하나의 사회통제 형식으로 작용하는 경향이 있다.[7] 이러한 통제는 학교가 오랫동안 사용해온 많은 처리장치의 목적과 기능을 '훌륭하게' 계승하고 있다. 지금까지 학교는 이러한 처리장치를 통해 다양한 사회현실을 동질화하고, 인식의 차이를 제거하고, 실제로 존재하지도 않는 가상의 치료법을 사용함으로써 도덕적·평가적·지적 합의를 창출하려 했다.[8] 낙인찍기 과정은 사람을 무감각하게 만들 수 있고, 권력을 가진 자들의 문화자본을 마치 자연스러운 것처럼 채택하여 잘못된 합의와 경제적·문화적 지배를 확대한다. 결과적으로 낙인이 다양성을 제거하고, 인간관계에서 갈등과 뜻밖의 일이 갖는 중요성을 무시한다는 사실을 학교는 개량주의적 '도움'을 서두르는 동안 너무나 자주 잊는다.

사람들은 생활의 바탕이 되는 기본 전제에 대해 보통은 신경을 쓰지 않는다. 이는 다음과 같은 몇 가지 이유에서 전혀 이상하지 않다. 첫째, 이러한 전제는 암묵적으로만 알려져 있고, 말로 표현되지 않으며, 분명하게 공식화하기도 어렵다. 둘째, 이들 기본 규칙은 상당한 정도로 이미 삶의 일부가 되어 있기

---

[*] 죄를 짓기도 전에 미리 벌을 받는 것.

때문에 굳이 말로 표현할 필요가 없다. 이 규칙은 **모두가 공유하고 있는** 전제이고, 특정 집단이 만들어낸 산물로, 교육자 대다수가 받아들이고 있다. 이러한 사실 때문에, 이 규칙은 개인이 규칙을 위반했을 때나 규칙이 적용되던 지금까지의 통상적인 상황이 변화했을 때만 문제가 된다.[9] 그러므로 이 상황을 철저하게 분석하고자 한다면 일상 경험의 통상적인 근거에 대한 비판적 탐구가 요구된다.

비판의식의 필요성

커리큘럼 분야를 포함한 교육 전반은 일반적으로 개량주의적이다. 이는 자유주의 이데올로기가 대부분의 교육활동에서 안내자 노릇을 하고 있고, 커리큘럼 분야에는 학교의 요구와 학교의 교육 프로그램에 관심을 가지고 지원해야 한다는 사회적 압력이 계속 가해졌다는 사실을 생각해보면 이해될 수도 있다. 그러나 개량주의 일변도는 오히려 해로운 결과를 초래했다. 그 경향은 한편으로 질문과 탐구를 봉쇄함으로써 학교교육에 대한 장기적이고도 근본적인 이해를 불가능하게 만들었고,[10] 다른 한편으로는 비판적 성찰의 중요한 역할을 무시함으로써 커리큘럼 분야의 활기와 생명력을 빼앗았다. 비판적 성찰이 중요한 이유는 여러 가지다. 첫째, 커리큘럼 전문가들은 학생들과 다른 사람들에게 많은 영향을 줄 수 있는 교육제도를 만들고 유지하는 데 도움을 준다. 따라서 자신을 이끄는 논리와 의도를 인식해야 한다. 특히 명시적, 잠재적 이데올로기와 정치적 목적을 인식해야 한다.[11] 학교제도는 사회의 다른 제도, 즉 정치 및 경제 제도와 상호 연관되어 있다. 그리고 학교는 아무런 망설임 없이 명시적·잠재적 커리큘럼을 통해 지식과 가치를 분배한다. 그런데 명시적·잠재적 커리큘럼은 기존의 정치·경제 제도를 지원한다. 따라서 교육자들은 자신이 무의식적으로 받아들이고 있는 가치와 이에 따른 헌신적인 행위를 분석할 필요가 있다.

둘째, 합리적인 탐구 활동은 비판적이어야 하기 때문이다. 커리큘럼의 통상적인 사고방식으로는 복잡한 탐구를 제대로 수행하기 어렵다. 그래서 커리큘럼 분야는 지난 수십 년 동안 기본적인 관점을 바꾸지 못했다. 커리큘럼 분야는 체계성과 활동을 프로그램화하고 그 흐름을 체계화하는 관리통제 방식을 통해 사람들을 처리하려고 했다. 이러한 경향이 뚜렷이 반영된 것이 행동목표 운동과 교육 목표 행동을 '인지적', '정의적', '운동기능적'으로 구분하는 교육 목표 분류학이다. 이러한 활동의 근거를 이루는 합리성은 오늘날의 시각에서 보면 결코 효과적이지 않다. 이 합리성은 교육활동을 제약할 뿐만 아니라[12] 역사적으로, 경험적으로 볼 때도 정확하지 않다.

사람들이 당연하게 여기는 합리성의 개념은 깔끔한 논리

구조와 당시 커리큘럼을 지배한 지적 패러다임에 대한 신념과 추상화·일반화에 근거한다. 그러나 진정한 합리성의 개념은 특정 시점에 특정 집단이나 개인이 채택하는 지적 입장이 아니라, **하나의 연구 분야가 지금까지 수용해온 원칙과 원리를 비판하고 바꾸는 데 필요한 조건과 방식에 근거해야 한다.**[13] 이렇게 볼 때 지적 흐름은 예상되는 당연한 현상인 반면, '지적 불변성'이란 헛된 기대에 지나지 않는다. 그러므로 설명해야 할 것은 기본 개념구조를 바꿔야 하는 이유가 아니다. 그보다는 오히려 한 분야가 오랜 시간에 걸쳐 채택해온 사고방식이 왜 변하지 않고 계속 고착되었는가이다.[14]

근본적인 관점이 고착화해 변화를 전혀 모른다는 사실은 커리큘럼 분야에서는 새로운 문제가 아니다. 실제로 1940년대에 이러한 문제를 확인하고 해결해보려는 중요한 시도가 이루어졌다.[15] 그러나 많은 커리큘럼 전문가들은 관점의 고착화를 해결해보려 했던 진정한 전통을 알지 못한다. 따라서 커리큘럼 분야에서 이러한 노력을 기울인 역사적 인물들에게 더욱 관심을 가질 필요가 있다.

지적 보수주의는 사회적 보수주의와도 일치한다. 비판적 관점이 커리큘럼 분야의 침체를 밝힌다는 '이유만으로' 중요한 것은 아니다. 정작 중요한 것은, 비판적 관점으로 커리큘럼 분야가 사회적 이해관계를 지원하는 구체적인 방법을 밝힐 수 있다는 점이다. 즉, 인간의 활동을 기술적으로 통제하고, 개인과 집단의 행동을 합리화하고 조작하고 '통합하고' 관료화하며, 개성과 정치적 다양성을 제거하려는 사회적 이해관계. 이는 선진 산업사회를 지배하며 소수민족, 여성, 소외된 청년에게 고통을 주고, 많은 사람에게 불안감과 허무감을 일으키고, 사회에 무력감과 냉소주의를 퍼뜨린다. 커리큘럼 전문가와 교육자들은 이러한 결과를 알아야 한다. 그러나 이들은 당연하게 여기는 상식적인 사고가 무슨 일을 하는지 알려고 하지 않는다. 그 결과 이러한 문제에 직면하면 대책 없이 무기력에 빠지고 만다.

교육자들은 스스로 '과학적'이라 주장하며 과학적인 것(혹은 기술적인 것)을 언급하고, 활동의 중립성을 내세워 정당성을 부여하고자 한다. 그러나 이들이 모르는 사실이 있다. 현재 많은 사회과학 연구가 개인과 집단의 존엄과 중요한 선택을 부정하는 관료화된 전제와 제도를 지원한다는 이유로 강력하게 비판받고 있다는 사실이다. 교육자들은 이 비판을 쉽게 무시할 수 없다. 왜냐하면 그들은 다른 이들과 달리 현재는 물론이고 미래를 살아갈 많은 사람에게 직접 영향을 미치기 때문이다. 학교는 누구나 '유능한' 성인이 되기 위해 거쳐야 할 기본적인 기관이지만, 학생들에게 장차 배분받을 사회적 역할을 선택할 기회는 좀처럼 주지 않는다. 또한 '중립적·과학적'이라는 용어도 실제로 중립적·과학적이기보다는 이러한 사실을 가리는 가림막으로 작용하고 있다. 따라서 이 용어는 이데올로기적 성격이 더 강하다.[16]

커리큘럼 분야가 사회적, 지적으로 정체된 근본 이유 중 하나는 지나친 실증주의적 학풍 때문이다. 기술적·사회적 통제와 확실성에 몰두한 나머지 실증주의적 연구에 효과적으로 대처할 수 있는 분석 형태에 개방적이지 않았다. 이로 인해 사용하는 언어 시스템의 기능에 무관심했고, 비판 분야를 무시함으로써 비판적 관점이 갖는 힘을 발휘할 수 없었다.

사물은 보이는 그대로인가?

먼저 학교에서 '학생들'에 대해 이야기할 때 사용하는 언어부터 집중적으로 살펴보자. 우리가 사용하는 많은 말은 겉으로는 중립적으로 보이지만 학생들에게 주는 영향에서 중립적이지 않을 뿐만 아니라, 그 속에는 기존 학교제도가 당연하고 좋다는 선입견이 깔려 있다. 이 주장의 바탕에 깔린 논지는 다음 두 가지다. 첫째, 통상적인 믿음이 저지르고 있는 잘못이다. 그 믿음은 '과학과 기술의 중립적 기법'을 확장하여 교육에 적용하면 직면한 많은 어려운 문제를 해결할 수 있다고 생각한다. 둘째, 그러한 믿음으로 인해 잘못된 현실을 똑바로 볼 수 없다. 다시 말하면 그 믿음은 많은 교육연구가 봉사하고 정당화하는 기존의 기술적·문화적·경제적 통제체제가 기존 사회의 권력분배 체제를 그대로 받아들이고 있다는 사실을 모호하게 한다.[17] 여기서의 논의는 최근 '비판이론'과 신마르크스주의의 통찰에 힘입은 바 크다. 특히 주목할 만한 주장은 기본 관점이 타인과의 '진정한' 관계를 은폐하고 있다는 점이다. 그러나 생각은 타인과의 관계를 통해 실제적이고 상징적인 내용을 획득한다. 이 장에서는 낙인 과정에 대한 연구를 기초로 하여 언어의 은폐성에 대해 살펴본다.

낙인 과정을 분석하는 일이 아주 중요한 이유는, 낙인은 교사가 자신과 학생들의 행동에 가치를 부여하는 일련의 과정에서 마지막으로 하는 작업이기 때문이다. 이 낙인과 직접 관련된 사회경제적 원리의 지원을 받으며, 교사는 학생들을 '능력'과 특정 문화자본에 따라 구분한다. 이러한 맥락에서 이언 헥스톨Ian Hextall은 다음과 같이 주장한다.[18]

구분, … 점수 매기기 (그리고 평가) 등 학교에서 하는 이런 일들은 학교를 넘어서는 사회 분업과 연결되어 있다. 그렇다고 교육에서의 구분과 직업에서의 분업이 일대일로 직접 연결되어 있다는 말은 아니다. 실제로 학교에서 하는 '평가' 활동은 노동력이 일반적인 틀로 자리 잡을 수 있도록 도와주고, 이 틀은 나중에 시장에 의해 구체적인 직업으로 분화된다. 이러한 방식으로 학교에서 일어나는 일은 학교가 속한 정치경제적 맥락의 일부가 된다. 이처럼 구분, 평가, 가치판단이 이루어지는 학교는 특정 형태의 사회 분업과 단단히 결합한다.

학생들을 문화적·경제적으로 계층화하는 가장 중요한 수단은 그들에게 부과하는 가치와 구분 범주이기 때문에, 이 상식적인 사회적 원리와 가치를 검토하는 것은 중요하다. 이를 위해 기억해두어야 할 것은, 특정 문화자본—수행, 지식, 경향성, 성취, 성향 등—은 본래 그 자체가 좋아서가 아니라, 당연시하는 전제 때문에 좋은 것이 된다는 점이다. 문화자본은 역사와 이데올로기의 '특정 조건 위에서' 의미 있는 것이 된다. 교사가 학생들을, 그리고 자신과 학생들의 성공과 실패를 생각할 때 채택하는 범주는 사회적인 가치평가에서 비롯한다. 다시 말해 교육활동을 계획하고, 정렬하고, 평가하기 위해 사용하는 지도 원리—성취 개념, 성공과 실패의 개념, 좋은 학생과 나쁜 학생의 개념—는 **사회적·경제적 구성물**이다. 이러한 원리는 개인과 집단 속에 본래부터 들어 있는 것이 아니다. 오히려 사회적 규칙을 옳다거나 잘못이라고 여기는 행동에 적용한 결과다.[19] 따라서 교사가 학생에 대해 말하는 방식은 지배 이데올로기의 작용 메커니즘을 보여주는 아주 탁월한 예가 된다. 그리고 최근에 이룬 비판이론가들의 연구 성과를 **비판적으로 활용한다면**, 이러한 메커니즘을 파헤치는 데 큰 도움이 될 것이다.

여기서 '비판적으로'라는 말이 중요하다. 비판이론이라고 해서 그것을 무비판적으로 사용하는 것은 위험하다. 비판이론이 이를 잘 보완해줄 수 있는 정치경제학 연구에서 점점 멀어지고 있는 경향 때문에 더욱 그러하다. 이러한 위험을 염두에 두고, 비판이론을 지식인의 의식이 작용하는 방식을 밝히는 방법으로 사용하고자 한다. 이와 함께 기억해두어야 할 것은, 과도한 결정주의적·경제편향적 관점, 즉 학교를 검은 상자로 보는 관점으로는 학교가 정치경제학자들이 분석하고자 하는 바를 어떻게 창출하는지 이해할 수 없다는 점이다. '문화'분석 일변도의 관점도 마찬가지로 학교를 제대로 이해할 수 없다.[20] 그러므로 경제적 분석과 문화적 분석은 반드시 통합되어야 하며, 그럴 때만 비판이론은 학교가 문화적·경제적으로 계급관계의 재생산에서 수행하는 역할을 충분히 설명할 수 있다. 다시 말해, 비판이론가들의 문화적 분석(이들은 언어와 의식을 통한 통제에 초점을 맞춘다)과 학교 역할에 대한 최근의 마르크스주의적 경제이론(이들은 학교가 학생들을 어떻게 사회의 합당한 자리에 '배치'하는가를 탐구한다)을 결합한다면, 학교와 같은 교육기관이 창출하는 조건이 어떻게 학교를 넘어 사회 전체의 경제적 배치 시스템을 지원하게 되는가를 이해할 수 있다.

그러나 논의를 더 진행하기 전에, 비판적인 마르크스주의적 현상 이해가 어떤 이유로 상식적인 사고방식에 별 영향을 미치지 못했는지 살펴볼 필요가 있다. 생각해보면 뜻밖의 일이다. 왜냐하면 비판적인 접근은 교육 외에 다른 분야는 물론이고 유럽 대륙에서도 매우 활발했을 뿐만 아니라, 특히 프랑스와 독일의 철학과 사회사상, 그리고 정치와 경제의 변혁을 향한 대대적

인 집단적 현실참여에 엄청난 영향을 미쳤기 때문이다.[21]

　여러 가지 이유로 재건된 마르크스주의 학풍은 백인−서구인이 지배하는 교육연구 전통에서 중요한 자리를 차지할 수 없었다. 역사적으로 보면 정통 마르크스 사상은 1930년대에 들어 조지 카운츠George S. Counts를 비롯한 몇몇 교육자에게 영향을 미쳤다. 그러나 그 사상이 영향력을 잃은 것은 그 뒤에 발생한 정치적 상황, 특히 억압적인 정치 풍토 때문인데, 아직도 이를 완전히 극복하지 못한 상태다.

　그런데 마르크스의 지적·정치적 전통이 위축되고 받아들여지지 않았던 데는 좀 더 근본적이면서도 알려지지 않은 정치적 배경이 있다. 사회에 만연해 있는 원자론적이고 실증주의적이며 엄격한 경험주의적 사고방식으로는 세상을 보는 방법이 다양할 뿐만 아니라, 그 방법들이 서로 갈등한다는 비판적 입장을 이해하기가 어려웠기 때문이다. 이 점에 대해 비판이론가들이 취하는 입장은 현상학자들의 그것과 아주 유사하다. 현상학에 따르면, 어떤 것의 '본질'은 그와 관련하여 동원하는 관점의 총체를 통해서만 드러날 수 있다(그러나 분명한 것은 비판적 전통에서는 몇몇 관점이 다른 관점보다 더 기본적일 수 있다. 그리고 동일한 비판적 전통 위에 있다 해도 경제적·계급적·문화적 접근과 해석에는 미묘한 차이가 있다. 그 차이에 따라 비판적 전통에서 제기되는 질문의 성격도 달라진다).[22]

　또한 선진산업사회에는 가치를 엄격하게 사실로부터 분리

하려는 경향이 있다. 이로 인해 사람들은 사회적·지적 범주 자체가 본질적으로 **평가적이며** 이데올로기적 헌신을 반영한다는 입장을 쉽게 받아들이지 못한다. 더욱이 오랜 전통을 가진 추상적 개인주의와 강력한 공리주의 사고방식은 '인간'을 사회적 존재로 간주할 수 없게 만들었을 뿐만 아니라, 사회가 수용하는 사회적·문화적 삶의 틀 자체에 대해 근본적인 문제를 제기하는 이상적 존재로 상정할 수도 없게 만들었다.[23]

상식적인 생각을 지배하는 원자론적 전제와는 대조적으로, 비판적 관점은 항상 어떤 대상이든 '관계적으로' 본다. 이를 중요한 열쇠로 삼아 비판적 관점에서 이루어진 분석을 이해해야 한다. 이 말이 의미하는 바는 다음 두 가지다. 첫째, 어떤 주제를 탐구할 때는 그 역사적 뿌리―그것은 어떻게 발달해왔는가, 어떤 조건에서 나타나게 되었는가 등―는 물론이고, 미래에 나타날 그것의 잠재적 모순과 경향성까지도 함께 살펴야 한다. 비판이론의 분석 대상은 대단히 복잡한 세계로, 그 내부의 기존 구조는 실제로 계속 움직이는 생명체 같은 것이기 때문이다. 모순, 변화, 발전은 항상 일어나는 당연한 일이고, 어떤 제도적 구조는 그 과정에서 나타나는 한 단계일 '뿐'이다.[24] 그러므로 제도적 물화가 문제가 되고, 제도의 불변성을 지지하는 사고방식 또한 문제가 된다. 둘째, 모든 탐구 대상의 본질은 그 명백한 특성에 의해, 그리고 잘 드러나지 않는 다른 요인과의 관계로 규정된다. 그 주제를 지금과 같은 주제로 만들고, 그 주제에 기본적인 의미를 부여하는 것은 바로 이 **관계 혹은 연계다.**[25] 이렇게 하면 요인들의 상호의존성과 상호작용을 밝힐 가능성이 훨씬 더 커진다.

이 관계적 관점을 받아들인다면, 이는 명백히 보이는 것이 전부라는 전통적 생각과 반대 입장에 서게 된다. 사실 이는 당연하게 생각해온 인식이 잘못 이끈다는 말이 되고, 그로 인해 생각과 행동이 심각하게 제약받고 있다는 것이 된다. 사실 보이는 것이 전부는 아니며, 항상 그 이상의 것을 가지고 있다. 특히 복잡하고 상호 관련된 학교와 같은 기관을 보고 다룰 때는 더욱 그렇다.[26] 바로 이 점을 마음에 새겨둔다면, 교육 언어가 가진 이데올로기 기능 분석에서 큰 진전을 이룰 수 있다.

마지막으로 하나 더 지적한다면, 역사적으로 볼 때 비판이론과 신마르크스주의 분석은 실용주의의 변종으로 축소되었다. 이는 특히 시드니 후크Sidney Hook 등에서 뚜렷이 나타난다. 미국 실용주의 교육 전통의 흠을 잡으려는 것이 아니다. 자칫 비판적인 분석을 자의적으로 해석함으로써 당연하게 여기는 상식의 틀 속에 억지로 끼워맞추지 않도록 경고하려는 것이다. 비판이론을 그렇게 해석한다면 비판적 관점은 힘을 잃어버려, 실용주의가 가진 실제적이며 순응적인 성향에서 벗어날 수 없다. 실용주의 입장은 이론이 현실과 모순되며, 사실 끊임없이 현실과 부딪친다는 사실을 간과한다.[27] 이 비판적 탐구는 현재의 너무나 많은 제도적(경제적·문화적·교육적·정치적) 장치 속에 들어 있는 부정성을 **증거하고**, 나아가 중요한 변화의 가능성을 밝혀준다. 이러한 방식으로 비판적 행위는 사람들의 의식을 해방한다. 이 과정에서 비판은 언어 혹은 사회제도가 어떻게 실물처럼 구체화되고 혹은 사물화되는가를 보여준다. 해방을 통해 이 사물화에서 벗어나면 교육자와 일반 대중은 비로소 그러한 제도가 왜 생겨났는지, 사람들이 그것을 왜 만들었는지, 더 나아가 사람이 만들었으므로 마음만 먹으면 변화시킬 수 있다는 사실을 알게 된다.[28]

이러한 비판, 나아가 비판이론이 의도하는 것은 다음 두 가지다. 첫째, 비판의 목적은 부당하면서도 종종 무의식적인 지배, 소외, 그리고 억압이 기존의 문화, 정치, 교육, 및 경제제도 내에서 일어나고 있음을 밝히는 것이다. 둘째, 이러한 제도 속에서 거의 무조건적으로 일어나는 많은 것들의 부정적 효과와 모순을 밝혀냄으로써, 비판이론은 '(개인과 집단의) 의식적인 해방활동을 증진시킬 수 있다.'[29]

제도적 언어와 윤리적 책임

지난 수년에 걸쳐 비판이론이 제기해온 가장 설득력 있는 쟁점은, 교육자가 '중립적'인 일상 언어를 사용해 사람들 간의 깊은 상호관계를 은폐하려는 경향이 있다는 것이다.[30] 앞에서 언급한 이데올로기가 만든 추상적 개인에 대한 윌리엄스의 논의도 바로 이 문제를 지적하고 있다.

여기서 한 가지 분명히 해둘 것은 커리큘럼 전문가와 교육자들이 채택한 범주 자체가 사회적 구성물이라는 사실이다. 또한 사회적 구성물은 권력을 가진 집단이 그렇지 않은 집단에게 위력으로 '강요한' 것임을 뜻한다. 학생들을 구분할 때 사용하는 범주, 예를 들면, '똑똑한' 학생과 '우둔한' 학생, '진학반'과 '취업반', '놀이' 활동과 '학습' 혹은 '연구' 활동, 그리고 '학생'과 '교사'의 구분에 이르기까지, 이들 범주 모두는 상식의 구성물로서 **본질적으로 현존하는 제도에서 나온 것이다.**[31] 따라서 이러한 범주는 역사적으로 조건 지어진 상황에서 나온 자료에 불과하므로, 결코 절대적인 것으로 다루어서는 안 된다. 이 말은 그 범주들이 반드시 틀렸다는 뜻은 아니다. 오히려 그 범주의 현재 상태를 바탕으로 그것을 이해할 필요가 있음을 지적하는 것이다. 다시 말해서 그 범주들은 특정 사회적·역사적 상황에서 발달한 것이고, 그 상황은 다시 특정한 틀을 이루는 전제와 제도에서 나온 것이며, 어떤 범주를 이용한다는 것은 그 원천인 제도적 전제의 논리를 따르는 것이 된다.

커리큘럼 분야는 사람들 간의 관계를 사물 혹은 추상 개념 간의 관계로 '위장하는' 경향이 있다.[32] 한 사람이 다른 사람에게 영향을 미치고자 할 때는 그 방법과 관련하여 대단히 까다로운 윤리적인 문제가 발생한다. 그러나 사람이 사물로 취급되는 상황에서는 윤리적 문제가 중요한 고려사항이 아니다. 이런 이유로 제도 생활에서 생성되는 추상적 범주가 심각한 문제가 된다. 만약 한 교사가 한 학생을 '미련퉁이', '버릇없는 놈', 혹은 다른 보편적인 범주, 예컨대 불량학생으로 규정한다면, 그 교사는 그 학생에 대해 통상적인 '처방'을 내리는 것이며, 그 처방은 겉보기에는 중립적이고 학생을 바르게 지도하기 위한 것처럼 보인다. 그러나 범주 자체가 제도적으로 규정된 추상 개념 (상식은 통계적 평균에 해당한다)에 기초하고 있다는 바로 그 사실 때문에, 교사는 구체적인 개인이 어떻게 버릇없는 놈이라는 낙인이 찍히게 되었는지, 그 원인이 된 제도적·경제적 요인은 무엇인지를 살펴야 하는 어려운 과제에서 벗어나게 된다.

이것이 갖는 의미는 교육학자들에게 대단히 중요하다. 교육학자들은 현 제도의 관행이 규정하고 발전시킨 공식적인 범주, 예컨대 '학습 속도가 느린 학생', '훈육에 문제가 있는 학생', '치료가 필요한 학생'을 연구 대상으로 삼는다. 이 범주를 그대로 사용함으로써 커리큘럼 연구자들은 과학의 수사적인 특권을 이용해 교육 관료체제[33]와 계층화된 경제체제가 저지르는 문제를 덮어주고 무마해준다. 그러므로 이러한 범주가 나타나게 된 제도적 배경, 즉 이 범주를 초래한 **제도적 잘못**을 밝히려는 진지한 시도는 이루어지지 않는다. 문제의 책임이 어디에, 누구에게 있는가를 밝히는 것은 분석에서 대단히 중요하다. 로버트 스콧Robert A. Scott은 일탈자의 낙인효과를 논하는 자리에서 이

문제를 다음과 같이 분명하게 지적한다.[34]

또 다른 반응이 일어날 때는 보통 일탈자 낙인이 찍혔을 때다. 공동체 구성원 사이에 낙인이 찍힌 '**그에게** 모종의 조처가 취해져야 한다'는 느낌이 일어난다. 사회에서 일어나는 이러한 반응에서 가장 중요한 것은 취해진 모든 단계적 조처들이 오직 그 **일탈자에게만 향해 있다**는 것이다. 처벌, 재활, 치료, 강제, 그리고 다른 통상적인 사회통제 메커니즘은 모두 낙인찍힌 자에게 가해지는 것으로, 이는 일탈의 원인이 낙인찍힌 당사자 내부에 있고, 따라서 그가 드러내고 있는 문제의 해결 또한 그에게 무엇인가를 함으로써 달성될 수 있다는 것을 의미한다. 이것은 선뜻 납득 되지 않는 기이한 일이다. 특히 일탈에 관한 사회과학 연구에 비추어 보았을 때 그렇다. 사회과학 연구에 따르면, 어떤 사람에게 일탈의 낙인을 찍고 어떤 것이 일탈 행위인가를 규정하는 것은 보통 일반 사람들로, 이 과정에서 이들의 역할이 결정적으로 중요하다. **이 연구가 제시하는 것은 선택한 교정 프로그램이 의도한 대로 성공을 거두기 위해, 낙인찍힌 사람뿐만 아니라 낙인을 찍은 사람도 함께 대상으로 삼아야 한다는 것이다.**

좀 더 분명히 말하면, 학교에서는 문제의 원인을 제도보다 학생에게 돌리고 있다. 학생들의 행동, 정서, 혹은 교육적인 '문제들'에 주로 주의를 기울이기 때문에 교육제도 자체가 가진 문제[35]와 학생들의 문제행동에 원인을 제공하는 관료적·문화적·경제적 조건을 보지 못한다.

　잘못을 놓고 벌어지는 이데올로기적·윤리적 논란을 좀 더 깊이 들여다보자. 제도적 낙인, 예컨대 '느린 학습자', '훈육에 문제가 있는 학생', '글을 잘 읽지 못하는 학생'처럼 특히 일종의 일탈을 의미하는 낙인은 교육 상황에서 분류체계로 이용되며, 낙인찍힌 자들에게 열등한 지위를 부여한다. 이 낙인 과정에는 도덕적 의미와 중요성으로 가득 차 있다. 보통 '일탈'이라는 낙인의 **핵심적인** 본질은 한 사람(여기서는 학생)이 제도와 맺는 전반적인 관계가 그에게 부여된 범주에 의해 결정된다는 것을 의미한다. 그 사람은 낙인이 의미하는 그러한 **존재**이고, 그러한 존재일 뿐이다. 이는 고프먼Goffman의 주장과 유사하다. 그에 따르면, 다른 사람 혹은 제도에 의해 일탈자로 낙인찍힌 사람은 보통 도덕적으로 열등한 사람으로 취급되고, 그 사람의 '환경'이나 행동은 **그 사람의** '도덕적 과실'의 증거로 해석된다.[36] 그러므로 낙인은 중립적이 아니며, 낙인이 도덕적으로 그 사람이나 상황에 영향을 미친다는 사실—그 학생은 (다른 학생과) 다를 뿐만 아니라 열등하다—로 인해, 낙인은 심각한 결과를 초래한다. 일단 낙인이 찍히면 학교의 예산 한계와 관료적 경직성으로 인해 낙인이 **계속된다**. 이는 예산의 제약, 학교교육과 경제적·문화적 통제 간의 구조적 관계, 특정 학생의 '학습 문제'를 다룰 수 있는 전문 지식 부족 등, 학생을 '느린 학습자'로 만드는 데 일차적인 책임이 있는 그 모든 환경 조건을 변화시키는 일을 어렵게 만든다. 학생이 재분류되는 경우는 거의 없다.[37] 그러므로 일단 낙인이 찍히면 그 낙인이 요구하는 '치료'를 위해 제도적으로 낙인 범주에 해당하는 사람을 계속 확인하려는 경향이 있다. 이것이 바로 낙인효과가 엄청나고 심각한 이유다.

수사적 장치로서 범주와 낙인은 흔히 학생들을 돕기 위한 것이라고 주장한다. 일단 범주와 낙인으로 학생의 특징이 규정되면, 학생에게는 그 특징에 상응하는 '적절한 조처'가 취해진다. 그러나 그 조처는 그 학생을 도와주기보다 오히려 해를 끼칠 수 있다. 학교생활의 실제를 고려할 때, 그리고 학교의 역할이 사회의 경제구조가 '요구하는' 문화자본과 노동력의 생산을 극대화하는 것임을 이해할 때, 특별한 보충 혹은 교정 프로그램이 필요한 학생으로 정의된다는 것 자체가 그 학생에게 해를 끼칠 수 있다.[38] 이러한 정의는 본질적으로 개인이 직면하는 모든 상황에 일반화되는 경향이 있다. 낙인과 낙인을 수반하는 모든 것들은 친구와 관리자들(예컨대 교사, 교장과 같은 행정가들)이 **개인을 정의할 때** 사용할 수도 있다. 낙인은 개인에 대한 모든 행위를 지배하고, 더욱 중요한 것은, 그 정의가 궁극적으로는 낙인찍힌 사람이 다른 사람에게 하는 행동도 지배하여, 결국은 자성예언을 뒷받침하는 역할을 한다는 것이다.[39]

현재의 학교제도 속에 '학습지체아', '학습부진아', '의욕상
실아'와 같은 학생이 있다는 사실을 부정하는 것은 아니다. 문
제는 낙인의 언어가 낙인이 일어나는 상황 탐구의 필요성을 은
폐한다는 사실이다. 그 결과, 한 집단이 지속적으로 다른 집단
을 일탈자로 낙인찍고, 이런저런 낙인을 당연하게 적용하는 상
황에 대한 탐구는 기대할 수 없게 된다. 일반적으로 교육자들
이 사용하는 이 언어 시스템은 심리적으로 혹은 과학적으로,
기대만큼의 효과를 거두지 못하고 있다. 오히려 낙인의 언어는
종종 낙인찍힌 사람과 집단을 깎아내리고 타락시키는 역할을
한다.[40]

교육 연구와 실제에서 학생을 구분 짓는 일은 도덕적·정
치적인 행위로, 중립적인 행위가 아니다. 더 구체적으로 말하
면, 앞서 말한 여러 가지 낙인은 가난한 소수민족 학생들에게
는 **대대적으로 적용되지만**, 경제적으로 부유하고 정치적으로
힘 있는 집안의 학생들에게 적용되는 경우는 상대적으로 드
물다.

최근의 경험적 증거들이 이 주장을 강력하게 뒷받침하고
있다. 예컨대 학교에서 정신지체아로 낙인찍힌 아동에 대한 제
인 머서 Jane R. Mercer의 연구 결과가 이 사실을 확인해준다.[41]
'형편이 좋지 않은' 사회문화적 배경을 가진 소수민족 아동들은
정신지체아로 낙인찍히는 사례가 압도적으로 많다. 이렇게 되
는 일차적인 원인은 '백인 중심'의 진단 방법 때문이다. 백인의

자민족 중심주의는 백인의 생활방식, 언어, 역사 그리고 가치와 규범을 '올바른' 기준으로 삼고, 학교의 모든 구성원에게 이 기준에 따를 것을 요구하고, 나아가 정신지체 정도를 판별하는 기준으로 삼는다. 그런데 정신지체아로 낙인찍히는 사례는 사회경제적 지위가 낮고 백인이 아닌 학생 중에 많았지만, 실제로 '일탈' 행동을 하는 아동은 멕시코계와 흑인보다 백인 그룹에서 더 많았다. 낙인찍힌 아동들의 IQ를 비교해도 멕시코계와 흑인 아동의 IQ가 백인 아동보다 높았다.

꼭 지적해두어야 할 또 다른 사실은, 형편이 어려운 학생에게 지체아라고 낙인찍는 기관은 학교 말고는 없다. 교직원의 백인 중심 편견으로 인해 낙인찍힌 학생들도 일단 학교 문을 나서면 무엇이든 잘한다.

머서가 정신지체아가 백인보다 소수 유색인종에서 많은 이유가 학교의 진단·평가·검사 '시스템'에 있다고 본 것은 부분적으로는 옳다.[42] 이 시스템이 근거한 통계 공식은 편파적인 경제·정치 구조에서 비롯된 정상과 일탈에 대한 잘못된 전제를 따른다. 그러므로 이 분석 과정은 상당 부분, 특정 유형의 학생을 이미 정해진 범주 속에 배당하는 과정이 된다. 학생들을 진단하고 치료하는 데 도움을 줄 목적으로 사용한 시스템이 학생들의 현실과 부합하지 않는다는 사실, 즉 지체아도 아닌 학생을 지체아로 분류하여 오히려 해를 끼친다는 이 고통스러운 사실은 휴 메한 Hugh Mehan의 연구에서 재확인된다. 그는 '정상적인' 아동들이 검사 상황과 평가 도구 자체의 의미를 어떻게 재구성하는가를 연구했다.[43] 그에 따르면, 개별적으로 실시한 진단 검사에서조차 '검사자'들은 짐작과 추측에서 비롯된 정확하지 못한 낙인을 사용해 의심스럽고 오류투성이인 결과를 요약한다. 학교가 실시하는 검사는 실제로 학생들의 자료와 과제에 대한 이해를 **모호하게 만들고**, 학생들의 다양한 추론 능력을 제대로 파악하지 못했다. 그뿐만 아니라 '학생들의 행동을 '옳다' 혹은 '틀리다'로만 채점해, 검사자의 통계적 해석, 판단, 결정이 협상을 통해 맥락적으로 이루어지는 과정'을 보여주지도 않았다. 이는 특히 '형편이 어려운' 아동들에게 적용된 것은 물론이고, 놀랍게도 다른 모든 학생에게도 마찬가지였다. 이 연구 결과가 사실이라면, 검사가 초래한 낙인으로 인해 학교제도는 더 많은 문제를 안게 되고, 익명성이 높아지며, 문화적으로 경제적으로 편향된 기관이 될 것이다. 이는 오늘날 '책무성'에 대한 압력이 고조되고 있는 현실을 고려할 때 의심의 여지가 없다. 학교가 실시하는 검사의 중요성은 어떤 경우든 과소평가될 수 없다. '진단'과 평가에서 비롯되는 이 낙인들은 쉽게 지워지지 않는다. 그뿐만 아니라 다른 기관들도 학교가 부여한 이 낙인 속성을 계속 받아들이고 사용한다.

다시 말하지만, 학교는 주도적으로 아동을 분류하고 낙인찍는 한편, 각 분류 집단에 서로 다른 지식, 성향, 자아관을 심어준다. 또한 낙인에 관한 한 학교는 더 큰 다른 기관과의 관계 맥락에서도 그 중심에 있다. 학교 밖의 기관, 예컨대 경찰, 검찰, 법원 등 법조계는 물론이고 회사와 같은 경제기관, 병원과 같은 건강위생 기관, 그밖의 여러 기관은 공립학교들이 찍어준 이 낙인 표식을 빌려서, 그 학생이 어떤 사람인가를 알아보고자 할 때 사용한다.[44]

통계적·'과학적' 모델은 정상과 일탈을 조작적으로 정의한다. 그리고 이 모델은 초지일관 기존 사회질서에 친화적이고 편파적이다. 다양한 사회기관은 이 모델의 분석 결과에 많은 영향을 받는다. 마찬가지로 학교도 학생들을 분류하고 낙인찍을 때 이들을 공정하게 다루지 않는다. 공립학교는 특히 통계 모델에 의지하여 정상 틀을 유지하기 때문에, 이들이 만드는 일탈의 범주는 대부분 저소득층, 소수민족 아동으로 채워지게 된다.[45] 이러한 일탈자 양산이 내포하는 윤리적·정치적·경제적 함의는 명백하다.

일탈자 양산은 하나의 개념을 대단히 중요한 것으로 만든다. 학교의 낙인찍기가 함의하는 책임전가 현상을 이해하기 위한 유일하면서도 가장 진지한 방법은, 낙인찍기에 수반되는 역량에 대한 정의의 전제들을 분석하는 것이다. 이는 그러한 정의를 **강제로 부과할 수 있는** 위치에 있는 사람들에 대한 탐구를 통해서만 이루어질 수 있다.[46] 따라서 **권력의 개념**(어떤 경제집단 혹은 어떤 사회계급이 실제로 권력을 가지고 있는가, 권력은 실제로 어떻게 사용되는가)은 결정적으로 중요하다. 교육자들이 지식과 관점을 선택하고 조직할 때, 왜 특정 형식의 사회적 의미만을 사용하는지 이해하고자 한다면, 이 권력 개념은 꼭 필요하기 때문이다.

권력과 낙인찍기

낙인 과정을 이해하기 위해서는 무엇보다 권력의 작동 방식을 이해하는 것이 중요하다. 지난 수년 동안 낙인 과정에 대해 많은 연구가 이루어졌다. 이 연구에 강력하게 영향을 미친 분야는 사회현상학, 상징적 상호작용론 같은 부분적이지만 실상을 정확하게 바라보는 관점들이다.[47] 그러나 다소 현상학적인 이 전통은 일반적으로 관계적 분석과는 거리가 있다. 따라서 낙인 이론가들이 수행한 범주와 낙인 연구에 내재된 심각한 한계를 조심하고 경계해야 한다.

제도적 관계를 고려하지 않는 낙인 과정 분석은 경제적·문화적 권력과 학교 간의 관계에 아무런 관심을 두지 않는다. 관계에 대한 고려 없이 이루어지는 연구는 개념적·정치적 함정에 빠진다. 이 함정에 빠져 헤어나지 못한 예가 바로 상징적 상호작용론자, 낙인 이론가, 그리고 학교에 대한 현상학적 사회학자들이 수행한 연구다.[48] 낙인 과정을 조사하는 것은 지금, 여기, 매일매일의 학교생활에서 교육자들의 의식에 침투한 이데올로기가 실제로 어떻게 작동하고 있는가를 알아보는 것과 유사하다. 이 조사 과정에서는 낙인이 그 이상의 무언가를 **의미할 수 있다**는 사실을 잊을 수 있다. 위티가 지적한 것처럼, 설령 이 범주와 낙인이 사회적 구성물이라 해도, 그 사실 자체로는 특정 범주가 나타나게 된 이유가 무엇이며, 왜 그토록 끈질기게 변화를 거부하는지를 설명하지 못한다.

레이첼 샤프Rachel Sharp와 앤서니 그린Anthony Green이 논한 권력과 낙인 과정 간의 관계는 그 위험성에 관해 의미 있는 시사점을 던져준다. 영국 노동계급 초등학교를 대상으로 한 그들의 민족지적 연구에 따르면, 사회현상학, 상징적 상호작용론, 낙인이론 등은 아동의 계층화와 낙인이 왜 교육기관에서 일어나는가를 이해하는 데 필요한 적절한 분석 틀을 제공하지 못한다. 그 분석 틀은 개념적으로 빈약할 뿐만 아니라, 태생적으로 정치와는 거리가 있다. 그러나 만약 학교에서 생성되고 소통되는 상식적 의미, 실천, 결정과 학교를 둘러싼 이데올로기적·제도적 장치와의 복잡한 관계를 이해하고자 한다면, 그 이해의 틀은 반드시 정치적 요인을 고려하지 않으면 안 된다.

영국 사회학자들은 현상학적 연구가 일방적이고, 정치에는 관심이 없다고 비판한다. 예를 들면, 대부분의 현상학적 연구는 교실 현실이 어떻게 사회적으로 구성되는가에 초점을 맞춘다. 즉, 교사와 학생의 상식적인 상호작용이 어떻게 일련의 의미와 동질성을 생성하고 유지하는가를 탐구한다. 이 현상학적 관점에서 보면, 교실 생활이 비교적 물 흐르듯 부드럽게 흘러갈 수 있는 것은 바로 이들 의미와 동질성 때문이다. 그러나 마르크시즘과 신마르크시즘의 관점은 여기서 한 걸음 더 나아간다. 교육을 포함하는 사회는 사회현상학자들의 생각과 달리, 사회행위자들의 창조적 해석의 결과로만 만들어지지 않는다. 물론 그런 부분이 없지는 않다. 그러나 교사로서, 연구자로서, 부모로서, 학생으로서, 그리고 어떤 일을 하는 누구로서 매일 직면하는 일상은 '단순히 언어와 의미에 의해서만 구성되지 않는다.' 그 구성은 면대면의 상징적 상호작용과 지속적인 사회적 재구성을 통해서가 아니라, '물질적 생산양식과 생산력, 그리고 물질적 지배체제에 의해서 이루어진다.'[49]

그러나 이 주장이 사회적 현상학 혹은 낙인이론을 버려야 한다는 의미는 아니다. 오히려 현상학적 해석은 그보다 더 비판적인 사회해석과 결합해야 한다. 비판이론은 학교에서 생성되는 정체성과 의미를 협상 가능하거나 의미 있는 규정요인을 결정하는 전체 맥락에 놓고 해석한다. 이러한 맥락은 의식 수준에만 있는 것이 아니다. 경제와 정치제도의 결합체이고, 학교의 의의와 기능을 규정하며, 규정요인에 한계를 설정한다. 이러한 맥락 분석은 교실에서 일어나는 낙인 과정 분석에도 필요하고, 교육자들이 사용하는 '중립적'인 범주 사용의 분석에도, 그리고 붙여진 낙인에 따라 분배되는 지식의 종류가 달라지는 현상을 분석할 때도 꼭 필요하다.

예를 들면, 학생의 낙인 과정을 분석한 많은 연구는 독특한 '이상주의'에 기초하는 경향이 있다. 이상주의에 따르면, 학생의 정체성은 거의 전적으로 교사가 교실에서 학생을 어떻게 인식하느냐에 달려 있다. 물론 교사의 생각이 중요할 때도 있지만, 교사의 의식이 학생의 의식을 결정하는 문제로만 볼 수는 없다. 즉, 교사가 학생을 '진짜 얼간이'로 생각하면 학생이 '진짜 얼간이'가 되는 그런 문제가 아니다. 오히려 정체성의 형성은 학교 환경을 구성하고, 이를 둘러싸고 있는 객관적인 물질적 상황 및 기대와 깊이 관련되어 있다. 샤프와 그린의 설명을 들어보자.[50]

학생의 정체성 형성을 생각해보자. 학생이 특정 정체성을 획득하기 위한 기회는 교사의 의식 속에 있는 개념 범주에 영향을 받을 뿐만 아니라, 교실의 조직 구조로부터도 영향을 받는다. 이때 교실의 조직 구조는 교실 밖으로부터 오는 다양한 범위의 압력—교사와 학생은 이 압력을 느낄 수도, 느끼지 않을 수도 있다—을 고려한 가운데 이해되어야 한다. 교실의 사회적 구조를 상징적 맥락과 물질적 상황의 산물로 이해하는 것은 중요하다. 물질적 요인은 사회적 상호작용론과 사회현상학에서는 과소평가 되는 경향이 있다.

그러므로 교실에서의 상호작용 양식, 통제 유형, 학생 정체성의 형성과 낙인은 이데올로기와 물질 및 경제환경 간의 변증법적 관계로 이해할 필요가 있다. 역량, '좋은 성적', 중요한 지식과 중요하지 않은 지식, '적절한 행동'에 대한 교사의 인식은 자유롭게 떠다니는 뜬구름 같은 개념이 아니다. 이들은 어딘가에서 온 정신적 산물이다. 부분적으로는 학교 내의 환경 조건에서, 그리고 학교 '밖의' 경제적·사회적 조건으로 인해 발생하는 문제들에 대한 반응이다. 그러므로 학교를 이해하기 위해서는 교육실무자와 이론가들이 생각하는 이상을 보아야 한다. 그럴 때 비로소 '진짜' 문제라고 생각하는 것을 '결정하는' 학교 안팎의 이데올로기적·물질적 조건에 대해 교육실무자와 이론가들이 어떻게 생각하고, 어떻게 대응하는가를 이해할 수 있다. 이것을 밝히는 열쇠는 권력이다.

그러나 권력은 경제적 조작과 통제처럼 항상 눈으로 볼 수 있는 것이 아니다. 권력은 흔히 도움을 주는 형태로, '정당한 지식'의 형태로 중립성을 표방함으로써 자신을 드러낸다. 그러므로 권력을 행사하는 제도는 아주 자연스럽게 불평등 체제를 재생산하고 정당화한다. 이 모두는 교육과 같은 도움이 되는 직업의 지식인을 통해 구현되기 때문에 훨씬 더 정당한 것처럼 보인다.

문제가 이렇게까지 복잡해지는 이유는 교사를 다른 사람을 도와주는 직업으로 생각하기 때문이다. 이 문제의 실상을 어느 정도 이해하고 있을 때조차도 복잡하기는 마찬가지다. 사회에 지배적인 자유주의 이데올로기로 인해, 개량주의적 입장에서 낙인 과정의 문제를 다룬다. 예컨대 학교를 더 많이 개방하자는 운동의 경우, 그 배경에는 교실을 개방하면 낙인 과정의 폐해가 줄어들 테고, 아동은 각자의 적성을 극대화할 수 있을 것이라는 믿음이 깔려 있다. 그러나 이러한 종류의 개량주의적 개혁은 아주 조심스럽게 살펴볼 필요가 있다. 이러한 개혁은 서로 모순될 때도 있고, 실제로 많은 문제를 일으킨다.

샤프와 그린이 지적한 것처럼, 실제로 낙인의 범위는 더 개방적인 상황, 특히 노동계급과 소수민족 거주지역에서 더 증가하고, 그런 지역에서 낙인이 가장 심각하다. 학교가 전통적으로 중요하게 간주해온 지식은 '학문 분야'인 수학, 과학 등으로 국한되는 경향이 있다. 따라서 학생들은 성취 기준이 사용될 때 상당히 제한된 지식 형식으로 분류되는 경향이 있다. 그러나 공립학교 시스템(역사적으로 볼 때 시스템의 관심은 사회적·'지적' 계층화와 이데올로기의 합의에 있었다)이 개방적으로 나아감에 따라, 학교지식으로 간주되는 것들도 덩달아 증가했다. '전인 교육'에 대한 관심이 증가함에 따라 정서, 기질, 신체 능력, 그리고 다른 일반적인 자질도 일반적인 학문 커리큘럼에 더해졌다. 이는 암암리에 학생을 계층화하는 **준거 속성의 범위를 확대시켰다**. 학교지식의 정의를 바꿈에 따라 더 사적이면서도 기질적인 요소를 포함하게 되었고, 그 결과 낙인의 빌미는 암암리에 더 많아지고, 장소는 더욱 '공개적'이 되었다. 이로 인해 학생들의 정체성은 전보다 훨씬 더 고착화되었다. 이런 일이 일어나는 것은 학교의 기본 목표, 즉 학생들을 '타고난 적성'에 따라 분류하고, 기술지식의 생산을 극대화하는 일 등이 바뀌지 않았기 때문이다. 한편, 중산층 지역 학교에서의 개방 수업은 앞으로 경영자가 되고 전문가가 될 학생들에게 의사결정, 융통성 등을 가르치기에 가장 이상적이다. 이는 사소한 발견이 아니다. 만약 전통적인 학교에서 이루어지는 개방 수업이 실제로 더 강력한 계층화를 창출한다면, 그 기능을 재생산 입장에서 해석해야지 개량주의적 입장으로만 이해해서는 안 된다.

이는 잠재적 커리큘럼과도 밀접하게 관련되어 있다. 아동들은 학교가 가르치고 강조하는 사회적 구별, 즉 중요한 지식과 중요하지 않은 지식, 정상과 일탈, 일과 놀이의 구별과 이 구별에 내재된 이데올로기적 규칙과 규범을 당연한 것으로 받아들인다. 그리고 아동들은 제도(학교 커리큘럼과 교실 수업 등)가 조직되는 방식과 그 안에서 그들이 차지해야 할 **적절한 위치에** 대한 전망을 내면화한다. 물론 이때 학생이 다르면 배우는 내용도 다르다. 여기가 낙인 과정이 사회경제적 계급 분화에 대단히 중요한 영향을 미치는 바로 그 지점이다. 학생에 대한 낙인찍기와 특정 사회적 낙인을 사용하기로 한 결정을 둘러싼 학교의 개량주의적 이데올로기는 학생들이 어떤 구별을 당연하고 자연스러운 것으로 받아들이는가에 강한 영향을 미친다.

임상언어, 전문가, 사회통제

학교교육의 중요한 잠재적 기능은 의식의 형식을 학생들에게 불평등하게 분배하는 것이다. 이를 다시 사회학의 눈으로 보자. 성향과 전망이 분배되면 이를 준거로 하여 학생들은 사회의 다양한 역할 구조 속으로 분류된다. 낙인은 이 분류 과정에서 눈에 보이지는 않지만 아주 중요한 위치를 차지한다. 교육자와 특히 커리큘럼 전문가는 그들이 사용하는 명칭과 범주, 언어적 도구를 '과학적'이고 학생을 '돕기 위한' 것으로 생각한다. 그래서 자신들이 사용하는 바로 그 언어가 오랫동안 학교교육을 지배해온 관료적 합리주의(그리고 사회통제와 합의의 부수 효과)를 유지하는 데 가장 잘 들어맞는다는 사실을 깨닫지 못한다.[51]

머리 에델만Murray Edelman도 이와 유사한 주장을 펼친다. '도움을 주는 직업'에서 사용하는 독특한 언어체계는 전문적 역할 수행에 대한 공적 지원을 정당화하고, 그 지원을 집결하는 데 사용된다. 그리고 이렇게 수행되는 전문적 역할은 정치적으로 윤리적으로 엄청난 결과를 초래한다.[52]

도움을 주는 직업 종사자들은 다른 사람의 지위를(그리고 그들 자신의 지위도) 규정한다. 그러므로 고객을 범주화하고, 자신의 활동과 도덕적·지적 영향의 제한을 정당화하기 위해 특별한 용어를 채택한다. 이들이 선택한 용어는 특히 언어의 정치적 기능과 언어가 창출하는 다양한 현실을 드러낸다. 언어는 사람의 역량과 우수성의 수준을 말해주는 예민한 지표이자, 그 수준을 판별하는 힘 있는 판별 기준의 창조자이다. 어떤 숫자가 마음속에 있는 정수 체계를 불러내는 것과 마찬가지로 어떤 용어, 어떤 구문, 혹은 정치적 함의를 지닌 어떤 은유가 이를 사용하는 사람과 이에 반응하는 집단의 위계적인 권력체계를 불러내고 정당화한다.

에델만의 기본 논점은 교육자와 다른 사람들이 사용하는 언어의 형식은 그들의 현실을 '구성할' 뿐만 아니라 암암리에 지위, 권력, 권위를 정당화한다는 사실이다. 요컨대 그 형식은 현실 구성과 정당화 양쪽 모두에서 이데올로기로 작용한다. 다시 말해, 자유주의적 입장은 도움을 주는 동시에, 실제로는 그 도움을 통해 기존 제도와 권력 불평등을 고착시키기 때문에, 도움과 불평등 고착이라는 자유주의적 관점의 모순을 연구해야 한다.[53] 이 모순은 학교 사람들이 사용하는 언어에서 쉽게 알 수 있다.

에델만은 이에 대해 아래와 같이 잘 요약하고 있다.[54]

도움을 주는 직업의 언어가 불러일으키는 상징세계에서는 추측과 검증된 사실이 기꺼이 서로 융합한다. 이때 언어는 추측

속에 들어 있는 불확실성을 제거하고 사실을 변화시킴으로써, 지위 구분을 돕고 이데올로기를 강화한다. 정신질환과 비행의 유형, 학습 능력에 붙는 이름이 기본 용어이다. 일반적으로 진단, 예후와 함께 재활과 회복을 위한 처방을 서술한 각 용어는 신뢰할 만한 수준이 못 된다. 그런데도 이 용어는 고객에게 명확한 제약을 가하는데, 특히 감옥, 학교 혹은 병원의 종사자와 규칙에 철저히 복종하고 따르게 만든다. **구속과 제약은 교육, 치료, 혹은 갱생과 재활을 위한 것으로 규정됨으로써, 자유롭게 행할 수 있는 이타적인 행동으로 탈바꿈한다. 다른 한편으로 진단 및 예후의 임의성과 추측성은 ('집단을 돕는다'는 명분을 앞세워) 명확하고 구체적인 통제가 필요하다는 인식으로 탈바꿈한다.** 전문용어의 임의성과 기술적으로 신뢰하기 어렵다는 사실과는 무관하게, 이러한 용어의 정치적 유용성은 분명하다. 전문용어는 대중의 지지를 결집해 전문가의 재량권을 옹호하고, 대중의 관심을 절차와 방법으로 돌리며, 공식적인 목표를 달성하기 위한 절차의 실패를 미리 정당화한다.

어떤 제도(의료제도, 학교제도, 교정제도 등)가 내세우는 소위 중립적인 언어는 근거가 되는 기초 자료가 대단히 의심스럽고 실제 적용이 제대로 된 것이 아닌데도, 개인 혹은 집단행동의 통제를 정당화하는 틀을 제공한다. 그뿐만 아니라 과학적이고 '전문적'임을 표방하고 '억지 이론'으로 현혹함으로써, 대중을 침묵하게 만들고 정치적·윤리적 결과에서 눈을 돌리게 한다. 그리하여 역사적으로 낡고, 사회적·정치적으로 보수적인(그리고 종종 교육적으로 형편없는) 관행을 지속시킬 뿐만 아니라, 심지어 더 진보적이고 윤리적인 것처럼 보이게 한다.

개인(학생, 환자, 수감자)이 마음대로 드나들 수 없는 다른 기관에서와 마찬가지로, 교육자들은 과학적이고 임상적이며 치유적인 용어로 학생들을 정의하고, 학생들이 흠결이 있으며 참으로 '다른'(그들은 아직 목표발달 단계에 도달하지 못했다, 그들의 주의력은 한정되어 있다, "그들은 문화적으로 언어적으로 혜택받지 못하고 있다" 등) 존재임을 보여줌으로써, 자신이 행사하는 강제를 굳이 정당화할 필요조차 없게 한다.[55] 따라서 학교 상황에서는 통제의 본질을 놓고 윤리적·이데올로기적 질문에 대답할 필요가 없다. 자유주의적 전망, 임상적 관점, 치료언어, '도움'을 앞세운 낙인 등등은 학교에서 이루어지는 통제를 은폐하기 때문이다.

이러한 비판이 전형적으로 적용되는 사례는, 의심스러운 전제에 기초한 임상적 관점과 도움을 앞세운 낙인이 교육에 적용될 때다.[56] 이 관점은 여러 가지 뚜렷한 특징에 따라 구분된다. 그리고 각각의 특징이 다른 것과 결합하면, 필연적으로 보수적으로 변하여 기존 체제를 옹호하게 된다.

첫째 특징은 연구자 혹은 의사가 연구하거나 다루는 개인은 이미 제도에서 벗어난 일탈자로 낙인찍은 사람들이다. 그러므로 연구자 혹은 의사는 그 사람을 일탈자로 규정한 사회가 수립한 가치체계를 받아들인다. 나아가 이러한 가치체계에 근거한 제도적 판단이 정상성과 역량을 측정하는 바로 그 **타당한 척도**임을 받아들이고, 그 판단에 의문을 제기하지 않는다.

둘째, 임상적이고 도움이 되는 관점의 두드러진 경향은 개인이 가진 어려움(무력감, 낮은 성취, 부적응 등)을 개인의 문제로, 즉 제도의 결함이 아닌 개인의 결함으로 본다. 이러한 경향이 공적인 정의만이 유일하게 타당하다는 전제와 결합하면, 거의 모든 조치는 제도가 아니라 개인을 바꾸는 데 집중하게 된다. 셋째, 제도가 붙여준 낙인과 정의를 받아들인 연구자 혹은 의사는 이 범주에 들어오는 모든 사람이 똑같다고 전제하는 경향이 있다. 이는 정체성의 전제이다. 이러한 방식으로 개인은 그가 가진 특성과 복잡성을 자동적으로 가지치기 당한다. 이것이 바로 추상적 개인이 탄생하는 실제 과정인데, 이는 개인주의적인 것처럼 보이는 관점으로 포장된다.

이것이 다가 아니다. 왜냐하면 낙인 속에 이미 내장된 쓰임새와 낙인의 전문적 절차와 그 과정에 개입한 전문가의 견해를 그대로 이용하려는 강력한 동기가 있기 때문이다. 다시 말해서 추측에 불과한 진단과 치유의 용어를 채택하는 '전문적인 조력자'들은 그 범주에 딱 들어맞는 개인을 **찾아야 한다**(그리고 창조해야 한다). 만약 그러지 못하면 전문지식은 아무런 쓸모가 없기 때문이다. 이것이 일반적인 교육 현실이다. 일단 아동들을 '돕기' 위한 '새로운'(그러나 항상 한계를 지닌) 도구 혹은 관점이 만들어지면, 그 적용은 원래 이를 개발한 원인이 되었던 '문제'를 넘어 확대되는 경향이 있다. 이 도구(여기서는 진단, 치료, 언어)는 과거 다른 영역에서 제기되었던 쟁점 또한 자신이 다룰 수 있는 문제로 재규정하는 효과를 발휘한다.[57]

여기에 가장 적합한 예가 행동수정이다. 학교가 다루기 어려운 학생의 문제에 제한적으로 적용될 수 있는데, 아주 광범위한 '학생 문제'를 진단하고 '치료'하는 도구가 되었다. 가까운 예로 도시 빈민가와 노동계급 거주지의 학교에서, 혹은 다른 '수업 방해' 아동이 많은 학교에서, 심지어는 학교 전체가 행동수정 프로그램을 받아들이고 있으며, 이를 사용하는 추세가 점점 증가하고 있다. 이러한 추세가 말해주는 것은, 기존 교육기관이 학생들의 요구에 무대응으로 일관하는 정치 현실을 은폐하는 가림막 역할을 하고 있다는 사실이다.[58] 여기에 더하여 행동수정의 치유 언어는 지금까지 확립되어온 교육이라는 소외된 임금-생산 관계를 은폐하는 역할도 담당한다. 마침내 행동수정은 자신을 임상적으로 정의함으로써, 학교에 대한 선택권이 없는 학생들을 다루는 기법의 적절성에 관해 물어야 할 도덕적 질문을 은폐한다.

논의에 한 가지 더 보충한다면, 정상적인 제도적 기대와 다르거나 그 기대에서 이탈했다고 인식되는 사람들은 매일매일의 학교생활과 정상적인 학교 운영에 위험이 된다. 대체 정상적인 운영이란 무엇인가? 매일매일 한결같이 움직이지만 아무 소득 없이 흘러가는 날이 얼마나 많은가. 이런 점을 고려할 때, 낙인 행위는 복잡한 회피 과정의 일부로 볼 수 있다. 낙인 행위는 '적절한 상황 정의'의 바탕이 되는 학교 내 대인관계의 미약한 성질을 보전해준다. 그러나 더욱 중요한 점은, 낙인은 교사, 교육행정가 및 커리큘럼 전문가, 그리고 기타 학교 관계자들이 다양한 특성을 가진 개인보다 판에 박힌 인간형을 대하게 만든다는 것이다. 그 결과, 학교는 개인 한 명 한 명의 뚜렷한 특성을 있는 그대로 의미 있게 다룰 수 없게 된다. 많은 연구가 이러한 맥락에서, 제도적 기대에 어긋나는 '일탈'자를 보면 사람들은 그를 회피한다고 보고하고 있다.[59] 이런 상황에서 고정관념과 낙인이 더욱 고조되고, 아동에게 도움을 준다는 달콤한 환상이 만연하게 된다.

그렇다면 이 환상은 어떻게 유지되는가? 학교는 자주 평가받는다. 학교 교직원과 프로그램은 반복적으로 면밀하게 검토되고, 경영 관점이 지배함에 따라 평가는 더욱 강화되고 있다. 많은 연구와 평가 전문가들이 학교의 효과 연구에 엄청난 시간과 노력을 쏟아붓고 있다. 그런데 '전문가'의 기본 시각은 그들이 속한 지배적인 집단가치와 그들이 몸담은 사회적 상황에 강력한 영향을 받는다. 이 지배적인 가치는 필연적으로 그들이 하는 일에 영향을 미친다.[60] 사실 이 관점은 지식인과 기술전문가들의 사회적 역할에서 발견되는 언어의 형식에, 그리고 내포된 관점에 이미 축적되어 있다. 평가자의 업무에는 언어, 프로그램, 방법론, 개념 도구 및 사용법에 대한 기대가 들어 있다. 그러나 이 전문가들은 등을 돌려 기존 제도의 목적과 절차, 규범을 살피지도, 이 분야에서 수년 동안 구축해온 공식 목적을 지원하기 위해 쌓아온 지식창고를 살피지도 않는다. 집적된 지식과 가치는 기관장이 '전문가'의 특별 조언을 구함에 따라 더욱 강화되고 축적되기 때문이다. 이 점은 특히 중요하다.

연구자와 평가자는 '고용된 전문가'들이다. 전문가의 중요성을 폄하할 생각은 없다. 미국 사회에서 전문가의 역할은 오히려 독특하고, 따라서 특별한 기대를 불러일으키는데, 바로 이 기대가 교육 상황에서 문제가 된다.

산업경제사회에서 기술지식이 차지하는 지위를 생각할 때, '전문가'는 그들이 찾아낸 것이 과학적이고, 과학이 보장하며, 따라서 내적 타당성을 갖는 지식이어야 한다는 압박을 강하게 받고 있다.[61] 이것은 크리스토퍼 젱크스가 그의 책 《불평등》에서 정책 진술을 거부한 것에 상당한 영향을 미쳤다. 전문가, 특히 교육 연구 및 평가 전문가는 과학적인 주장을 할 것이라는 기대를 받을 뿐만 아니라, 이들의 사회적 지위로 인해 그들이 제공하는 자료와 관점은 권위 있다고 인식된다. 이들의 전문지식에 주어지는 무게와 특권은 상당하다.[62] 그러나 앞서 과학활동에 대한 교육자들의 부정확한 관점의 전용을 논하는 자리에서, 이 특권에 문제가 있음을 지적한 바 있다. 이 전용은 상당한 문제를 일으킨다. 교육자들의 연구를 부실하게 만들 수 있고, 더 중요한 문제점은 교육 연구자들의 성취와 사회화 패러다임을 확인할 뿐, 기존 패러다임을 새로운 것으로 대체하라는 실질적인 진보의 요구에는 부응하지 못한다.[63] 결론적으로 말하면, 수없이 많은 것을 발견했지만 그들 사이에는 아무런 차이가 없었다.

중요한 연구를 보는 일반적인 관점에는 상당한 정도로 개념적·기술적(이데올로기적인 것은 없다)인 문제가 있지만, 한 가지는 분명하다. 이러한 어려운 문제가 있음에도 교직원과 정책결정자는 전문기술자들이 제공하는 정보를 '가치 있는 것'으로 인식한다. 왜냐하면 그 정보는 전문가라는 칭호를 얻은 사람들에게서 얻은 것이기 때문이다.

전문가가 하는 일은 기관장들이 결정을 내리기 전에 그들이 요구하는 정보를 제공하는 것이다. 탐구할 문제를 제공하는 것은 관료기관이지 전문가가 아니다. 그러므로 전문가가 무슨 조언을 해야 할 것인가는 **미리 결정된다**. 전문가는 한 프로그램의 최종 결과에 아무런 책임도 지지 않기 때문에, 그의 활동은 기관장의 실제적인 관심에 따라 움직인다. 기관장들은 문해교육과 같은 손에 잡히는 실제 문제 해결에 직접적이고 현저하게 도움이 되지 않는 새로운 계획이나 해석에는 관심이 없다. 전문가는 기관이 제공하는 실제 문제를 다루어야 하고, 이를 넘어서는 어떠한 조언도 제공하지 못한다. 이 사실은 대단히 중요하다. 점점 더 분명해지는 것은, 여러 가지 이유로(승진, 정치적 압력으로 인한 소심증, 공학기술이 직면한 모든 문제를 해결해주리라는 믿음, 기관에 영향을 미치는 '이미 결정된' 이데올로기적·물질적 환경 등) 큰 조직의 기관장은 그 기관이 직면한 생소하고 불확실하고 복잡한 상황을, 학교교육에 대해 지금까지 알려진 '오래된 확실한 진실'들을 두루뭉술하고 안전하게 결합함으로써 단순화하려고 한다.[64] 사실 교육만큼 개념적으로, 윤리적으로, 그리고 정치적으로 복잡한 것도 드물다. 그리고 교육학 연구는 그 복잡성의 표면조차도 건드리지 못한다. 도심교육 문제의 복잡성에 대해 재생산론자들이 제기하는 질문을 생각하면, '오래된 확실한 진실'은 전혀 효과가 없다. 그러나 실제 정책결정자들은 그것이 효과가 없다는 사실을 중요한 고려사항으로 인식하지 못한다. 왜냐하면 이 복잡성을 분해하는 것은 전문가의 몫이기 때문이다. 하지만 전문가에게 기대하는 조언은 미리 결정되어 있기 때문에, 이중감옥에 갇히게 된다. 전문가에게는 기술적 조언과 그 기관이 요구하는 문제 해결을 기대한다. 그러나 실제로 받아들일 수 있는 쟁점의 범위와 해결책의 유형은 기관의 관리조직이 이전에 '문제'로 규정한 것 때문에 이데올로기적으로 제한된다. 그리하여 하찮은 결과로 귀착되는 악순환이 계속된다.

이것은 분명 새로운 일이 아니다. 정책입안자들은 오랫동안 전문지식을 이용해왔다. 분명한 사실은 사회와 교육 프로그램 평가를 시작한 최초의 시점부터 어떤 종류의 도움이 요구되는가는 무엇보다 관리직의 정치적 목적에 의해, 그리고 목적을 지원하기 위해 결정되었고, 흔히 고객의 요구는 무시되었다.[65]

이 사실은 다소 도발적인 질문을 제기한다. 연구가 채택한 범주와 자료가 연구를 부탁한 기관 자체에서 나왔고 거기서 제공한 것이라면, 이 범주와 자료가 봉사하는 문화적·경제적 장치를 지원하지 않고 연구다운 연구가 이루어질 수 있을까? 그리고 교육 프로그램의 실제 결과와 과정을 있는 그대로 연구할 수 있을까?[66] 이 질문이 던지는 시사점은 무엇인가? 그것은 바로 커리큘럼과 교육을 연구하고 평가할 때, 기관의 필요에 따라 범주를 정하고 그에 기초하여 공식적으로 수집한 통계치를 무비판적으로 사용하려는 유혹을 단호하게 뿌리쳐야 한다는 사실이다. 이쯤에서 오히려 다음과 같이 물어야 한다. "생성된 자료의 근거가 되는 이데올로기적 전제는 무엇인가?"[67] 이러한 질문을 제기함으로써, 교육자들은 학교가 특정 제도적 추상화로 학생을 지칭할 때, 그것이 초래할 수 있는 강력한 규범적 영향을 밝힐 수 있다.

학생들에게 이런저런 낙인을 찍는 것은 특정 사회집단이 다른 집단의 행동에 대해 적절하다, 혹은 적절하지 않다는 가치판단을 하는 행위이다. 이러한 관점이 옳다면 이를 뒷받침할 수 있는 많은 연구가 필요하다. 연구는 윤리적·정치적·사회적으로 광범위한 영향력을 갖는 사회 지배집단의 이데올로기적·

헤게모니 구조가 학교에 강요될 때, 학교는 학생들을 계급, 인종, 젠더에 따라 분류하도록 돕는다는 사실을 밝혀내야 한다.

솔직히 이는 대단히 어려운 문제다. 그런데 교육자들은 자신의 행동으로 인한 도덕적·정치적 책임과 딜레마에서 벗어나려는 행위를 통해, 토머스 사즈T. S. Szasz가 말한 '그들의 삶을 신비화하고, 기술적 문제로 전환하는' 일을 한다.[68] 이러한 현상은 교육적 사고가 중립적이며 '엄밀한 과학'에 기초한다는 심리적 모델과 언어에 지배당했다고 말해주는 것으로 의미심장하다.[69]

커리큘럼과 교육이론을 과거에서 지금까지 한결같이 지배해온 이러한 관점은 교육자들이 직면하는 중요한 윤리적·경제적 문제를 사실상 모호하게 만들고, 자주 부정한다. 또한 모순을 '전문적인' 기술로 쉽게 해결할 수 있는 공학적인 문제로 바꿔치기한다. 가장 가까운 사례는 커리큘럼이 거의 전적으로 의존하는 학습심리학의 관점이다. 학습심리학과 관련 분야에서 가져온 용어는 사회적 존재와 인간 발달에 내포된 정치적·도덕적 특성을 간과하기 때문에 부적절하다. 강화, 학습, 부정적인 피드백 등의 언어는 현재 교육의 문제를 해결하기에는 너무나 빈약한 도구다. 이 도구로는 계속해서 모순이 질서를 압도하는 상황을 해결할 수 없고, 무엇이 합당한 지식인가 하는 문제를 다룰 수 없으며, 개인적 의미와 대인관계적 기관이 창조되고 재창조되는 상황을 다룰 수 없고, 학교교육과 다른 제도가 지닌 재생산적 성격을 다룰 수 없으며, 타인과의 관계에서 발생하는 책임과 정의와 같은 문제를 다룰 수 없다. 요컨대, 시스템경영 언어와 마찬가지로, 커리큘럼에서 사용되는 심리학 언어도 '인간관계와 개인의 개별적 행동을 탈윤리화하고, 탈정치화한다.'[70]

예를 들면, 목표를 조작적으로 정의하고, 학생이 획득해야 할 '최종 결과물'을 행동적인 언어로 진술하기 위해 온갖 노력을 기울이지만, 그 노력은 아무런 소득 없는 시간 때우기 학습 활동과 다를 바 없다. 다시 말해, 커리큘럼 분야는 목표 진술과 '결과 측정'에 사로잡힌 나머지, 교육자로서 교육활동이 가져올 중요한 정치적·도덕적 결과에는 관심을 두지 못한다. 이러한 방식으로 수단이 목표로 둔갑하고, 아동은 '학습자'라는 조작 가능한 익명의 추상물로 변신한다. 사회학 분야에 대해 논하는 자리에서 로버트 프리드리히Robert W. Friedrich는 이 문제를 분명하게 짚고 있는데,[71] 이는 커리큘럼의 언어와 연구에도 상당 부분 그대로 적용된다.

사회학자들이 완전히 깨닫지 못하고 있는 것은 동료를 **조종할 수 있다고 생각할 때**, 그것이 가져올 장기적 결과다. 언어—그 것이 수반하는 상징 선택—는 눈에 띄게 혹은 띄지 않게, 의식 적으로 혹은 무의식적으로, 모든 의미 있는 사회적 행동에 속 속들이 스며든다. 사람을 상징적으로 조종하게 되면 상징적인 매개를 통해 다른 사람과 맺고 있는 관계의 나머지 부분과 전적으로 분리될 수 없다. 한 사람의 지적 생활이 그러한 상징적 조종을 점점 더 많이 요구하게 되면, 그는 자신의 생활과 동떨어진 다른 영역에 있는 사람도 목적 자체가 아닌 수단-목적 관계로 볼 위험이 커진다.[*]

학교 밖 사회의 조종하고 조작하는 풍토와 이데올로기적 지배구조는 교육 관계에서 사용하는 행동적·치료적 언어와 범주로 이루어지는 커리큘럼 논의에서 발견된다. 따라서 그 논의가 창조하고 강화하는 상호작용의 양식은 선진산업사회를 지배하는 계층화, 불평등한 권력, 확실성, 통제에 대한 이해관계를 반영할 뿐만 아니라 이를 구현한다.

상식적이고 이데올로기적인

지금까지 분석해온 개념, 범주, 낙인은 사실 상식적이고 이데올로기적이다. 운명적으로 결정된 것도 인간이 어쩔 수 없는 '자연발생적인' 것도 아니다. 이 사실을 입증할 몇 가지 사례

---

[*] 대중의 인기로 유명인이 된 정치가는 처음에는 대중이 그를 지도자로 옹립하지만 그 이후에는 그가 대중을 조종하며, 그러면서도 항상 대중으로부터 버림받을까봐 전전긍긍한다.

가 있다. 사회는 지능, 특히 경제적으로 중요한 지식 생산을 확대할 수 있는 학생의 능력에 최고의 가치를 부여한다. 학교는 분명히 이러한 개념을 중심으로 조직되어 있고 또한 그 개념을 중시한다. 그런데 예를 들어, 역량과 지능이 아니라 신체 기능을 최고의 인간 특성으로 평가하는 사회를 상상해보자.[72] 신체 기능이 서투른 사람들이나 노력해도 여전히 기능이 뒤떨어지는 사람들은 차별대우를 받을지도 모른다. 또한 교육구조 속에 내장된 문화는 '기능을 높일 수 있는 능력'에 따라 개인들을 범주화할 것이다. 범주화하는 기술은 채택을 위하여 기능을 측정할 수 있도록 설계될 것이다. 이외에도 도덕적 탁월성이나 집단적 헌신을 가치 있게 볼 수도 있다. 사실, 이 성향들은 교육이 가르치고자 하는 그런 가치들이 아닌가? 그러나 잠재적 커리큘럼 연구들이 보여주고 있는 바에 따르면, 학교의 기본규칙들은 오히려 그 반대 성향을 가르치는 데 뛰어나다. 예를 들면, 개인에 대한 평가가 지배적이기 때문에, 학교는 속임수, 자신의 실제 감정을 숨기는 기술, 다른 사람의 실패를 즐거워하는 심성 등을 효과적으로 가르치고 있다. 이는 학생들이 학교에서 생활하면서 질서와 규율의 요구, 경쟁에 대처해야 하는 상황 때문에 생겨난다.[73]

이러한 사례들이 시사하는 바는 의미심장하다. 왜냐하면 학교교육 자체의 제도적 구조를 이루고 있는 기본규칙들을 바꾸기 위해서는 상식적으로 받아들이고 있는 **실제의 역량 개념**

들을 변화시키기 위한 진지한 시도가 필요함을 보여주기 때문이다. 그 규칙들 자체는 학생들에게 사회에 면면히 이어져 온 규범과 성향을 전수하고, '실제 세상이 어떤 것인가'를 가르치는 '교수 장치'에 속한다.

예를 들면, 낙인 과정은 그 뿌리를 효율성에 두고 있다. 학교는 사회통제와 문화적·경제적 재생산 기관으로서 효율적으로 작동해야 하는데, 낙인이 상당한 정도로 이를 도와준다.[74] 가능한 많은 활동을 합리화하고, 목표를 구체화했을 때만 비용 효율성과 운영의 원활성을 높일 수 있고, '낭비'와 비효율, 불확실성을 제거할 수 있기 때문이다. 한 걸음 더 나아가, 목표와 절차를 놓고 벌어지는 갈등과 논쟁은 기존 목표와 절차가 위험에 빠지지 않도록 최소화되어야 한다. 말하자면, 이 기본적인 제도적 규칙들에 대하여 경제적으로 심리적으로 수많은 투자가 이루어지고 있다. 어떤 종류의 무질서든 그것이 제도적 생활을 침해하는 것을 막기 위해서는 차이를 통제하고 무마할 수 있는 기술을 발전시켜야 한다. 만약 중요한 차이(지적, 심미적, 가치 평가적인 차이든 혹은 규범적인 차이든)가 발생하면, 그 차이는 기존 관료적 이데올로기적 장악력으로 해결할 수 있는 범주로 통합되거나 재규정되어야 한다. 그리고 교육자들이 그 장악력에서 나오는 범주들을 채택하는 한 장악력이 **자기-확증적**이라는 사실은 망각된다.

그러나 교육에서 효율성에 관심을 쏟기 시작한 진원지로

학교를 지목하는 데는 문제가 있다. 효율성 관점은 모든 기업 사회에서 사고와 행동에 구성 틀을 제공하는 이데올로기, 즉 효율성, 표준화된 기술, 이익, 분업과 노동통제, 그리고 합의를 핵심으로 하는 도구적 이데올로기에 뿌리를 두고 있다. 결과적으로 학교는 물론이고, 특히 커리큘럼 분야는 클리바드Kliebard 가 공장모형이라고 부른 것 속에 갇혀 있다.[75] 학교가 공장처럼 운영된다는 것은 중요한 기관들이 인간의 필요와 정서에 제대로 대응하지 못하고 있음을 의미한다. 그리고 이 문제의 뿌리는 학교 안이 아니라 학교 밖 사회에 있다.

그러나 지금까지 본 것처럼, 학교와 경제적·문화적 통제 간의 변증법적 관계를 교육자들이 인식하기에는 쉽지 않다. 사실 교육자들은 성취 지향적이고 사회화를 으뜸 목표로 삼는 학교 전통을 무비판적으로 받아들였기 때문에, 그러한 관점에서 비롯한 낙인, 분류 범주, 정당한 지식을 아주 자연스럽고 당연한 것으로 본다. '차별, 평가, 가치판단'이 사회적 분업과 경제적·문화적 통제와 맺는 진정한 관계는 분간할 수 없을 정도로 모호해지고, 은폐되어 감춰지는데, 이는 관점 자체가 중립적이며 과학적이라는 가면을 쓰고 있기 때문이다. 종합해서 말하면, 이러한 관점이야말로 헤게모니의 가장 이상적인 대리인이다.

여기에 작용하는 힘은 서로 복잡하게 얽혀 있다. 권력집단 및 계급의 부상과 지속적인 지배에 공헌하는 문화자본은 선택의 전통에 힘입어 정당한 지식으로 변신하고, 학생들을 다루기 위한 분류 범주를 만들어낸다. 잠재적 커리큘럼을 서로 다른 경제, 문화, 인종 및 젠더 집단에 차별적으로 분배하는 학교의 경제적 역할 때문에 생겨난 언어, 문화, 계급 차이는 '정상'과 다르게 부각되어, 결국은 일탈로 낙인찍히게 된다. 그런 다음, 기술지식은 학생들을 기술지식의 생산 '능력'에 따라 계층화하는 복잡한 여과기로 사용된다. 이를 통해 경제적·문화적 계층화 과정이 중립적이라는 인식은 키우고, 불평등한 사회에서 권력과 이데올로기의 실제 작용은 은폐하여 더욱 정당한 것이 된다. 여기에 대한 부르디외와 장클로드 파스롱Jean-Claude Passeron의 통찰은 매우 탁월하다. "어떻게든 의미를 강요하려 하고, 또한 강요하는 힘의 바탕이 되는 권력 관계를 숨김으로써 그 의미가 정당하다고 속이는 모든 권력은 자신만의 독특한 상징적 힘을 권력 관계 위에 덧붙인다."[76]

학교는 기술적 통제와 확실성을 구현하기 위해 '중립적' 관점을 사용하고 경제와 문화 재생산에 관여함으로써 그에 봉사하는 방법을 터득하고 있다. 학교가 수행하는 수많은 기능은 바로 이 중립적 관점과 방법의 결합을 통해 이루어진다. 교육자들이 단순한 절차로 생각하고 사용하는 이 관점은 불평등한 사회의 요구를 보완해 기술지식의 생산을 극대화하고, 무비판적이고 실증주의적인 관점을 확산하며, 진행 중인 사회 분업의 요구를 충족시킬 수 있는 정당한 규범과 가치로 무장한 노동력을 생산한다.[77] 이것은 변증법적 과정이다. 학교는 또한 그러한 기술적·실증주의적 지식의 역할을 **정당한 것으로 만든다.** 그러므로 학교는 그 지식을 중립적인 절차, 즉 '본질적으로 올바른 원리'에 근거한 절차로 생각하고 채택해, 그 지식의 극대화와 경제적 필요에 공헌하는 정도에 따라 학생을 계층화한다. 따라서 마음 밑바닥에 자리하고 있는 문화형식은 학교가 경제영역과 맺는 관계와 잘 화합하여, 권력집단이 행사하는 이데올로기적·구조적 헤게모니의 재창출을 돕는다.

명시적 커리큘럼, 잠재적 커리큘럼, 그리고 각 커리큘럼의 역사는 일상 활동에 의미를 부여하기 위해 사용하는 범주와 연관되어 있으며, 결과적으로 사회적 이해관계와 연결되어 이를 정당화한다. 따라서 규범적, 지적 노력의 결과가 헤게모니에 공헌한다는 사실을 깨닫기는 어렵다. 그러나 이러한 요소가 사회의 실제적인 지배구조와 어떻게 관계 맺고 있는가를 살펴본다면, 학교에서 문화적·경제적 재생산이 작동하는 메커니즘을 파악할 수 있다. 이제 왜 '가진 자들만이 갖게 되는지' 분명히 알게 된다. 지금까지 고찰해온 많은 '결정된 것들' 때문에, 다른 기관에서와 마찬가지로 학교에서도 가진 자들이 반드시 갖게 된다.

이데올로기의
재생산을 넘어서

Beyond Ideological Reproduction

진정한 지식과 진정한 권력

스탠리 아로노위츠Stanley Aronowitz가 연구한 기업사회에서 이데올로기적 의식이 형성되는 과정을 이해한다면, 사람들의 의식 밑바닥에 자리한 특정 관념의 발달 과정을 추적할 수 있다. 아로노위츠에 따르면, 헤게모니적 지배는 상당 부분 의미의 통제를 통해, 그리고 상식적으로 채택하는 범주와 사고방식의 '조작'을 통해 이루어진다. 그러므로 "자본주의는 **사람** 간의 관계를 **사물** 간의 관계로 대체하려는 경향성이 갈수록 더 심화된다. 즉, 상품 생산의 원리가 인간관계로 구성된 사회 구석구석을 침범한다."[1] 교육자들이 몸담은 불평등한 사회는 이들이 사용하는 바로 그 언어의 물질화와 상품화로 표현된다. 그러므로 그람시와 윌리엄스가 지적한 것처럼, 문화적 통제는 재생산의 중요한 요인으로 작동한다. 정당한 혹은 '진정한' 지식이 무엇인지 규정하고 선택함으로써, 또한 무엇이 타당한 사실이고 기술이며 희망이고 공포인가를 (사실 등을 평가하는 방법을) 놓고, 잘못된 합의를 마치 제대로 된 합의인 것처럼 받아들임으로써, 경제적·문화적 장치는 변증법적으로 관계를 맺는다. 이러한 의미에서 지식은 권력이다. 그러나 그 지식은 이미 권력을 가진 자의 손에, 그리고 이미 문화자본과 경제자본을 통제하는 사람들의 손에 있다.

사회에서 '진정한 지식'으로 여겨지는 관념이 선진산업사회의 경제적·문화적 권력 불평등과 어떻게 관련되는가를 이해하기 위한 탐구는 마르크스 이후 오늘날까지 계속됐다. 마르크스가 《독일 이데올로기》에서 분명히 밝힌 바에 따르면, "지배계급은 자신의 관념에 보편성을 부여하고, 그 관념이 유일하고 합리적이며 누구에게나 타당한 것으로 표현한다." 따라서 이러한 관점을 지식, 이데올로기, 권력 간의 관계를 설명하기 위한 출발점으로 삼을 수 있다. 다시 말해, 분석이 아무리 복잡하다 해도, 그러한 탐구를 이끄는 기본 원리는 사회의 지배적인 관념이 특정 계급 및 집단의 이해관계와 어떻게 관련되어 있는가를 밝히는 것이다.

　이것은 불행하게도 많은 사람에게 음모이론으로 이해되었다. 즉, 음모를 꾸며 하위 계급을 억압하려는 권력자는 소수라는 것이다. 마르크스가 생각한 것은 그렇게 단순하지 않다. 그의 주장은 이 책에서 지금까지 살펴본 이데올로기와 커리큘럼 탐구의 기본 틀로서, (불평등한) 생산관계를 따르고 지원하는 '원리, 관념, 범주'는 개인과 사회집단 간의 생산관계로부터 '자연스럽게' 생성된다는 것이다.[2]

　교육사회학과 커리큘럼의 전통은 일반적으로 교육기관이 따르는 학교지식, 즉 '원리, 관념, 범주'를 비교적 중립적인 것으로 간주한다. 따라서 학생들이 정보, 성향, 기술 등을 어느 정도 습득했는지 측정하고, 그러한 습득이 성인 생활에 미치는 영향에 관심의 초점을 두었다. 일반적인 '패러다임'으로 학생들이 그러한 지식을 많이 습득하면 할수록 학교교육은 더욱 성공적이 된다. 그러나 이 책에서 채택한 대안적 전통은 지식사회학과 비판사회학에 깊이 뿌리박은 것으로, 학교지식을 잠재적인 사회경제적 선택과 통제 메커니즘으로 본다. 그러므로 이 비판적 전통은 최소한 부분적으로는 마르크스의 관점을 취하고 있다.

비판적 학자들은 이 대안적 전통을 단지 여러 학파 중 하나로 여겨서는 안 된다고 말한다. 오히려 일상적인 학교 연구를 하려는 학자라면 누구나 반드시 물어야 할 사전 질문으로 삼아야 한다는 게 비판적 학자들의 주장이다. 따라서 학교의 성공과 실패에 대한 일상적인 질문(예: 학생들이 성취한 지적 수준은 어느 정도인가?)과 사전 질문은 논리적, 정치적으로 형태가 다르다(예: 학교지식은 누구의 지식인가? 그 지식은 왜 특정 집단에게 특별한 방법으로 가르쳐야 하는가? 선진산업사회에서 문화권력이 재화와 서비스의 생산 및 분배 방식 통제와 맺는 복잡한 관계에서 학교지식이 수행하는 실제적 혹은 잠재적 기능은 무엇인가?). 이러한 질문에 대답할 수 있을 때, 학교가 특정 문화자본 전수에 성공하고 있는가를 탐구하는 일이 의미를 갖게 된다.

이제 이러한 사전 조사가 이데올로기적 질문과 관련 있다는 사실이 명백해졌다. 비판적 학자들은 정치적·개념적 이유를 들어 커리큘럼에 대한 기존 연구방식을 비판하고, 실질적인 연구 프로그램을 대안으로 제시한다. 영과 번스틴이 거듭 강조했듯이, 사람들은 교육에 이데올로기적 성격이 있다는 사실은 어느 정도 알았지만, 학교에서 일상적으로 이루어지는 교실 수업의 형식과 내용이 이데올로기 '전수'의 통로라는 사실은 최근까지도 거의 깨닫지 못했다. 이를 바로잡기 위해서는 지식의 선택과 전수, 그리고 그 바탕에 깔린 관념이 학교와 커리큘럼에 대한 비판사회학적 탐구의 주요 초점이 되어야 한다.[3]

이러한 점에 비추어 볼 때, 커리큘럼, 학교지식의 고유성, 그리고 그 지식을 선택·평가하는 데 사용하는 원리의 탐구는 이를 넘어서는 더 큰 문제에 실마리를 제공한다. 그리고 이러한 탐구가 불평등한 사회의 계급관계가 문화적·경제적으로 재생산되는 과정을 밝힐 수 있다. 따라서 헤게모니의 창조와 재창조에 대한 탐구가 중요한 의미를 갖는 이유는 '단지' 이해를 높여주기 때문만은 아니다. 탐구의 의미는 진보적인 정치운동에서 생긴다. 그리고 진보적 정치·경제 운동(과 그에 수반되는 이해)이 진전을 이루기 위해서는 정치적 이해에 기반한 **집단적 헌신**이 따라야 한다. 공유된 진보에 대한 헌신은 신마르크스주의의 지향점으로, 이는 뤼시앵 골드만Lucien Goldmann이 정치적인 용어로 다음과 같이 잘 표현하고 있다.[4]

내 생각에 마르크스 사상의 주요하고도 독특한 특징은 **집단 주체** 개념이다. 즉, 역사를 바꾼 행동은 고립된 개인이 아니라 사회집단의 행동이었고, 사람들은 이 사회집단과의 관계를 통해서만 사건, 행동양식, 제도를 이해할 수 있다.

골드만의 말은 교육자가 무엇을 해야 할까 고민할 때 훌륭한 길잡이가 된다. 서로가 하는 일을 집단적으로 살피고, 더이상 쓸모없는 것과 약한 것들을 아우르며, 서로의 입장에 서서 적극적으로 밀어주고 당겨줄 수 있을 때, 비로소 학교와 같은 제도에 대한 집단이해와 집단행동에 진정한 진전을 이룰 수 있다.

그러므로 권력과 지식의 관계에 대한 모든 중요한 질문에 한 사람이 답할 수 있다거나 한 사람이 전체에 대한 문제를 제기할 수 있다고 기대해서는 안 된다. 오히려 더 큰 사회적·지적 전통에 몸담은 구체적인 사람들의 집단이 중요하다. 아마 그들이 이 책의 내용을 비판적으로 극복하여 행동함으로써 정치적·개념적 명확성을 더욱 높여줄 것이다.

한편, 학교지식을 사회학적, 경제학적으로 분석할 때 취해야 할 몇몇 중요한 단계가 있다. 그래서 이를 분석하는 데 효과적인 몇 가지 경로를 제안하고자 한다. 모든 학교지식을 이데올로기적 지식으로 환원하는 것은 위험하지만, 특히 어떤 집단이 학교 커리큘럼을 선택하고 통제하는가에 대해서는 여전히 많은 연구가 필요하다.[5] 누구의 문화자본이 명시적, 잠재적으로 학교 커리큘럼 '속으로' 들어가는가? 경제·인종·젠더와 관련된 현실에 대해서는 누구의 전망이, 누구의 경제원리가, 누구의 사회정의론이 학교교육의 내용에 들어가는가? 이러한 질문은 권력뿐만 아니라 경제자원과 통제(그리고 산업사회의 이데올로기와 경제)에 관한 것이며, 따라서 **실제 활용되고 있는** 문화 내용에 대한 신마르크스주의 분석에서 가장 잘 다루어질 수 있다. 이러한 분석을 통해 학교에서 구체적으로 구현되는 권력, 경제자원, 통제의 본모습을 밝힐 필요가 있다.

이를 달성하기 위해서는 철저하게 비판적인 문화형식의 사회학이 필요하다. 이 사회학은 문화적 산물이 사회에 분배되는 방식을 탐구한다. 그러므로 이데올로기와 커리큘럼의 관계를 연구하는 것 자체가 대중문화와 엘리트 문화를 보존·분배하는 학교 이외의 사회적 메커니즘에 대한 사회경제적 평가와 깊이 관련되어 있음을 이해할 필요가 있다. 예를 들어, 주요 소설과 드라마의 내용과 형식처럼, 학교지식의 내용과 형식이 개인주의적 성향이 강한 선진산업경제의 사회적 환경구조와 어떻게 관련되어 있는가를 이해하고자 한다면, 루카치Lukács, 윌리엄스, 골드만의 연구가 대단히 중요하다.[6] 학교지식은 특정한 역사와 특정한 경제적·정치적 현실에서 나고 자란다. 그러므로 학교지식은 그것이 출현한 사회경제적 맥락의 배경 위에 놓고 이해할 필요가 있다.

그렇다면 어떻게 그 이해에 도달할 것인가? 이데올로기와 문화의 관계, 권력과 지식의 관계를 좀 더 완벽하게 파악하기 위한 탐구는 학교를 지배하는 형식에 대한 생각과 사회에서 정당한 것으로 간주되는 다양한 상상의 산물에 대해 좀 더 구조적으로 분석하고, 이를 서로 연계할 것을 요구한다. 구체적으로 말하면, 명시적·잠재적 학교지식은 물론이고 일상적으로 학교활동을 할 때 사용하는 방법의 이데올로기적·윤리적·평가적 토대를 탐구해야 할 뿐만 아니라, 사회의 문화적 장치가 지닌 이면도 탐구해야 한다. TV와 매스미디어, 박물관과 광고판, 영화와 책 등, 이 모든 것은 의미의 사회적 분배와 조직, 무엇보다도 통제에 지속적으로 영향을 미친다.[7] 이러한 인공물이 커리큘럼에 더해진다면, 문화적으로 조직된 인간성이 불평등한 경제체제의 역사적 진화 조건들과 어떻게 관련되어 있는가 하는 문제의 답을 찾을 수 있다.[8]

물론 이런 분석만으로는 부족하다. 학교지식의 구조이론과 그 배경을 이루는 계급관계의 문화적·경제적 재생산 문제는 사회의 기존 경제·사회·문화 제도로부터 '자연스럽게' 생성되는 불평등을 분석적·경험적으로 입증해야 하는 더욱 큰 과제를 안고 있다. 말하자면 이 불평등은 수리할 수 있는 일시적인 고장이 아니라 일상의 질서다. 이러한 불평등은 경제적·문화적 권력 및 지배의 문제와 변증법적으로 서로 얽혀 있고, 서로 연결되어 있다.[9] 그러므로 이데올로기와 커리큘럼의 관계에 대한 진지한 관심은 학교교육의 정치경제학을 설명할 수 있을 정도로 대단히 강력하고 효과적이다. 사실 커리큘럼에 대한 이데올로기적 탐구와 학교교육에 대한 정치경제학적 접근은 어느 한쪽을 빼고 다른 쪽을 설명하는 것이 거의 불가능하다.[10]

계급관계를 문화적, 경제적으로 재생산하는 과정에서 학교와 지식인이 하는 역할에 대한 연구에 따르면, 교육과 사회이론은 중립적이기 어렵다. 그러므로 커리큘럼, 나아가 교육 탐구는 경제와 사회정의 이론에 뿌리를 둘 필요가 있다. 즉, 그 탐구는 최약자의 이익과 권력을 향상시키는 일을 최우선 과제로 삼아야 한다. 이처럼 교육이론 및 연구 주제와 연구하는 현상 간의 관계에 대한 궁극적인 설명은 사회에 대한 암묵적인 판단이 된다.[11] 아마도 사회가 어떤 곳인지 명확하게 판단하면, 사회를 재생산하는 데 학교가 하는 역할에 대해서도 좀 더 명확히 알게 될 것이다. 그러한 이해를 위한 집단적 노력은 개념적·정치적으로 중요한 이점이 있다. 사회에서 각자가 맡을 역할에 대한 개인적 판단은 추상적인 문제가 아니기 때문이다. 이는 모두가 직면해야 하는 문제다. 만약 자기 역할에 대한 개인적 탐색을 소홀히 한다면, 그는 추상적 개인으로 남아 있을 뿐, 일을 할 수 있도록 삶의 환경을 조성해주는 구체적인 사람들과 자신이 맺고 있는 실제적 관계를 이해하지 못한다. 자신이 맡아야 할 역할을 관계적으로 생각하지 못하면 공동체라고 하는 발상 자체가 뿌리에서부터 시들어버린다는 윌리엄스의 주장을 사실로 입증하게 된다.

윌리엄스의 주장은 옳았다. 교육적 상황을 정의하기 위해

차용하고, 학교를 설계하기 위해, 그리고 학교가 보존·분배하는 전통을 선택하기 위해 사용하는 개념적 규칙은 비판적 평가가 무시된다는 신호를 보내고 있다. 이를 극복하기 위해서는 사회질서에 대한 비판적이면서도 일관성 있는 이론이 요구된다. 바로 이것이 핵심이다. 학교가 가르치는 지식은 물론이고, 학교와 교육자 모두를 기본 구조 속에 놓고 관계적으로 보는 데 실패했을 뿐만 아니라, 이 기본 구조 자체가 지니는 차별적인 이해관계에 대해서도 잘못 알고 있었다.

이것은 매우 중요하다. 상식적 관행과 가치관, 교육이론이 헤게모니의 양상인 것처럼, 정치 및 경제 체제의 구조적 작동 방식을 알고 있는지 여부도 헤게모니로 작동한다. 헤게모니는 구조적, 혹은 관계적으로 생각할 수 없게 방해한다. 또한 경제·문화·정치 체제를 정의할 때 시도하는 해석의 범위에 한계를 설정한다. 그 대신 다원적 민주주의라는 무비판적 개념—학교, 미디어, 그리고 효과적인 지배문화의 메커니즘이 분배하는—으로 부족한 부분을 대체하지만, 이 개념은 선진산업경제에서 이해관계와 권력이 실제로 어떻게 작동하는가를 적절하게 설명하지 못한다.

불평등한 사회에서 '다원주의'가 갖는 본질적 성격에 대한 비센테 나바로Vicente Navarro의 주장은 시사하는 바가 크다. 즉, 다원주의적 민주주의의 전망은 현존하는 진정한 갈등과 특정 집단이 원하는 바를 얻기 위해 다른 집단의 희생을 무릅쓰고

사용하는 차별적인 권력을 보이지 않게 가려준다는 지적이 특히 그렇다.[12]

여기서 강조하고자 하는 바는, 정치권력 지형에서 기업과 중산층의 우세가 계급지배의 원인이 아니라 결과라는 사실이다. 또한 기업가계급 혹은 비슷한 다른 계급이 한결같이 획일적이거나 모든 구성원이 똑같은 이해관계를 공유하지 않는다는 점이다. 사회계급은 정치적 영향력을 놓고 대립하는 권력 진영에 따라 나뉜다. 그러나 정치적 영향력을 놓고 벌이는 대립에서는, 중산층과 기업가계급에 속한 권력 진영이 중산층과 노동계급에 속한 권력 진영보다 국가 조직에 지속적이면서도 훨씬 더 강력한 영향력을 발휘한다. 엘머 에릭 샤트슈나이더Elmer Eric Schattschneider는 이를 다음과 같이 표현한다. "다원주의 하늘의 결함은 그것이 천상의 합창임에도 대단히 특이하고도 이상한 음조로 노래한다는 점이다. … 다원주의 시스템은 일부 소수에게 유리하게 판이 기울어져 있고, 짐은 다수에게 더 많이 부과하고 있으며, 분배는 평등하지 못하다." 게다가 이 특정 권력 진영의 이익에 우선하여, 그리고 이를 넘어서 훨씬 더 중요한 것이 바로 계급이익이다. 현 체제에서 정치 행동을 설명하기에 계급이익보다 더 적절한 도구는 없다. 흔히 볼 수 있는 일이지만, 법이 한결같이 사회의 하위 80퍼센트보다 상위 20퍼센트의 이익에 봉사하는 것도 이런 이유다.

따라서 경제자본은 또 다른 경제자본을 낳는다. 그리고 이데올로기가 정치와 경제자본을 별개로 생각하도록 설득한다고 치더라도, 정치 형태와 권력집단의 경제적 이해관계는 실제로 서로 결합되어 있다.

여기서 밝히고자 한 것은 나바로가 지적한 권력 관계가 학교에도 그대로 적용된다는 사실이다. 그가 분석한 정부와 지배집단 간에 존재하는 밀접한 권력–지배 관계는 학교와 이들 지배집단 간에도 그대로 존재한다. 그러므로 이러한 관계를 분명히 밝히기 위해 경제적 분석과 문화적 분석을 결합해야 하고, 역사적 산물이면서 지금도 힘을 발휘하고 있는 재생산 메커니즘을 규명해야 한다. 이 메커니즘이야말로 교육자들과 학교가 한시도 멈추지 않고 추상적 개인, 선택적 전통, 이데올로기적 합의, 그리고 헤게모니를 재생산하도록 만드는 장본인이기 때문이다.

재생산을 넘어서

이 책에서는 줄곧 분배와 재생산이라는 용어를 사용했다. 이 용어의 이점은 생각을 깨우는 뇌관이 되어, 현 제도 권력이 사회질서와 그 질서에 대한 사고방식에 제약을 가함으로써, 문화적·경제적 자본을 가진 자들의 이익을 극대화하고 있다는 사실을 폭로하도록 도와준다는 것이다. 하지만 여기에서 사용한 재생산, 분배와 같은 은유는 어떤 것이 드러나지 않게 숨길 수 있다. 재생산이라는 개념은 이를 주도하는 권력에 대한 저항이 전혀 없다(혹은 있을 수 없다)는 전제를 이끈다.[13] 그러나 이는 사실이 아니다. 노동자, 빈곤층, 여성, 흑인, 미국 원주민, 히스패닉 등은 사회적 평등과 경제적 권리를 위해 끊임없이 투쟁해왔다. 그리고 이들의 투쟁은 구체적 행동의 가능성과 그것의 실제성을 강력하게 일깨워주고 있다. 수많은 이 같은 투쟁은 서로 통합되지 못했고, 체계적인 사회정의론의 뒷받침을 받지도 못했다. 또한 그중의 상당수는 이미 확립된 이해관계에 전혀 위협이 되지 않는 흐름 속으로 '통합'되고 말았다.[14]

물론 권력, 지식, 이해관계가 서로 관련되는 방식과 이들 각각이 드러나는 방식, 헤게모니가 경제적·문화적으로 유지되는 방식을 숨김없이 밝혀야 한다. 그러나 이와 동시에 그러한 **사실이 숨김없이 밝혀졌을 때 개인적·집단적으로 느끼게 되는 무력감도 효과적인 지배문화의 한 측면임을 알아야 한다.** 이데올로기의 한 형식으로서 무력감은 '가장 높이 평가하는 것'들을 허용하지 않는 상황을 바꾸기 위한 구체적인 행동을 하지 못하게 가로막는다.

무력감이 야기하는 문제에는 또 다른 이면이 있다. 학교, 직장, 그밖의 곳에서 일상적으로 이루어지는 개량주의적 행동은, 그것이 무엇이든 불평등 체제를 강화한다는 무력감에 수반되는 믿음이다. 이러한 입장도 마찬가지로 문제가 된다.

모든 개량주의적 행동은 자유주의 개혁가들이 여성, 흑인, 노동자 등에 무의식으로 바치는 뇌물로, 더 극적인 변화를 압박하지 못하도록 가로막는다는 전제가 깔려 있다. 그러나 이는 지나치게 단순한 셈법에서 나온 전제이다. 이 전제에서는 당장, 혹은 가까운 미래의 삶을 어떻게든 좀 더 낫게 만들어보려는 시도와 상황이 무르익으면 자연적으로 발생하게 될 혁명을 방지하는 것이 일대일로 대응한다. 이 논리는 기계론적인 역사관으로의 회귀를 의미한다. 기계론적 역사관은 불변하는 경제적·정치적 발전 법칙이 있다고 가정한다. 그러므로 이 법칙은 의식적인 인간 행위자 집단의 실천을 통해서는 만들 수도, 다시 바꿀 수도 없다.

더욱이 이러한 생각은 몰역사적이다. 아일린 켈리Aileen Kelly가 사회주의 정치와 개량주의적 개혁의 관계를 논하는 자리에서 분명히 했듯이, 경제와 문화 제도의 일상적인 조건을 개선하기 위한 투쟁은 대단히 중요하다. 그러한 투쟁은 켈리가 명명한 '정치전쟁'으로 발전할 수 있다.[15] 다시 말해, 비판적 신념체계는 일상적인 문제 해결을 위한 행동을 통해서만 의미를 가질 수 있다. 만약 그러한 신중한 행동에 참여하지 않는다면, 정치교육의 기회는 물론이고, 실제 상황에서 자기 이론을 검증할 기회도 잃게 될 것이다.[16]

커리큘럼은 어디로?

이러한 관점은 커리큘럼 전문가, 연구자, 교육자들이 이데올로기적 입장을 다시 생각해보고자 할 때 중요한 의미가 있다. 이 문제를 진지하게 다루려면 교육활동은 현재의 '의사—과학적' 경영 시스템의 프레임에서 벗어나야 한다. 이 프레임은 오늘날 커리큘럼의 지도원리가 되는 성취 및 사회화 전통에 뿌리를 두고 있다. 그러므로 교육활동은 이 전통과 결별하고, 끊임없이 정치적·윤리적 프레임으로 나아가야 한다. 분명히 커리큘럼 분야에도 기술적 전문성이 필요하다. 어쨌든 상이한 교육 전망을 바탕으로 구체적인 환경을 설계하고 만드는 일을 도울 사람은 커리큘럼 전문가들이다. 그러나 기술적 효율성을 앞세우는 이 방법은 너무나 자주 문제들을 일으킨다. 커리큘럼, 과학, 기술 간의 관계를 더 적절하게 재구성하기 위해서는 교육 '과학'과 기술 역량이 비판 프레임 속에 확고하게 자리 잡아야 한다. 또한 그 비판 프레임은 타인을 윤리적이고도 공정하게 대우할 책임과 그러한 공동 책임을 가능하게 할 경제적·문화적 제도 탐색을 중심에 두어야 한다.

하버마스는 이 주장과 그 의미를 확장하여 커리큘럼 탐구와 실천을 재구성한다. 그에 따르면, 사회의 관료화된 지배기관들은 과학과 기술지식의 증가를 요구한다. 예를 들면 연구공동체는 새로운 합리성과 기법을 창안하여 경제적·이데올로기적 힘이 개인과 집단을 훨씬 더 잘 통제하고 지배할 수 있게 돕는다. 그런데 이 연구 공동체들이 생산하는 자료는 재생산과 지배를 위한 기존의 제도화된 규정과 메커니즘을 지원하지만, 이와 함께 점점 더 중요한 전략적 위치를 점하게 된다. 대학 내의 구조적 모순과 다양한 '과학적', '지적' 공동체를 이끌고 있는 기본적 사회규범이 개방적이면서도 정직한 의사소통에 기초하기 때문에,[17] 이 연구 공동체들은 물론이고 노동계급과 여성집단이 다양한 사회제도가 행사하는 불필요한 통제와 지배의 현실을 깨닫게 될 가능성이 있다. 여기에 더하여, 교육자와 실천가로 구성된 공동체가(아주 작은 공동체라도) 태도를 바꾸어 자신의 행동, 합리성, 언어, 그리고 탐구를 지배하는 의사-중립적 관점을 사실로 인정하게 된다면, 이 깨달음이야말로 사회탐구와 개량의 교육적 형식이 어떻게 그들이 하는 일의 윤리적·경제적·정치적 의미를 간과하게 되었는가를 밝혀주는 긍정적인 효과를 발휘할 것이다.[18] 즉, 교육 공동체 내에 비판적 관점이 발달한다면 이는 커리큘럼 분야의 버팀목인 상식적인 전제에 도전장을 내고, '대안적인 연구·개발 프로그램을 창출하는데 공헌할 수 있다.'

그 중요성은 다음에서 다시 확인할 수 있다.[19]

사회 공동체를 건설하고, 문화적 조작에 저항하고 지방분권운동을 촉진하고, 일반적으로 무시되는 인간의 필요를 실현하는 데 기여하려는 사람들의 요구와 관련된 지식이 생성될 수 있다. 과학 공동체, 아니 그 공동체의 일부만이라도 방향을 수정한다면, 비판적 관점은 국가정책의 수립과 시행에 대한 현재 과학 흐름의 물줄기를 바꿔 변화를 이끄는 추진력이 될 수 있다.

이 주장에 따르면, 실질적인 진전이 이루어지기 위해서는 연구와 실천의 옹호 모델이 결정적으로 필요하다.

그러나 현실을 보자. 많은 사람은 사회제도와 개인의 발전에 대한 실질적 통제권을 다시 회복한다는 생각 자체가 지나치게 이상적이고 '터무니없다'고 생각한다. 일반적으로 헤게모니는 당연히 존재한다. 그리고 많은 사람은 사회의 경제·사회·교육 제도를 기본적으로 자기-결정적인 것으로 보기 때문에, 자신들이 참여할 필요도 없거니와 그 제도의 목적과 운영수단을 놓고 왈가왈부할 필요도 없다고 생각한다. 가정, 학교, 직장, 건강 등의 연결고리가 끊어져 해체되고 있는데도 기업 논리의 기본 범주는 너무나 상식적으로 받아들여지고 있기 때문에, 많은 사람은 더 이상 해방의 필요조차 느끼지 못한 채 일부 계층에 만연한 아노미 상태를 경험하게 된다. 이러한 이유로 **비판적 커리큘럼 커뮤니티**를 만들고 이를 발전시키는 것은 더욱더 중요해진다. 왜냐하면 부분적이지만 기본 범주와 관행에 대한 체계적인 비판이 시작되는 곳이 바로 커뮤니티이기 때문이다.

즉, 해방을 위한 가장 기본적인 조건은 다음 세 가지 능력을 갖추는 것이다. 첫째, 기관의 실제 기능을 긍정적인 복잡성뿐만 아니라 부정적 복잡성 속에서 '볼 수 있는' 능력이다. 둘째, 기존 규칙성의 모순을 밝힐 수 있는 능력이다. 셋째, 서로 도와 자율과 평등의 가능성이 있음을 '기억하게' 하는 능력이다.[20]

이는 커리큘럼 종사자들이 교육 안팎에서 형성된 다수의 비판 전선에 힘을 보태야 함을 의미한다. 가장 중요한 교육 '내적' 태도는 학생들의 권리 (그리고 교사, 피억압자 등의 민주적 권리) 보장이다. 하나의 연구 분야로서 커리큘럼이 가장 우선적으로 관심을 가져야 할 과제는 지식과 전통, 특히 선택적 전통에서 제외된 분야들이다. 따라서 학생들이 자유롭게 정치적·문화적으로 정직한 정보를 구할 수 있고, 그 정보에 근거해 공개적으로 자신의 견해를 표현할 수 있는 학생 권리의 문제는 공정한 교육환경을 구축하려는 노력과 분리될 수 없다.[21]

옹호와 비판 모델은 학생, 교사, 그리고 억압받는 집단이 경제적·법적·문화적으로 가져야 할 권리가 무엇인가를 밝히고, 이를 획득할 수 있도록 인도할 수 있을 뿐만 아니라, 교육에서 치료 모델의 사용 빈도수가 점점 증가함에 따라 발현되는 많은 문제를 분석·해결하는 데도 유용할 것이다. 여기서 특히 치료 모델이 문제가 되는 것은 학교를 학생과 사회문제에 더 예민하게 반응하고 더 책임을 다할 수 있는 사회적·지적 구조로 바꾸기보다는, 학생 개인을 바꾸는 데 초점을 두기 때문이다.

구체적인 예로 교육자들의 '치유'언어를 보자. 행동수정 혹은 교육 목표를 행동언어로 구체화하려는 시도는 치유언어의 좋은 예다. 교육자들은 어떤 특정한 '처치'를 가하면 그에 따라 어떤 특정한 '결과'나 성과가 나타난다고 말한다. 이때 처치와 결과 사이에 인과관계가 성립하는 것처럼 전제하지만, 이는 심리적·논리적으로 성립하기 어렵다. 그러나 교육자들은 이 사실을 무시하기 때문에 치유언어의 관점에는 윤리적인 문제, 특히 법적인 문제가 발생한다. 만약 불확실한 치유언어적 전제에 기초한 임상적·치유적 범주, 낙인, 그리고 방법과 절차의 문제를 전면에 부각시킨다면, 이는 학교와 같은 교육기관들의 일상을 구성하는 수많은 일반적 관행을 바꾸는 전술적 수단이 될 수 있다.

다수의 법학자에 따르면, 어떤 종류의 치유 프로그램이든 그것을 사용하기 위해서는 다음과 같은 조건을 충족해야 한다. 첫째, 치유 프로그램을 사용하는 동기는 진실로 치유를 위한 것이어야 하고, **사회통제를 위한 메커니즘으로 악용될 가능성이 없어야 한다.** 그러나 과거의 너무나 많은 커리큘럼이 정확하게 이 통제의 기능을 해왔다. 그러한 기능이 특히 잘 구현된 사례가 평가와 검사(예컨대 지능검사)에 내재된 통제 이데올로기다.[22] 이밖에도 통제는 많은 교육 관행, 기관의 유형, 기관들에서 일어나는 지배적인 상호작용의 형식을 통해 이루어진다.

둘째, 프로그램은 **시행 전에 목적을 달성할 수 있다는 사**

실을 증명해야 한다. 만약 증명하지 못한다면, "프로그램은 사람들의 삶과 자유에 개입하면서도 납득할 만한 어떤 목적도 달성하지 못할 수 있다. 이 경우 개인은 희생되고, 사회는 아무것도 얻을 수 없다." 셋째, **바람직하지 않은 부작용과 예측가능한 개인의 삶에 대한 개입의 잠재적 결과가 미리 고지되어야 하고 제대로 평가되어야 한다.**[23] 교육이 하는 일이 품고 있는 모순과 드러나지 않은 윤리적·정치적 결과는 참으로 깊고도 엄청나다.

교육자들은 사회와 행동을 통제하는 기술이 점점 새로워지고 정교해진다는 사실, 그리고 그러한 새로움과 정교함이 자극제가 되어 그 기술이 꼭 필요하지 않은 상황에까지 확산하고 있다는 사실을 알아야 한다. 따라서 그러한 기술을 사용해야 한다는 제안을 받았을 때는 어떤 경우라도 면밀히 검토해야 하고, 사용하는 경우에는 사회의 다양성과도 조화를 이룰 수 있도록 절차적 안전장치를 마련해야 한다.[24]

그러나 법적 경고와 안전장치는 하나의 단계에 불과하다. 사실 그 정도로는 통제의 문제와 상식적인 관행과 관점에 따라 행동할 때 나타날 수 있는 윤리적 문제를 다루기 어렵다. 하지만 법적 경고와 안전장치는 구체적 행동을 자극하고 정치교육을 하는 데 중요하다. 다음 단계는 프로그램의 기초와 과정, 헤게모니 창출에서 그러한 통제 기술이 하는 역할을 비판적으로 검토하고, 그에 관해 진지하게 문제를 제기하는 것이다. 마지막으로, 일상에서 만날 수 있는 사례로, 사회 교과에서 이용하는 가치 명료화 자료와 문제해결을 위한 기술에 치료모델을 사용하는 사례가 점점 많아지는 경우를 생각해보자. 이 모델은 눈에 보이는 계급이익을 중립적인 조력이라는 과학적·자유주의적 언어로 계속 전환하고 있는 사례가 아닌가? 또한 학교교육의 권력이 그 합리적 정신을 가장 사적이고 개인적인 학생의 성향으로까지 확장하여, 학생들이 좀 더 쉽게 통제될 수 있도록 하고 있지 않은가? 이 모델은 사회가 통제, 자본 축적, 도구적 합리성을 중시하고, 나아가 개인에게는 의미가 없는 제도생활에 편안함을 느끼는 개인 '생산'에 집중하고 있음을 보여주는 지표가 아닌가? 이처럼, 이 모델은 직장에서 육체노동자와 정신노동자를 대상으로 노동통제를 강화하기 위해 점점 자주 동원되고 있는 인간관계론과 무엇이 다른가?[25] 이러한 질문들에 대한 대답은 쉽지 않다. 그러나 만약 커리큘럼 종사자와 교육자들이 자신이 하는 일에 수반되는 눈에 보이지 않는 이데올로기적 기능을 알고자 한다면 반드시 탐구해야 할 질문들이다.

따라서 커리큘럼 분야와 교육 일반의 기초를 확고하게 다지는 일 중의 하나는 교육 실무자들이 경제·정치권력은 물론이고 사회의 제한된 상층 이동 경로를 통제하는 사람들과 거리를 두는 것이다. 이 말은 커리큘럼 종사자들이 정치와 경제를 논의하고 분석하는 일에 관여해서는 안 된다는 뜻이 아니다. **사실은 정반대다.** 더 정확히 말하면, 커리큘럼 종사자들은 사회의 지배적인 이데올로기와 관례를 전적으로 받아들일 것이 아니라, 거기서 한 걸음 물러설 필요가 있다. 또한 사회를 살아가는 다수의 삶과 희망에 한계를 설정하는 제도적 질서를 바꾸기 위해 의식적으로 노력하는 문화·정치·경제 집단들과 **제휴할 필요**가 있다. 이는 물론 어려운 문제다. 그러나 만약 사회를 지배하는 이데올로기 및 관행과 다른 형식의 행동과 사고를 생각하지 못한다면, 즉 비판적 전통에서 유래한 사고와 행동을 알지 못한 탓에 좀 더 중요한 문제를 제기할 수도, 효과적인 집단행동에 관여할 수도 없다면, 이는 자신에게 정직하지 못한 짓이다. 그러므로 상황의 재정의가 필요하다. 상황을 재정의하자는 것은 어떤 현실적 이해관계에도 뿌리를 내리지 않은 지식인의 이데올로기적 이상을 좇자는 것이 아니라, 그람시가 헤게모니에 맞서 투쟁에 적극적으로 참여하는 **유기적 지식인**의 한 특성으로 본, 진지하고도 열정적인 참여를 위해서다.[26]

끝으로 마지막 남은 문제를 생각해보자. 교육자로서 신념과 행동의 확실성이 보장되지 않을 때, 또한 많은 대답과 행동이 상황에 따라 변하고 모호함으로 가득할 때, 과연 그 상황에 정직하게 대면할 수 있을까? 이런 생각을 하면서 어떻게 행동에 전념할 수 있을까? 부분적으로나마 여기에 대답한다면, 이는 합리성이 비판적 이해의 변증법을 요구한다는 사실을 깨닫는 것이다. 구체적으로 말하면, 가장 넓은 의미의 합리성에 대한 헌신은 정치적 실천 행동으로 이끌 비판적 이해의 변증법을 **요구한다**는 사실을 깨닫는 것이다. 즉 '중립적'이라고 주장하는 활동도 중립적이지 않을 수 있다. 교육자가 하는 일은 이미 이데올로기적 이해관계에 봉사하고 있다. 그로서는 거기에 헌신하는 것 이외에 다른 방도가 없다.

9.11 이후의
이데올로기와 교육

Ideology and Education after September 11

이 책의 핵심은 이데올로기가 교육에서 작용하는 복잡한 방식이다. 여기서 권력은 커리큘럼, 교수법, 평가의 실제뿐만 아니라 교육적 상식에 의해 누가 도움을 받고, 누가 피해를 보는가를 이해(그리고 오해)하는 데 핵심축이 된다. 상식은 복잡하다. 이는 '좋은 의미'와 '나쁜 의미'를 포함한 모순된 충동을 지니고 있다. 이는 이데올로기로 인한 긴장이 해소되는 방법과 헤게모니 관계가 구축되고 재구축되며 도전받는 방법이 상당히 복잡하며, 새로운 역사적 현실에 따라 변화한다는 것을 의미한다.

우리는 새로운 역사적 현실이 눈앞에서 벌어지는 시대에 살고 있다. 지배-종속의 관계가 놀라운 방식으로 다시 구축되고 있다. 9.11로 인한 끔찍한 사건들, 새로운 버전의 국가안보 체제 구축, 오랫동안 지속되어온 시민권 투쟁의 위축, 대다수 국가의 반대에도 UN의 제재 없이 이루어진 미국의 이라크 침공, 명백한 잘못에 대해 반대하고 비판하는 이들에 대한 지속적인 억압, 오만한 아메리카 제국의 구축 등등. 끝도 없이 이어지는 이 목록의 모든 것은 서로 강력하게 관련되어 있다. 오늘날 일어나고 있는 일들과 오래전에 이미 불신으로 사라진 매카시즘 사이에는 큰 유사점이 있다. 이 모든 것은 문화와 권력의 관계에 대한, '우리' 공동체 안과 밖에 누가 있는지에 대한 우리의 생각에 지대한 영향을 미친다. 또한 현재 국가적, 국제적으로 직면하고 있는 삶의 조건과 현실을 이해할 수 있도록 학교와 문화기관에서 무엇을 가르치고 무엇을 배워야 하는지에 대한 우리의 생각에도 영향을 미친다. 우리가 목격하고 있는 것처럼, 혁명은 보수적일 수 있다. 거꾸로 갈 수도 있다.

부당한 지배와 억압에 대항하는 수십 년간의 투쟁을 통해 비판적인 교육자, 지역공동체 활동가, 그리고 억압받고 박탈당한 집단의 사람들은 많은 것을 얻었다. 이러한 진전은 힘겹게 획득한 것이다. 물론 진전은 때때로 중단되었고, 획득한 이득도 때로는 지배집단과의 타협의 산물이었다. 그러나 반헤게모니 투쟁의 공간은 여전히 열려 있었고, 교육과 사회 다른 영역에서 실질적인 진전도 이루어졌다.[1]

그런데 지배집단은 현재의 위기를 이용해 시계를 거꾸로 돌려놓으려고 시도했다. 많은 보수세력이 당당하게 되돌아왔다. 그들이 소유한 경제적·정치적·문화적·사회적 자본이 부활에 큰 역할을 했다. 또한 국가적 투쟁에서 승리하기 위해서는 반드시 시민사회에서 승리해야 한다는 그람시의 통찰을 잘 이해하고 현명하게 활용했다. 아울러 민주주의와 시민권 같은, 우리 상식을 조직하는 핵심 이데올로기 개념을 재규정하는 전략도 구사했다. 그러나 그들의 부활이 이러한 요소들 때문만은 아니다.[2] 물론 이 모두는 대단히 중요하다. 그러나 보수세력의 재기는 현명한 계획 덕분이 아니라 도저히 예측할 수 없는 '우연한' 역사적 사건으로 가능했다. 지배집단은 이미 이 사건을 이해하는 데 요구되는 이데올로기적 기반을 준비해왔고, 윌리엄스가 명명한 '감정의 구조'를 창출하여, 많은 사람들을 끌어모을 수 있었다. 그 구조로 인한 감정은 서서히 상식으로 통합되어가는 신자유주의와 신보수주의에 저항하기 어렵게 만들었기 때문이다.[3] 그러므로 비록 계획하지 않았다고 하더라도,

그들이 정당화하는 헤게모니적 의미와 지배-피지배의 권력 관계는 정의롭지 못한 방법으로 재구성된다. 여기서는 대재앙이자 공포였던 9.11 사건을 예로 들어, 보수세력의 재기가 어떻게 가능했는가를 살펴볼 것이다.

우선 최신 이데올로기를 검토하고자 한다. 즉, **긴장과 갈등 이론**의 원리를 적용해 지금까지 일어난 일을 살펴볼 것이다. 나는 지역 수준에 초점을 두고자 한다. 즉, 나와 같은 교사들이 경험한 9.11은 현상학적으로 얼마나 서로 다른가? 그 사건이 교육론에 미친 잘 알려지지 않은 효과는 무엇인가? 사건 여파로 미국을 휩쓴 애국적 담론과 실천에 학교를 참여시키려고 얼마나 촉구했는가? 이러한 분석은 개인적 경험을 토대로 한다. 이렇게 하는 이유는 내가 독자들보다 현실을 더 잘 이해해서가 아니라, 9.11이 나와 같은 사회적 행위자에게 의미하는 바가 무엇인지를 탐색함으로써, 9.11의 생생한 효과와 그것이 복잡하고도 지속적인 이데올로기 변화에 어떻게 개입하고 있는지를 이해할 수 있기 때문이다.

그러고 나서 9.11이 지역 정치와 내가 사는 위스콘신 매디슨 교육위원회에 미친 영향을 논의하고자 한다. 이 논의에서 우리는 '애국심'의 정치가 학교에서 미국의 정치와 경제력에 대해 비판하고 의미 있는 대화를 나누기 훨씬 어렵게 만들었다는 사실을 알 수 있다. 9.11의 강력하고도 우려스러운 효과는 학교를 이용해 애국심을 고취하려고 몰아가는 행동에 은폐되어 있다.

9.11 공포 이후

세계무역센터의 재앙을 보며 엄청난 공포를 느끼는 바로 그 순간에, 화면에서 본 이미지와 함께 내 눈에 들어온 다른 것이 있었다. 바로 '화면'이다. 그것은 비현실적으로 보였다. 나는 우리를 지배하는 상품문화를 비판해왔다. 그러나 비판의식을 가진 나 역시, 이 엄청난 생각과 감정을 표현하기 위해 사용할 수 있는 유일한 말이 "그 장면을 영화 보듯 보고 있었다"는 것이다. 많은 사람이 그랬겠지만, 나도 앉아서 몇 시간을 보았다.

그날 이후 여러 날 동안, 여론 지배자들이 스크린에 나와 그 재앙을 합당하게 해석하기 위해 공개적으로 토론을 벌였다. 스크린에서 시각적으로 구성된 권위와 토론 내용은 비판적 미디어 분석가들에게 상황 판단에 필요한 자료를 충분히 제공했다. 따라서 그들은 이 자료에 근거하여 권력이 대중을 대상으로 어떻게 행사되는지를 설파했고, 비극적인 배경과 정의의 목소리, 애국심과 복수의 극적인 대비 등이 합쳐져 정의가 아닌 복수가 당연하다는 목소리를 더욱 강력하게 만들었다.[4]

이것을 우리는 어떻게 해석해야 하는가? 일반적으로 말하면 미국의 대중은 복잡한 국제관계를 이해할 만한 인내력이 거의 없을 뿐만 아니라, 미국이 독재정권과 결탁해 그들을 돕고 무장시켜주고 있다는 사실조차 잘 모른다. 또한 미국의 대중은 노엄 촘스키Noam Chomsky 같은 학자가 미국의 국제정책을 비판하고 있는데도, 미국의 세계경제 지배, 세계화의 부정적 효과, 낭비적인 에너지 정책과 소비 관행이 환경에 미치는 영향을 자세히 알지 못한다.[5] 이는 공식적인 지식을 선정할 때, 그리고 국경 너머의 세계를 뉴스가 전할 때도 선택의 전통이 작용하고 있음을 말해준다. 환경 파괴에 대한 경각심을 높이기 위해 학교교육 과정을 개정할 때조차 이 개정은 가장 안전한 형태로 이루어지고,[6] 미국 에너지 정책이 국제 사회에 미치는 영향을 논의하는 수준에까지는 이르지 못한다. 미국이 세계 어느 나라보다 많은 에너지를 낭비하고 있다는 것, 그것이 우리의 일상 행동과 어떻게 관련되어 있는가 하는 문제는 학교에서는 물론이고 주류 미디어에서도 전혀 다루지 않는다. 확실히 말할 수 있는 것은 에너지 절약에 대한 논의는 미국 소비자의 일상생활과는 아무 관계 없이 허공에서 이루어질 것이며, 더욱 분명한 것은 미국의 경제·군사 전략과 시장 방어, 예컨대 석유자원 방어 간의 관계는 '미국적 생활방식'을 보호하기 위해서는 어떤 희생도 불사하겠다는 투쟁으로 해석할 수 있다.

몇몇 대학교수는 두려우면서도 애써 아무렇지 않은 척했다. 아마도 내가 1963년 교사 초년생 시절에 케네디 암살 소식을 들었을 때, 그 충격을 이기려고 애써 태연한 척 일상에 매달렸던 것과 같은 이유일 것이다. 다른 수업에서도 며칠 동안은 그 사건에 대한 논의가 이어졌다. 슬픔, 불신, 충격이 분출되고, 분노와 함께 애국심이 되살아났다. 그 사건에 대해 비판적으로 분석한다는 것은 지극히 조심스러운 일이었다. 그럴 수밖에 없었던 것은 진보적인 대학교조차 정서적·정치적으로 격앙되어 있었을 뿐만 아니라, 많은 이들이 분노와 공포를 완전히 떨쳐버리지 못했기 때문이다. 9.11은 진보적인 교육자들에게도 선악의 대립 구도를 강요하고, 대외 강경론자로 만들었다.

애국심, 국기, 학교통제

1,200명의 사람이 강당을 가득 메웠다. 매디슨 교육위원회가 개최한 특별 회의에 참석한 사람들이다. 사방이 성조기다. 손에 든 사람, 옷깃에 꽂은 사람, 아예 옷에 그린 사람도 있다. '숨 막힐 듯한 분위기'라는 말이 딱 들어맞았다.

9.11의 재앙이 일어나기 몇 달 전에 분쟁의 씨앗은 심어졌다. 예산이 승인된 법안에 모든 공립학교 학생은 국기에 대한 맹세를 암송해야 하고, 미국 국가를 부르거나 연주해야 한다는 조항이 들어간 게 문제였다. 이는 보수파 의원들이 다가

올 선거에서 유리한 고지를 점령하기 위해 슬쩍 주 예산 법안에 넣은 것이다. 하지만 그때는 아무 문제도 없는 것처럼 보였다. 하지만 이것은 터질 때만 기다리는 시한폭탄 같은 것이었고, 실제로 그랬다. 9.11로 인한 애국심의 열기가 점점 고조되는 가운데, 매디슨 교육위원회는 투표를 통해 매디슨 공립학교 학생들에게 국기에 대한 맹세 암송과 국가 제창을 의무로 부과하지 않기로 결정했다.[7]

그 뒤 몇 시간이 지나지 않아, 그 결정에 대한 분노가 절정에 달했다. 미디어는 그 결정을 가장 중요한 뉴스로 다루었다. 지역 보수 신문의 헤드라인을 보자. "교육위원회, 국기에 대한 맹세를 금지하다." 교육위원회는 실제로 법이 정한 절차와 준수 사항을 그대로 따랐고. 더욱이 투표에 들어가기 전에 공청회를 열고 많은 사람이 그 법은 물론, 국기에 대한 맹세나 국가를 부르는 데 반대한다는 사실을 확인했다. 교육위원회의 이러한 조처에도 지역 보수 신문은 그 결정이 잘못된 것처럼 보도했다. 9.11로 팽배한 공포 분위기를 타고 보수 정치인과 그 대변인들이 재빨리 등장했다. 국가적 위기와 공포를 팔아 자신들의 지지 세력을 확장하고자 한 것이다.

물론 우리는 미국에서 벌어진 자유와 시민권의 의미를 둘러싼 오랜 투쟁의 역사를 이해하지 않는 한 이 모든 것을 이해할 수 없다.[8] 교육위원회 논의에 참여한 모든 이들에게 있어 위험에 처한 것은 바로 **자유**였다. 어떤 이들에게 자유로운 삶을 파괴하는 것은 국제 테러의 위험이었다. 이들의 입장에서는 어떤 것도 미국의 자유 수호를 가로막을 수 없고, 학교는 그 방어 전선의 최전방이 되어야 했다. 반면, 다른 이들은 만약 그 자유가 특히 위기의 순간에 시민들이 자유롭게 행동할 수 없다는 의미라면, 그런 자유는 무의미하다고 생각했다. 반대 의견을 침묵시키고, 애국심을 강요하는 행위는 오히려 자유와 정반대일 뿐이라고 여겼다. 의무적인 애국심의 잠재적 커리큘럼이 본질적으로 하는 일이 정확하게 바로 이것이다.

이 사실은 대단히 중요하다. 자유와 같은 개념은 그 의미를 포착하기가 대단히 어렵다. 고정된 의미가 없지만, 논쟁을 통해 의미가 확보된다. 여기에는 민주주의에 대한 다양한 비전이 존재하고, 이 비전의 기반이 되는 사회권력은 불평등한 자원에서 비롯되며, 이 불평등한 자원은 일반 대중이 이미 받아들인, 예컨대 민주주의와 같은 핵심 용어의 규정에 상당한 영향을 미친다. 이 문제에 관해, 가장 현명한 역사학자 중 한 사람인 에릭 포너Eric Foner의 말을 들어보자.[9]

보편적으로 사용되는 자유라는 말에는 다양한 의미와 수많은 적용 예가 숨어 있다. 그래서 자유의 다른 의미를 규정할 수 있는 하나의 '실제적'인 의미를 찾으려는 시도는 무의미하다. 자유라는 말은 고정된 범주도, 이미 결정된 개념도 아니다. 그것은 '본질적으로 논쟁적인 개념'으로, 원래 서로 일치하지 않는다. 따라서 자유라는 개념을 사용한다는 것은 다른 경쟁의 의미와의 지속적인 대화를 전제로 한다.

민주주의, 자유 같은 개념은 의미를 포착하기가 어려울 뿐만 아니라, 여러 집단이 그 개념을 다양한 목적으로 사용할 수 있다. 그리고 우리가 이러한 사실을 깨달을 때, 보수파가 추진하는 경제적·문화적 이데올로기 프로젝트를 이해할 수 있다. 이는 또한 로저 데일Roger Dale과 내가 명명한 '보수이 현대화'가 광범위하게 성공하고 있음을 의미한다.[10] 우리는 우리의 상식을 바꾸고, '진보적 엘리트'의 역할, 정부와 경제의 역할, 적절한 가치, 공적 업무와 젠더, 성적 취향에서 종교의 역할, 인종, 그리고 기타 많은 중요한 영역에 대한 우리의 생각을 근본적으로 바꾸는 사회 및 교육 과제를 목격하고 있다. 이와 더불어 민주주의는 정치적 개념에서 경제적 개념으로 변화했다. 널리 통용되어온 자유의 의미는 집단적인 의미였지만, 단순히 소비자 선택을 의미하는 민주주의에서 자유는 개인적인 의미로 대체되었다. 자유의 의미 변화는 노동조합의 힘에는 물론이고 다른 중요한 집단적 사회운동에 엄청난 영향을 미쳤다. 그러나 다른 한편으로는, 시장에서 계산하고 개별적으로 결정하는 합리적 경제행위자의 자유와는 다른, 가족과 공동체에 대한 요구와 같은 숨은 필요와 욕구를 창출했다.[11] 이러한 필요와 욕구는 그들의 전매특허인 양 밖으로 드러내는 보수적 정서를 불러일으키는 데 결정적인 역할을 한다.

이처럼 9.11 비극은 지역 단위에서, 더 구체적으로는 대학 강의실에서뿐만 아니라 일상적인 학교운영 방법을 놓고 의미투쟁을 하지 않을 수 없는 상황을 제공했다.

또한 나는 9.11 재앙이 인종 간 갈등에 미친 영향을 강조하고자 한다. 실제 상황에는 권력이 서로 다양하게 관계를 맺고, 완전한 헤게모니적 관계가 형성되는가 하면, 때로는 헤게모니적 관계와 반헤게모니적 관계가 공존하는 상호모순적인 결합이 이루어지기도 한다. 이러한 이유로, 9.11이 교육에 미친 실제적인 영향을 올바로 이해하기 위해서는 평상시보다 눈을 더 크게 떠야 한다. 지금까지 본 것처럼 9.11 이후 지역 단위학교 운영은 거센 정치화 바람에 휩쓸렸다. 그러나 이 정치화 바람을 이해하기 위해서 인종과 같은 다른 종류의 정치적 역동성을 이해해야 한다. 만약 그러지 못한다면 매디슨에서 자유의 의미를 놓고 벌어진 투쟁의 가장 중요한 결과 중 하나를 놓치게 된다. 9.11의 영향은 우리가 생각하는 것보다 훨씬 더 넓고 깊다.

○ ○ ○

지금까지 살펴본 바로는 누가 진정한 승자이고 누가 진정한 패자인지가 분명하지 않다. 그러나 한 가지 분명한 것은, 9.11이 교육에 미친 영향을 올바르게 분석하기 위해서는 세계의 각 지역이 역동적으로 연결되는 방식을 이해해야 한다. 그러한 분석은 신자유주의와 신보수주의의 이데올로기적 성향 및 역사와 더불어, 그것이 사회 상식으로 자리 잡은 담론에 미치는 영향을 이해해야 한다. 어떠한 분석도 신자유주의와 신보수주의가 만들어내는 상호대립적 요구와 모순을 무시할 수 없다.

마지막으로 9.11의 대재앙을 완벽하게 분석하기를 원한다면, 우리가 상품으로 구매하여 오락으로 즐기는 대중문화의 영향을 살펴보아야 한다. 주위에서 9.11 같은 중대한 사건이 일어나면 마치 할리우드 영화를 보듯 하는 경향이 있기 때문이다. 비판적 문화분석가들은 우리에게 많은 것을 가르쳐왔다. 그리고 분명 우리는 할리우드 영화 같은 문화적 형식과 내용을 볼 때, 그것을 지배적인 방식으로(그 영화 내 스타일이야), 혹은 타협적인 방식으로(좋은 부분도 있고 그렇지 않은 부분도 있어), 그리고 지배적 풍조와는 정반대로(그런 영화를 왜 만들었는지 모르겠어) 해석할 수 있다. 그러나 9월 11일 세계무역센터를 들이받은 비행기, 무너지는 빌딩, 그리고 사람들이 떨어지는 공포의 광경을 마치 영화 보듯 경험한 나에게는 세 가지 해석, 즉 지배적·타협적·반대적 해석이 동시에 다가왔다.

그러므로 나는 교육자들이 9.11 재앙과 이후의 여파에 대해 우리 자신 속에서 일어나는 모순된 반응을 먼저 깨달아야 한다고 생각한다. 또한 이러한 반응이 장기적인 결과를 초래하는 역학관계를 조성할 수 있다는 점도 알아야 한다. 이러한 결과는 대부분 우리가 옹호하고 방어하는 민주주의 자체를 약화시킬 수 있다. 이렇게 서로 얽혀 있는 복잡한 정치관계를 이해하는 일은 적절한 사회적·비판적 교육전략을 찾는 첫걸음이다. 그리고 이러한 교육전략을 찾을 때, 우리는 교실에서, 지역사회에서 앞으로도 계속 직면하게 될 대규모 헤게모니적 프로젝트(민주주의를 '열정적인 애국심'으로 재규정하려는 시도를 포함하여)를 막아낼 수 있다.

독일 관념론과 이데올로기

애플은 이 책의 서두에서 분석을 위하여 그가 채택한 방법을 하버마스 등이 주도한 비판이론, 즉 신마르크스주의적 접근법이라고 밝히고 있다. 비판이론 자체가 마르크스주의를 바탕으로 하고 있다는 점에서 그가 보는 교육 현상은 대립적이다. 이데올로기는 원래 수평선 위의 태양이 크게 보이듯 자신도 모르게 저지르는 일종의 착각이지만, 여기에서는 대립하는 세력들이 채택하는 투쟁수단이다. 내 편의 말은 진실이고, 네 편의 말은 거짓이라는 것이 이 투쟁수단의 핵심이다. 우리가 진실에 접근하기 위하여 이데올로기 분석이 꼭 필요한 이유가 여기에 있다.

마르크스 이데올로기는 독일 관념론의 산물이다. 관념론은 유물론과 달리 관념이 물질에 우선하며 관념, 즉 신과 같은 초경험적 의식이 물질의 원천이라고 믿는다. 그러나 독일 관념론은 서구의 중세를 지배하던 기독교 신의 부정에서 출발한다. 관념론자들은 인간 속에서 신성을 본 것이다. 칸트에게 그 신성은 이성이고, 헤겔에게는 정신이며,

마르크스에게는 이데올로기다. 관념론자가 다루는 주제는 철학의 전 분야를 망라할 정도로 광범위하다. 그러나 여기서는 진보관, 자유, 변증법, 그리고 교육으로만 한정하여 논의를 최소화하려 한다.

칸트

칸트는 《유고》에서 뉴턴은 "무질서하게 보이는 이 세계가 아름다운 질서와 규칙성으로 결합해 있다는 것"을 알려주었고, 루소는 "사물의 밑바닥에 깊이 감추어진 인간의 자연과 보이지 않던 법칙을 밝혀주었다"고 썼다.[1] 또한, 영국 철학자 흄이 자신을 독단의 잠에서 깨어나게 했다고 고백했다.[2] 칸트가 《순수이성비판》에서 자신의 인간 탐구를 "순수이성의 교설(敎說)이 아니라 순수이성의 비판(批判)"[3]이라고 누누이 강조한 것도 흄과 무관하지 않을 것이다.

인간은 시대와 사회 상황의 산물이다. 위에서 거명한 학자들 외에 칸트의 삶과 학문에 결정적 영향을 끼친 두 가지가 있다면, 하나는 프랑스 혁명과 독일의 정치적·경제적 후진 상태이고, 다른 하나는 마르크스가 늘 한탄했듯이, 영국을 비롯한 선진 외국 학문의 수입상을 면치 못했던 독일 학문의 현주소였다.

흄에 따르면, 우리의 모든 관념은 감각적 인상을 통해 형성되고, 그 인상이 관념을 만든다. 반면 칸트는 감각적 인상만으로는 관념을 조직할 수 없고, 그러한 인상에 질서와 체계를 부여하는, 이미 인간에게 주어져 있는 이성이라는 선험적 조직자가 필요하다고 보았다.[4] 기하학적 원의 정의는 한 점에서 동일한 거리에 있는 점의 집합이다. 그러나 현실에는 원의 정의에 한 치의 오차도 없는, 아니 수조 분의 1의 오차도 없는 원은 존재하지 않는다. 현실에는 존재하지 않지만, 이성은 그러한 원을 상상할 수 있다. 그런 의미에서 칸트는 이 원을 '선험적'이라 하고, '체계성'이라 하고, '원리'라 한다. 따라서 우리는 이 기하학적 원의 이념에 따라 현실에 나타난 여러 가지 원을 "심문하며", 원이 그 "이념에 부합하지 않는 한 결함이 있는 것으로 간주한다."[5]

칸트가 '물자체'라고 부른 이 선험적인 원의 이념은 경험을 넘어서는, 경험으로는 도달할 수 없는, 노력으로는 결코 만들어낼 수 없지만, 현실의 원을 '심문'하는 하나의 준거로 사용할 수 있다. 칸트에게 형이상학은 아리스토

텔레스의 전통을 이어받아 자연의 숨은 원리를 찾는 학문이다. 그에게 자연의 원리를 따르는 세계는 현상계다. 현상계의 모든 것은 인과성의 지배를 받는다. 그러므로 "자기로부터 시작하는 능력"[6]을 의미하는 자유는 현상계 어느 곳에도 들어갈 틈이 없다. 즉 "자유는 순수한 초월적 이념으로" 경험에서 아무것도 빌려오지 않으며, 그 내용 또한 경험에서 주어질 수 없다.[7] 그러나 칸트의 자유론은 "초월론적 자유보다는 도덕 법칙의 가능 근거인 실천적 자유에 쏠리고 있다."[8] 그의 실천적 자유란 첫째, "소극적으로는 도덕 법칙 이외의 일체의 것, 특히 감성의 충동으로부터 독립하여 결심"하는 것이고, 둘째, "적극적으로는 자기가 정립한 도덕 법칙에 의거해서만 자기를 규정하는 의지의 자율"을 말한다.[9] 이는 "소극적으로는 자연법칙으로부터 독립하고, 적극적으로는 한 가지 상태를 스스로 시작하는 자발성을 의미하는 초월적 자유"와 대비된다.[10]

실천적 자유는 일어나는 것만이 아니라, 비록 일어나는 일이 없다 하더라도 일어나야만 할 일도 가리킨다. 그런 의미에서 그것은 실천 법칙이다. 그러나 일어나지 않더라도 반드시 일어나야 한다고 이성이 명령하는 이 객관적 법칙이 순수하게 이성 자신의 결정만으로 이루어지는 것일까? 칸트는 그렇다고 주장한다. 즉 이성의 명령이 외부의 영향을 받는 것은 아닌가, 혹은 더 상위이거나 더 멀리 있는 어떤 작용의 영향을 받는 것은 아닌가 하는 의문에 대해 칸트는 아니라고 답한다.[11] 그러나 뒤에서 만나볼 헤겔과 마르크스의 생각은 칸트와 다르다.

칸트가 말하는 '목적의 나라'는 감성 세계에서 독립한 윤리의 나라, 자율인의 나라다. 감성의 세계가 자연법칙에 지배받듯, 목적의 나라에서는 '윤리성의 원리'에 지배받는다. 이 목적의 나라의 자율인이 항상 내적으로 엄수하고자 하는 '인간 존엄의 준칙'은 다음과 같다. 즉 "네가 네 자신의 인격에서나 다른 모든 사람의 인격에서 인간(성)을 항상 동시에 목적으로 대하고, 결코 한낱 수단으로 대하지 않도록 행동하라."[12] 그리고 목적의 나라의 도덕적 자율인은 자신의 주관적 준칙이 보편적 법칙이 되도록 하는 것을 최우선으로 하기 때문에 모든 주민이 보편적 법칙의 입법자가 된다.

칸트는 "이 세계에서 또는 이 세계 밖에서까지라도 아무런 제한 없이 선하다고 생각할 수 있는 것은 오로지 선의지뿐"[13]이라고 주장한다. 선의지는 어떤 수단에 유용하기 때문이 아니라 그 자체로 선하며, 선의지를 낳는 것이야말로 "이성의 참다운 사명"[14]이라는 것이다. 그러나 칸트에 따르면, 우리는 아무리 노력해도 "'윤리적 완벽성'에 도달할 수 없다."[15] 우리는 실천이성의 요청으로 그 완벽성에 다가가기 위해 끝없이 노력할 수 있을 뿐이다. 여기서 우리는 터커(Tucker)가 지적한 것처럼, 칸트의 이원론적 인식론이 초래한 인격의 분열상을 본다. 그는 인간의 자아를 현상적 자아(homo phenmenon)와 본질적 자아(homo noumenon)로 구분하고, 전자가 후자를 끝없이 닮아가려 한다고 보았다.16 원과 자유의 이념처럼 경험에 물들지 않는 본질적 자아를 상정할 수 있다는 것이다. 그러나 경험적 자아를 제거하면 나타나는 것이 본질적 자아가 아닌가? 칸트는 본질적 자아를 마치 사막의 신기루처럼 묘사할 뿐, 그것의 진정한 실상을 해명하려 들지 않은 채 우리로서는 도저히 알 수 없는 그런 것이라고만 주장한다.

그리스 이래, 진리 탐구의 한 방법으로 사용되어온 변증법은 용도와 의미가 다양했다. 칸트는 변증법을 '가상의 논리학'이라는 이름으로 이성의 경향에서 비롯한 전통 형이상학의 오류를 바로잡는 데 사용한다. 그러므로 칸트의 변증법은 뒤에서 논할 헤겔과 마르크스의 변증법과는 달리 변화의 원리가 아니다. 그것은 일종의 궤변 탐색학에 가깝다. 칸트가 '가상 논리학' 혹은 '초월적 변증법'이라고 부르는 것은 일종의 궤변으로, 이성 능력의 최종 한계를 확인하려는 그로서는 어떻게 그런 일이 벌어지는가를 살피지 않을 수 없었다. 그러나 칸트에 따르면, 이러한 이성의 월권행위는 사람들을 일부러 현혹하고자 하는 형이상학적 요술이 아니라, 이성의 타고난 능력 혹은 성향이 어쩔 수 없이 초래하는 결과이다.

이성이 우리를 오도하는 계기는 다음 두 가지다. 하나는 외적 계기라고 부를 수 있는 것으로, 우리의 감각적 직관 자체에 문제가 있을 때다. 가장 대표적인 경우가 착시현상이다. 칸트에 따르면 천문학자라도 달이 뜰 때 더 크게 보이지 않게 할 도리가 없다. 그러므로 이 경우 '초월적 변증법'에 대처하는 방법은 이러한 판단의 실상과 그 이유를 보여주고, 기만당하지 않도록 하는 것 이상으로 해줄 수 있는 것이 없다.[17]

다른 하나는 내적 계기라고 할 수 있는 것으로, 이는 우리가 의식하지 못하는 이성 자체의 타고난 자연적 성향에서 나온다. 이러한 오도 행위는 "끊임없이 이성을 혼란에 몰아넣지만, 아무리 예리한 비판을 통하여 제거하고자 하여도 제거할 수 없는 그런 성질의 것이다."[18] 이성이 저지르는 이 두 번째 오도 행위를 칸트는 '순수이성의 이율배반'이라는 제목 아래 '정립'과 '반정립'으로 나누어 자세히 검토하고 있다.

우주론적 관점에서 세계의 시간적 시초와 공간적 한계를 묻는 첫 번째 쟁점을 살펴보자. 여기서 '정립'은 세계가 시간적인 시초와 공간적인 한계를 갖는다는 것이고, '반정립'은 세계가 시간적으로나 공간적으로 무한하다는 것이다.[19] 정립과 반정립은 "절대적인 것을 탐구하는 이성의 성향을 반영"하는데, 전자에서 우리의 "이성은 사건 연쇄의 궁극적인 결말을 가정하고, 후자에서는 그 연쇄의 절대적인 확장을 가정한다."[20] 칸트에 따르면, 이는 절대적인 어떤 것을 추구하는 이성이 자신의 요구를 그 크기와 범위가 무한한 공간과 시간에 투사한 것으로,[21] 이는 "무의미하고"[22] 어느 쪽도 사실이 아니다. 이러한 이성의 월권행위를 고발하는 이유를 그는 다음과 같이 설명한다. 이러한 이성의 변증법적 속임수는 우리의 판단을 오도할 뿐만 아니라, 더 나아가 매혹적으로 그리고 너무나 자연스럽게 느끼게 하므로, 미래에도 그런 일이 계속 벌어질 것이 확실하다. 그러므로 이성의 법정에서 상호 논박한 이 "소송기록들을 상세하게 작성하여 인간 이성의 문서창고에 보관해두고자 하는 것은, 장차 비슷한 종류의 착오들을 미리 방지하기 위함이다."[23]

"모든 것은 조물주의 손에서 태어날 때는 선하지만, 인간의 손으로 넘겨지면서 타락한다."[24] 루소의 저서 《에밀》의 첫 문장이다. 루소 교육론의 핵심은 아동교육은 모름지기 타락한 사회를 벗어나 선한 자연 속에서 자연의 교육법으로 가르쳐야 한다는 것이다. 반면 칸트는 문명사회에 사는 인간이 다시 자연 상태로 되돌아가는 것은 불가능하다

고 여긴다. 그러므로 그는 바로 이 사회에서 "더 진실한 더 도덕적인 인간"이 되는 길을 찾는다.[25]

칸트는 법으로 다스리는 시민사회의 실현을 제안한다. 그러나 칸트는 "사회가 법제상의 형식적인 조건일 뿐 인간 육성의 실질적인 조건"이라고는 생각하지 않는다. 김병옥 교수에 따르면 칸트는 "인간을 실질적인 의미에서 사회적 존재라고 생각하지 않았다." 다시 말하면, 칸트는 사회를 법제적·형식적으로만 보았을 뿐, 사회 구성원 간에 역동적인 교류와 참여, 변혁이 일어나는 장으로는 보지 않았다. 인간은 자신의 타고난 자연 소질을 사회적 실천과 참여를 통해서가 아니라 자신의 내면으로 파고들어 완성한다고 본 것이다.[26] 이와 같은 칸트의 관점에서 우리는 "18세기적인 원자론적·기계론적 사회관"[27]의 그림자를 본다.

칸트에게 중요한 교육 방법은 '양호'와 '훈육'이다. 막 걸음마를 시작한 젖먹이라 하더라도 자연이 스스로 보호하고 다치지 않도록 해준다는 루소의 주장을 칸트는 믿지 않는다. 그러므로 부모들은 '양호'를 통해 자녀가 위험에 빠지지 않도록 마음을 써주어야 한다는 것이다. 아울러 칸트는 인간의 자연성을 동물성으로 이해하고, 인간 속에 있는 이 동물성은 훈육과 준칙을 통해 도덕적 인격으로 고양해야 한다고 생각한다.[28] 요컨대 칸트의 도덕적 인격 교육은 강제적이고 권위적이며, 외적인 실천보다 준칙의 내면화를 통한 내적 완성을 강조한다.

헤겔

헤겔에게 이념, 이성, 혹은 진리는 같은 말로 '개념'이 성장하고 발달한 것이다. '개념'은 '이해'가 구분하는 요소들, 예컨대 본질적인 것과 비본질적인 것, 보편적인 것과 특수한 것 사이의 대립을 종합한 것이다.[29] '이해'가 정적이고 정지된 개별적 요소를 구분하고 확인하는 것이라면, '개념'은 이 요소들이 결합해 살아 있는 생명체처럼 스스로 끝없이 구체화하고 일신해간다. 헤겔의 관점에서 보면 수학, 경험과학, 형식논리학은 물론, 과학적 방법을 고집하는 철학까지도 진리에 도달하지 못한 채 이해의 수준에 머물러 있다. 이들 학문은 무엇이 본질이고 무엇이 비본질인지, 무엇이 보편적이고 무엇이 특수한지를 구분할 수는 있지만, 이 대립을 종합하여 살아 있는 실체로 만들 수 없기 때문이다.[30] 헤겔에 따르면 오직 철학만이 살아 있는 실체, 즉 진리를 포착할 수 있다.

헤겔 철학에서 '이해'와 '개념'은 근본적으로 다르다. 그리고 개념이 성숙하면 이념이 된다. 개념이 구체화한 이념은 주체와 객체, 형식과 내용을 통합한다. 무엇보다 헤겔의 이념은 기독교의 하나님처럼 "스스로 있는 자"[31]이다. 그리고 이 이념의 핵심은 자유다. 헤겔에 따르면 "자유 이념의 발달과정이 세계사다."[32] 그리고 자유 이념이 객체화한 것이 국가의 법질서다. 요컨대 이해-개념-이념, 그리고 자유 이념이 헤겔 철학의 핵심 원리다.

그렇다면 이념은 구체적으로 어떻게 성장·발달하는가? 헤겔은 그의 《정신현상학》 서문에서, 이 과정을 주신(酒神) 바쿠스의 소용돌이에 비유했다. "진리(이념 혹은 정신)는 주신 바쿠스의 소용돌이다. 이 소용돌이에서는 아무도 술에 취하지 않는다. 각자는 그 소용돌이에서 떨어져 나오자마자 즉각적으로 용해되기 때문이다. 그리고 그 소용돌이는 매우 투명하고 순연한 평정으로 되돌아온다."[33]

헤겔은 역사에 나타난 다양한 의식의 형태―《역사철학》에서 그가 탐구한 중국, 인도, 페르시아, 그리스, 로마, 게르만의 이념―가 전체를 놓고 보면 마치 술 취한 사람처럼 정신없고 불안정하며 혼란스럽게 보이지만, 하나씩 떼어 놓고 보면 제정신으로 돌아온 것처럼 투명하고 순연하다고 생각한다. 그리고 소용돌이에서 떨어져 나오는 거품처럼 그리스의 정신은 로마의 정신에 용해되고, 이들 두 정신은 다시 게르만의 정신에 용해된다는 것이 헤겔의 주장이다. 다시 말하면, "이후의 단계는 이전 단계를 폐기하지만, 동시에 이전 단계는 이후의 단계에 계기 혹은 요소로 흡수된다. 윤리적 생활이 추상적 권리와 도덕성을 대체하지만, 이 양자는 윤리적 생활 속에 구성요소로 흡수된다.

이는 가족과 시민사회가 국가로 대체되고 통합되는 것과 같다."34

헤겔은 《역사철학》에서 자유 이념이 스스로 어떻게 구체화해가는가를 보여준다. 헤겔이 말하는 자유 이념은 형식이 고정된 것이 아니라, 원초적인 것에서부터 성장하고 발전한다. 최초의 그리고 가장 추상적인(아직 구체화하지 않은) 자유는 "나를 제약하는 무엇이든—나이, 성, 필요, 욕망 등등—그것들을 밀쳐내고 순수한 나를 유지할 수 있는 능력"이다. 이 '소극적 자유'는 선택의 자유를 포함한다. 선택의 자유는 일반적으로 아무런 제약 없이 자신이 원하는 대로 선택할 수 있는 것을 의미하지만, 헤겔은 이 자유를 "임의적이고 변덕스러운 것으로" 본다. "선택은 항상 주어진 것에서 받아들이는 적극적인 자유와 주어진 것을 항상 버릴 수 있는 소극적 자유가 서로 결합해 있다." 헤겔이 선택의 자유가 임의적이고 변덕스럽다고 생각한 것도 이런 이유라고 본다.

헤겔은 여기에서 한 걸음 더 나아가 순수한 선택의 자유는 없다고 선언한다. 선택의 자유가 주어지는 것은 물론 거기에 더하여 '상황의 다양성"이 제도로 구축되어야 한다. 이를 헤겔의 말로 바꾸면, 자유 이념은 문화와 국가의 법질서 속에 구축되어야 한다. 이 일은 특정 개인이 그렇게 하는 것이 아니라 자유 이념이 스스로 한다. 그렇다면, 자유 이념은 어떻게 스스로 그 일을 해내는가? 헤겔에 따르면, 객관적 자유의 법칙과 개인의 합리적·주관적 이성이 서로 일치함으로써 가능하다. 헤겔의 말을 직접 들어보자.

> 객관적 자유―진정한 자유의 법칙들―는 단순하고 우발적인 의지의 복종을 요구한다. 객관적 자유가 본질이기 때문이다. 만약 객관적인 것 그 자체가 합리적이라면, 인간의 통찰과 신념은 마땅히 인간 속에 있는 이성과 일치해야 한다. 그렇게 되면 우리는 또 다른 본질적 요소, 즉 주관적 자유를 실현하게 된다. (개인의 의지가 합리적인 법칙의 요구를 따르게 된다.)[35]

헤겔은 명백히 개인의 자유보다 그 자유를 체현한 제도와 법질서를 더 중시한다. 그리고 이러한 헤겔의 자유 이념은 그의 독창적인 창안물이 아니라 그가 태어나기 전부터 독일 사회를 지배해오던 보편적 상식이었다. 헤겔의 자유 이념을 이해하기 위해서는 여기서 한 걸음 더 나아가야 한다. 그에 따르면 우리는 선택하는 상황마다 그 상황에 얽매이지 않는 선택의 자유 그 자체를 가지고 있음을 느낀다. "자유의지를 원하는 이 자유의지야말로 진실로 자유롭고", 따라서 "자유의지는 오직 그 자신을 제외하고는 어떤 것과도 관계하지 않는다. 그러므로 자유의지는 진실하고, 말하자면 진리 그 자체다."[36] 그러나 우리가 진정으로 자유롭고 독립적이려면 진정한 자유의지를 단순히 원하는 데 그쳐서는 안 된다. 우리는 자유의지를 반드시 원해야 한다. 헤겔의 표현을 빌리면, "자유의지는 자유정신의 '절대적인 결정', 혹은 절대적인 충동으로 자유의지의 자유를 자신의 목적으로 삼는다."[37]

진리는 땅속에서 다이아몬드를 캐듯이 캘 수 있는 것이 아니다. 세상 모든 것은 주위 환경과 시간의 변화에 따라 변한다. 변증법은 이 변화를 포착하는 방법이다. 헤겔은 변화의 원리만이 영원히 변하지 않는 절대적 진리라고 주장한다. 형이상학의 기계론적 우주관도 변화를 설명한다. 그러나 이 변화는 이미 그 전모가 드러난 닫힌 변화다. 반면에 변증법적으로 변화해가는 절대정신의 변화는 그 끝을 가늠할 수 없는 열린 변화다.

'삼각형의 세 각의 합은 180도'라는 기하학의 공리를 증명을 통해 이해시키는 방법을 우리는 변증법이라고 말하지 않는다. 또한 탄소와 산소가 결합해 이산화탄소로 변하는 화학변화를 우리는 변증법적 변화라고 말하지 않는다. 수학의 공리를 증명하고 과학의 원리를 입증하는 데는 변증법이 개입할 틈이 없다. 변증법은 하나의 사안을 놓고 나타난 여러 가지 견해 중에서 최선의 견해를 찾아가는 방법이다. 그러므로 각 분야의 과학자들처럼 특정 가설에서 시작하는 것이 아니라, 우리 일상에서 흔히 들을 수 있는 상식적인 견해에서 시작한다.[38]

이 변증법의 가장 고전적인 예가 소크라테스의 대화술이다. 플라톤의《국가》는 '정의란 무엇인가?'라는 문제에서 시작한다. 정의는 강자인 국가 지도자들의 편익이라고 주장하는 트라시마코스와 참된 통치자는 오직 다스림을 받는 백성들의 편익만을 생각한다는 소크라테스의 견해가 대립한다.[39] 플라톤은 결국 트라시마코스가 소크라테스에게 설복당하는 것으로 적고 있다. 민주주의적 의사결정의 이상은 어떤 문제의 중요성과 해결 방법을 놓고 쌍방이 대립했을 때, 차원 높고 질서 있는 토론을 통해 접점을 찾아가는 것이다. 그러나 현실에서 이러한 이상이 실현되는 경우를 찾아보기란 대단히 어렵다. 그러므로 대립하는 견해를 가진 사람들이 허심탄회한 토론을 통해 서로 납득할 수 있는 결론에 도달하려는 변증법은 대부분 이를 사용하는 사람들의 자의에 휘둘려 큰 힘을 발휘하지 못한다.

헤겔은 이 변증법의 뼈대를 받아들여 그의 이념 변화를 설명하는 기본 도구로 발전시킨다. 그의 변증법은 변화를 포착하는 방법이자, 변화가 일어나는 원리이다. 헤겔에 따르면 "변증법은 개념과 현상이 저절로 성향의 반대로 변하여 스스로를 '부정'하는 과정이다."[40] 그러므로 모든 선택의 핵심에는 변증법의 원리가 작동한다. 선택은 그 속에 의존성을 내포하고 있는 자유이기 때문이다. 다시 말하면, 선택하는 자유는 선택지들의 상황 의존적 성격과 대립하기 때문이다.

모든 선택이 자유로우면서도 의존적이라는 것은 모순이다. 그러나 헤겔은 이를 모순으로 보지 않는다. 즉 이를 모순으로 보는 것은 '이해'의 수준에 머무는 전통 논리학의 관점에 따른 것으로, 자신의 철학, 즉 '개념'의 관점에서 보면 자유와 의존은 그 개념이 발달할 수 있는 "상호 대립적 계기"[41]라는 것이다. 헤겔의 철학에서 모든 개념은 유기체처럼 성장하고 발달한다. 그러므로 전통적인 논리학, 수학, 그리고 과학적 방법을 기초로 하는 상식적인 견해들은 살아 움직이는 이 '개념'에서 모순이냐 아니냐를 따지려고 하지만, 그렇게 해서는 개념이 발달하는 실상은 포착할 수 없다. 그의 말을 직접 들어보자.

꽃눈이 사라지고 꽃이 핀다. 이를 두고 전자가 후자에 의해 퇴출당한 것이라고 말할 수 있다. 똑같이 열매는 꽃이 그 나무의 거짓 실체라고 주장한다. 열매가 진정한 나무라고 주장하여 꽃의 자리를 차지한 것이다. 이 형태들은 서로 다를 뿐만 아니라 서로를 대체한다. 그 이유는 이들은 서로 비교할 수 없기 때문이다. 그러나 이들의 유동성은 이들을 동시에 유기적 단일체의 요소로 만들고, 그 유기체에서 이들은 갈등하는 것이 아니라 서로를 필요로 한다. 유기체의 생명 전체에서 보면 이들 모두가 똑같이 필요한 것이다.[42]

변증법의 핵심은 양이 축적되면 질적인 변화를 일으킨다는 것인데, 헤겔은《정신현상학》서문에서 새로운 시대의 탄생을 아기의 탄생에 비유하여 설명하고 있다.

우리 시대가 탄생의 시점이고, 새로운 시대로의 전환의 시점이라는 것을 아는 것은 확실히 어렵지 않다. 정신은 지금까지 존재와 상상의 세계에 있었고, 과거에는 마음속 깊이 넣어두려 했던 모든 것과 단절했다. 그것은 자신에게 새로운 본질을 부여하고 있다. 분명한 것은, 정신은 한시도 쉬는 법이 없으며 항상 전진운동을 하고 있다는 사실이다. 그러나 갓 태어나 첫 숨을 쉬는 아기처럼, 즉 오랫동안 침묵 속에서 영양만을 섭취하여 오로지 양적으로만 성장하던 아기가 이를 종결하고 탄생을 통해 질적으로 도약하는 것처럼, 스스로 교육하는 정신은 새로운 본질을 향해 천천히, 그리고 조용히 성숙한 정신은 이전 세계의 구성물을 하나씩 차례로 용해하고 있다. 정신이 비틀거리고 있다는 것은 여기저기서 나타나는 증상을 통해서만 짐작할 뿐이다. 이미 확립된 것에서 나타나는 천박함과 지루함은, 그리고 알려지지 않은 것에 대한 아직 확실하지 않은 우려는 다가올 변화의 전령사들이다.

이 점진적인 붕괴는 전체의 특성을 바꾸지 않지만, 그것은 어느 날 갑자기 (프랑스 혁명처럼) 번개처럼 부서져 새로운 세계의 전모를 드러낸다.[43]

칸트의 교육 목적이 도덕적 인간을 기르는 것이라면, 헤겔의 교육 목적은 '보편적 인격'을 기르는 것이다. 헤겔에 따르면, 아이는 여전히 자연의 본성에 얽매여 있어 제멋대로다. 그러므로 훈육으로 '아이의 충동적 의지'와 함께 온갖 '공상과 변덕'을 제거함으로써 보편적 인격으로 끌어올려야 한다는 것이다. 단, 부모가 '선한 마음'만 가지고 있으면 아이가 이성적으로 알아서 스스로 이룰 수 있을 것으로 기대해서는 안 된다는 것이 헤겔의 입장이다. 아이에게는 그런 능력이 없다. 그러므로 사물이나 행위를 판단하는 것은 전적으로 부모의 몫이며, 따라서 아이는 부모에게 반드시 복종해야 한다. 헤겔은 아이가 부모에게 예속되는 것이 아이의 성장에 결정적으로 중요하다는 사실을 다음과 같이 강조했다.

예속은 아이들에게 빨리 성장하고 싶은 갈망을 일으킨다. 그러므로 만약 아이들의 마음에 예속이 자라나 그를 압도하지 않는다면, 아이들은 건방지고, 뻔뻔하며, 무례하고, 주제넘게 될 것이다.[44]

루소는 교육에서 부모를 비롯한 양육자의 역할은 최소화해야 하고, 아이가 타고난 자연 능력과 소질을 스스로 발현하고 단련시킬 수 있도록 뒤에서 도와주면 충분하다고 생각했다. 그러나 헤겔은 루소의 방법이 교육을 유치한 수준으로 끌어내리고, 아이의 순수한 요구를 타락시키며, 격조 높은 어른의 세계에 무관심하게 하고, 아이들이 성인을 '경멸'하게 만들며, 아이의 마음속에 '우월의식과 허영심, 자만심'을 키운다고 비판한다.[45] 요컨대 헤겔의 교육 목적은 엄격한 훈육을 통해 아동의 타고난 충동과 변덕을 '보편적 인격'으로 끌어올려, 성인과 동등한 법적 지위를 누릴 수 있도록 하는 것이다. 그는 아이를 자유정신이 객체화된 법의 눈으로 볼 뿐 아이의 머릿속을 살피려 하지는 않는다. 경제학자들이 학교교육의 성과를 교육 연수와 성적으로 볼 뿐 학교 안에서 실제로 무슨 일이 일어나고 있는지 관심을 두지 않은 채 검은 상자로 취급하는 것과 마찬가지로, 헤겔도 아동을 성인의 눈으로, 그리고 법적 권리와 의무의 관점에서 보기 때문에 정작 실제 아동의 생각과 행동은 검은 상자가 된다. 갓 태어난 아기와 두세 살 난 유아조차 그들이 얼마나 지칠 줄 모르고 세상을 탐구하는지, 위험에서 어떻게 자신을 능동적으로 보호하는지, 그리고 세상에 대한 이해의 틀을 하루하루 어떻게 확장하고 세련되게 만들어가는지는 헤겔의 관심사가 아니었다.

마르크스

신 없는 세계의 실상은 무엇인가? 그 실상의 요체는 무엇인가? 헤겔에게 그것은 자유정신의 변증법적 전개가 만들어가는 무한한 진보였다. 이때의 자유정신은 누가 주는 것이 아니다. 인간은 세상의 어떤 것에도 구속당하지 않으려는 내면의 요구에 따라 절대적 자유를 요청하고, 그 자체를 목적으로 삼아야 한다. 나아가 절대정신은 개인에게 머물러서는 안 되며, 전통적인 신의 의지가 온갖 피조물에 깃들듯이 인간 사회의 법과 제도 속에 스며들어 세계정신이 되어야 한다.

"위대한 사상가의 제자"[46]를 자처한 마르크스는 헤겔의 진보관, 역사관, 그리고 변증법을 고스란히 물려받는다. 둘의 차이는 헤겔의 관점이 관념론 위에 서 있는 데 반해, 마르크스는 유물론 위에 서 있다는 것이다.

우선 변증법부터 보자. 마르크스는 헤겔의 변증법이 변화를 포착하는 탁월한 방법임을 인정하면서도, 그것이 거꾸로 서 있다고 주장한다.[47] "하늘에서 땅으로 내려오는 독일 철학과는 반대로 그들은 땅에서 하늘로 올라간다."[48] 헤겔은 그가 스스로 "이념이라는 이름으로 자립적인 주체로 만든 사고과정이 현실 세계의 창조자이고 현실 세계는 그 이념의 외부 현상에 지나지 않는다"고 주장하지만, 마르크스는 반대로 "관념적인 것은 물질적인 것이 인간의 두

뇌에 반영되어 사고의 형태로 변형된 것에 지나지 않는다"고 주장한다.[49] 헤겔의 이념은 개개인을 떠난 객체일 뿐만 아니라, 나무의 씨가 자라나면서 그것이 품고 있는 내면의 본성을 하나씩 발현하듯이 스스로 자라고 스스로 결정하는 주체다. 그러나 마르크스는 헤겔의 이념이 구체적 현실에 뿌리내리지 않은 허상, 즉 이데올로기라고 본다.

마르크스에 따르면, 사회가 변하면 인간도 변한다. 중세의 기독교적 인간이든, 산업사회의 자본주의적 인간이든, 인간상은 사회적 산물이다. 그러나 루트비히 포이어바흐(Ludwig Andreas Feuerbach)가 그랬듯이, 사람들은 종교적 인간이 하늘에서 뚝 떨어진 것처럼 생각한다. 마르크스에 따르면, "인간의 본질은 각 개인 속에 내재하는 추상적인 어떤 것이 아니라 사회적 관계의 총체이다." 그런데도 포이어바흐는 인간을 "역사과정으로부터 분리하고, 종교적 감정을 독자적인 어떤 것으로 고정하고, 추상적이며 홀로 분리된 인간 개인을 상정한다"[50]는 것이다.

또한 막스 슈티르너(Max Stirner)가 자아를 제외한 모든 것, 즉 "하나님은 물론이고 국가, 민족, 인간성, 진리, 사랑, 정의" 등을 신성의 다른 표현으로 거부했을 때, 마르크스는 슈티르너가 그러한 것들 배후에서 그들을 만들고 있는 현실 세계의 실상을 보지 못한다고 비판했다. 마르크스의 관점에서 보면, 슈티르너가 유일하게 신성의 영향에서 벗어나 있다고 주장하는 그의 자아 역시 사회적으로 구성되기는 마찬가지다. 그리고 자아를 포함한 이 개념들은 사회적으로 구성될 뿐만 아니라, 역사가 변화함에 따라 함께 변한다. 예컨대 '사유재산'을 보자. 마르크스와 엥겔스는 사유재산도 "생산력의 특정 발달단계(예컨대 가내수공업 단계, 매뉴팩처 단계, 대공업 단계의 생산력을 비교해보라[51])에서 나타나는 사회적 생산양식일 뿐"[52]이라고 주장한다. 사유재산은 자본주의 사회의 사회적 관계양식으로, 만약 사회가 공산주의로 바뀌면 그 관계양식도 변할 수 있다는 것이다. 그러므로 마르크스는 슈티르너가 신성의 표현으로 생각한 진리, 국가, 정의, 하나님을 제대로 이해하려면, 그 외면만 보지 말고 그 뒤에서 실제로 그것을 규정하고 의미를 부여하는 현실의 힘, 실제의 힘을 보아야 한다고 주장한다. 여기서 마르크스가 강조하는 '현실 세계의 힘'을 그의 사상적 맥락에서 좀 더 좁게 규정하면 생산력과 그에 따른 사회적 생산양식이다.

슈티르너가 공산주의는 '성스러운 사회'를 위해 개인의 '자아'를 희생시킨다고 비판하자, 마르크스와 엥겔스는 슈티르너가 말하는 공산주의는 그들이 계획하고 있는 공산주의가 아니라, 부르주아들이 희화화한 공산주의라고 주장한다. 부르주아들은 '동일임금', '동일권리' 등을 마치 공산주의인 것처럼 말하지만, 이것은 부르주아 사회가 발전시킨 범주, 예컨대 임금, 의무, 권리 등을 공산주의 사회에 적용한 것이라는 의미이다.[53] 생산시설을 국가가 독점하고, 사유재산이 폐지된 공산 사회에서 임금이 무슨 의미일까?

헤겔은 사회와 역사의 변화 법칙을 읽어내는 것, 즉 진리를 발견하는 것을 철학의 과제로 여긴다. 그러나 마르크스는 "철학자들은 세계를 여러 가지 방식으로 해석해왔을 뿐"이라고 비판하면서, "정작 중요한 것은 세계를 변화시키는 것"이라고 주장한다.[54] 마르크스에게 세계를 변화시킨다는 말은 곧 진리란 발견하는 것이 아니라 만드는 것이라는 말과 동일한 의미다. 요컨대 헤겔은 진리란 이미 세계와 역사의 운행 속에 있는 것으로 우리는 그것을 발견만 하면 된다고 주장했다면, 마르크스는 그것은 진리가 아니라 헤겔의 착각이 만든 이데올로기일 뿐, 역사란 인간이 만드는 대로 지어지는 것으로 인간이 만드는 역사만이 진리라고 주장했다.

누구의 말이 옳은가? 이데올로기는 일종의 착각이므로 병에 비유할 수 있다. 예를 들어 풍토병을 생각해보자. 말라리아는 모기가 옮기고, 콜레라는 콜레라균에 오염된 물이나 음식으로 전염된다. 이 병을 막기 위해서는 병균을 옮기는 모기를 퇴치하고, 콜레라균이 살 수 없도록 수질을 소독하고 환경을 정화해야 하는데, 헤겔의 접근 방식은 "인간 두뇌 속에 들어있는 도깨비들"[55]이 병을 일으킨다고 생각한다는 것이다. 대기오염, 토질오염, 수질오염, 해양오염 등 각종 생태환경 오염으로 인한 질병을 치유하고, 발병을 막는 가장 확실한 방법은 환경을 정화하는 것이다. 이런 의미에서 마르크스는 "하늘에서 땅으로 내려오는 독일 철학과는 반대로 땅에서 하늘로 올라가는" 철학, 즉 "실제적, 능동적 인간에서 시작하여 그들의 실제 삶의 과정을 기초로 이것이 인간의 두뇌 속에 이데올로기라는 메아리를 어떻게 만들고 있는가"를 보여주고자 한다.[56] 그러므로 마르크스에게 이데올로기는 거대한 삶의 파도가 만드는 거품과 같은 것으로, 파도가 지나가면 금방 사라지는 그런 것일 뿐이다. 그가 이데올로기는 역사가 없고 발달하는 것이 아니라고 말한 것도 같은 맥락이다.[57]

삶의 조건이 관념을 지배한다는 면에서는 철학자도 예외가 아님을 마르크스는 칸트의 예를 들어 우리에게 보여주고 있다. 즉 칸트의 선의지는 비참한 상황에 놓여 있으면서도 이를 개선할 의지도, 패기도 없는 독일 시민들의 허세를 그대로 반영한다는 것이다. 그의 비판을 직접 들어보자.

칸트는 선의지가 아무런 결과를 가져오지 못할 때조차 '선의지'만으로 만족했다. 그는 이 선의지의 실현, 즉 선의지와 개인의 필요

와 충동 사이의 조화를 이 세상 너머로 보내버렸다. 칸트의 선의
지는 독일 도시민들의 무력감, 억압감, 그리고 비참함과 아주 잘
상응한다. 그들의 소시민적 관심으로는 공통적이고 국가적인 계
급이익을 결코 발전시킬 수 없었기 때문에, 그들은 외국 부르주
아들에게 계속 착취당할 수밖에 없었다. 이들 사소하고 지엽적인
관심에 대응하여 독일 도시민들의 마음속에는 한편으로는 진정
한 지역·지방 중심의 편협함이 자리하고, 다른 한편으로는 세계
동포주의의 과도한 자만심을 갖게 된 것이다.[58]

마르크스에 따르면, 칸트의 자유도 헤겔의 자유도 관념
속에서 가설된 것이다. 프랑스와 영국에는 그 이념을 받쳐
주는 부르주아가 있었다. 자유야말로 그들이 마음놓고 부
를 축적하고 경제적 토대를 구축하는 데 필수요건이다. 그
러나 독일에는 이러한 자유를 요구할 제대로 발달한 부르
주아 계급이 없었다. 농민전쟁으로 전멸한 봉건귀족은 소
읍의 제후로, 군인 혹은 관료로 변신한 땅 없는 지주로, 시
골 변경 출신의 융커들로 뿔뿔이 흩어져 보잘것없는 프티
부르주아의 삶을 살고 있었다. 그러므로 자신들의 단합된
계급이익에 기초하여 자유를 주창할 형편이 못 되었다. 이
러한 사정이 칸트의 자유의지 속에 그대로 반영되어 있다
는 것이 마르크스의 주장이다. 즉 칸트는 프랑스의 자유주
의가 부르주아의 계급이익에 기초하고 있다는 사실을 깨

닫지 못한 채, 그것이 순수한 자기 결정인 것처럼 자유를 이해관계와 분리한 뒤 자명한 도덕 원리로 탈바꿈시켰다는 것이다.[59]

마르크스의 교육 목적은 '전면적으로 발달한 인간'을 길러내는 것이다. 여기서 '전면적 인간'이란 무슨 일이든, 어떤 사회적 역할이든 가리지 않고 훌륭하게 해낼 수 있는 인간을 말한다. 마르크스에 따르면, 매뉴팩처와 대공업에 이르는 생산방식의 획기적 발전은 분업의 발달로 가능했다. 그리고 분업이 "노동자들의 생산능력과 소질을 억압하고 특정 기능만을 요구함으로써 노동자를 기형적인 불구자로 만든다"[60] 평생 한 가지 일에만 종사하는 노동자들이 새로운 문제 상황에 직면하게 되면, 스스로 사고력과 창의력을 발휘하여 이를 해결하지 못할 뿐만 아니라, 해결하려는 의지도 의욕도 없이 무력해지기 때문이다.

그러나 마르크스에 따르면, 인간은 누구나 전면적으로 발달할 수 있다. 농민도, 수공업자도, 전쟁을 수행하는 야만인도 다양한 지식과 판단력을 보여준다.[61] 더욱이 증기기관을 만든 시계 제조공 와트(Watt), 방적기를 만든 이발사 아크라이트(Arkwright), 기선을 발명한 보석공 풀턴(Fulton)에 이르러서는 더 말할 나위가 없다.[62]

그렇다면 전면적 인간을 길러내는 방법은 무엇인가? 마

르크스는 무엇보다도 먼저 "분업을 철폐해야 한다고 주장한다."[63] 이것이 가능해지는 시점은 노동자계급이 정권을 장악했을 때다. 그리고 이때가 오면 교육의 방법도 "이론과 실천이 함께하는 공업학교, 농업학교, 그리고 각종 기술학교가 대세가 될 것이다."[64] 마르크스 교육론의 핵심을 이루는 전면적 인간은 프롤레타리아 혁명의 성공으로 노동자들이 전권을 장악하고, 생산방식의 전면적 개편으로 분업을 철폐할 것을 전제로 한다. 하지만 스스로 지식을 생산하고 판단할 수 있는 구체적 상황을 먼저 구축해야 한다는 그의 지적은, 단편적인 지식 교육 일변도인 현재의 우리나라 교육 상황에서도 여전히 유효하다.

• • •

지금까지 마르크스의 이데올로기를 좀 더 깊이 이해하기 위하여 독일 관념론을 살펴보았다. 마르크스는《독일 이데올로기》에서 독일 관념론의 창조자라고 할 수 있는 칸트와 헤겔의 사상을 서슴없이 이데올로기라고 비판한다. 그러나 이제 우리는 마르크스의 이 생각 자체도 이데올로기임을 안다.

칸트는 경험을 넘어서는 의식적 실체가 있다고 굳게 믿었다는 점에서 관념주의자였다. 또한, 이를 내적 정신의 진보에 국한했다는 점에서 그의 세계관은 여전히 기계론적 형이상학에 머물러 있다. 그의 도덕적·개인적·내적 진보관은 헤겔에 이르러 세계정신의 자기실현이라는 보다 사회적이고 세계관적인 진보관으로 변화한다. 그리고 칸트와 헤겔의 관념론은 인간의 의식이란 물질세계의 반영에 불과하다는 마르크스의 유물론에 의해 철저하게 배척당한다.

칸트의 자유는 의지의 자유를 근본으로 한다. 그는 인간이란 누구나 자기 의지에 따라 스스로 운명을 개척할 수 있는 존재임을 천명한 것이다. 그러나 그의 자유는 그것을 확장하기 위해 국가와 사회의 물적·제도적 조건을 바꾸는 것이 아니라, 도덕의 원리로 내면으로만 파고드는 도피의 자유였다.

헤겔은 자유를 좀 더 큰 그림으로 그린다. 헤겔의 자유도 인간 의식 안으로 파고드는 자유다. 그는 주어진 사회 속의 도덕적 개인이 아니라, 변증법의 원리에 따라 변하는 자유정신을 말한다. 그에게는 자유 이념이야말로 진정한 진리요 절대적이다.

마르크스는 이러한 헤겔의 변증법이 거꾸로 서 있다고 말한다. 헤겔이 말하는 정신이란 의식이요, 그 의식은 물질세계의 반영에 불과함에도 헤겔은 이를 바로 보지 못하고 있다는 것이다. 마르크스 유물사관에서 역사를 변화시키는 핵심 동력은 하부구조, 즉 물질적 생산양식과 생산관계의 변화다. 그리고 인간의 의식은 그 변화의 반영에 불과하다.

칸트는 이성이 가진 경향성으로 인해 자신도 모르게 늘 어놓는 궤변을 찾아내고, 그로 인한 피해를 막는 방법으로 변증법을 사용한다. 반면 헤겔은 자유로운 선택이 품고 있는 의존성이라는 모순을 기반으로 변증법을 변화의 원리로까지 발전시킨다. 마르크스는 헤겔 변증법의 원리를 그대로 수용한다. 다른 점이 있다면, 실제로 변화하는 것은 의식이 아니라 물질적인 생산양식과 생산관계라는 점이다.

변증법은 다시 두 가지로 구분할 수 있다. 하나는 방법으로서의 변증법이고, 다른 하나는 변화 원리로서의 변증법이다. 전자는 논리적으로, 수학적으로, 그리고 과학적으로 증명할 수 없는 쟁점에서 누구나 공감할 수 있는 가장 합리적이고, 설득력 있는 답을 찾아가는 탐구 방식이다. 칸트의 변증법이 여기에 해당한다. 후자에 속하는 것이 헤겔과 마르크스의 변증법이다. 지금까지 많은 사람이 변증법 하면 흔히 '정-반-합(thesis-antithesis-synthesis)'을 떠올린다. 그러나 우드(Wood)에 따르면 "헤겔과 엥겔스는 이 말은 사용한 적이 없고, 마르크스가 딱 한 번 사용했는데, 그것도 그 말을 조롱하기 위해서였다"[65]고 한다.

칸트는 루소처럼 사회의 양육환경을 크게 중시하지 않았다. 사회가 교육에서 갖는 실질적 힘을 심각하게 느끼지 못한 것이다. 그 결과, 아동의 타고난 동물성을 순화시키고 준칙을 내면화시키는 훈육이 그의 교육론의 핵심을 이룬다.

헤겔의 교육론에서는 아동의 타고난 개성이나 발달단계가 중요한 것이 아니라, 자유정신의 담지자로서 보편적 인격을 구축하는 일이 교육의 핵심 과제가 된다. 그는 개별 아동 내부에서 어떤 일이 벌어지고 있는지에는 크게 관심을 두지 않았다. 아동의 생각과 행동을 '검은 상자'로 본 것이다.

마르크스는 칸트와 달리 사회의 양육환경, 특히 그 물적 토대를 중시한다. 생산 효율성만을 중시하여 분업을 계속 발전시키는 한, 그가 교육 목적으로 삼은 '전면적으로 발달한 인간'의 실현은 불가능하다. 그렇다고 분업의 발달을 멈추기도 어렵다. 그러나 다른 분야에서는 몰라도 교육에서만큼은 가능한 한 빨리 그러한 흐름을 멈추어야 하며, 교육에 합당한 분업의 적정 수준을 찾아야 한다.

박부권

'문화적 재생산'과 '수저계급론'

처음 교직에 들어왔을 때 교사로서 어떻게 살 것인가를 심각하게 고민하게 만든 책이 바로 마이클 애플의 《이데올로기와 커리큘럼》이다. 이 책을 접한 1980년대 중반은 미국에서는 보수 회귀의 바람이 불고, 우리나라에서는 군부독재가 기승을 부리던 시기였다. '문화적 재생산'이라는 충격적이면서도 무거운 주제를 다룬 애플의 이 책은 그 시절 한국 교육운동 세대의 필독서였다. 책의 내용을 교육활동에 직접 반영할 수는 없었지만, 많은 교사가 이 책을 읽고 비판적 의식을 형성했다. 그때 사회 분위기와 맞물려 어느 정도는 인위적으로 고양된 의식 속에서 애플의 책을 읽었던 기억이 있다.

시간이 흐르고 사회가 변화함에 따라 사회과학 서적을 내던 출판사와 서점들이 하나둘 사라지면서 애플의 저항 담론 역시 한국에서 서서히 잊히는 듯 보였다. 그런데 몇 해 전부터 계급 담론의 한국 버전이 사람들의 입에 회자되기 시작했다. 바로 금수저 흙수저 이야기인 '수저계급론'이 그것이다. 계급을 나누는 수저계급론은 애플이 말하는 '문화적 재생산'과 많이 닮아 있었다.

2015년에 마이클 애플이 세 번째로 한국을 방문하였다. '교육은 사회를 바꿀 수 있을까'라는 주제를 놓고 서울에서 심포지엄이 있던 날 서강대로 달려가 애플을 만났다. 그날 맞잡은 손에서 전해지던 따뜻함을 오래도록 기억한다. 애플은 사회적 정의를 교육의 핵심 가치로 보는 민주적 학교의 필요성을 강조했다. 더 나아가 어떤 교육적 사태도 독립적으로 분리해서 사고하지 말고, 교육이 다른 분야와 어떻게 관련을 맺는지 통찰할 것을 요구했다. 현안에 대한 거침없는 그의 발언은 73세란 나이가 무색하게 여전히 청년의 시각을 가지고 있음을 보여주었다.

애플은 비판교육학자이자 현실 참여를 소홀히 하지 않는 실천적 지식인이기도 하다. 교육 불평등 문제를 정면으로 다루고, 계급해방 지향성을 분명히 한 애플은 예나 지금이나 신선한 자극으로 다가온다. 누군가는 요즘 시대에 저항 담론이 설 자리가 있냐고 말하겠지만, 애플이 주는 지적 자극은 당장의 쓸모에 집착하는 우리의 기능적 삶에 경각심을 심어주기에 충분하다.

교육과 정치, 그리고 헤게모니

교육은 결코 중립적이지 않으며, 교육제도의 본질적인 특성으로 교육자가 의식하든 의식하지 못하든 정치에 관여할 수밖에 없다.
_25쪽

우리는 흔히 교육의 정치적 중립성을 말한다. 사실 이 말은 권력을 가진 자가 교육을 정치적으로 이용하지 말라는 뜻이지, 교육에 붙어 있는 정치적 속성을 무시하라는 말이 아니다. 애플은 자신을 교육자로서 이끈 원동력을 교육이 정치에 관여할 수밖에 없다는 신념이라고 말한다. 교육활동을 산업사회의 지배적인 의식과 불평등한 제도로부터 분리할 수 없다고 본 것이다.

애플은 학교의 공식적인 지식체계를 사회적·경제적 통제의 한 형태로 보았다. 부르디외의 말을 빌려, 학교가 사람만 통제하는 것이 아니라 의미도 통제하며, 정당한 것으로 생각되는 지식을 보존하고 분배함으로써 특정 집단이 가지고 있는 지식에 문화적 정당성을 부여한다는 것이다. 다시 말해, 학교는 기본적으로 불평등한 정치, 문화, 경제제도 등과 깊은 관련을 맺고 있으며, 이러한 불평등은 학교를 통하여 강화되고 재생산된다는 것이 애플의 주장이다.

따라서 학교를 개혁하고자 한다면, 우선 권력집단과 학교를 통해 분배·보존되고 있는 문화와의 역사적 관련성을 인식해야 한다고 주장한다. 그리하여 가장 먼저 '학교는 누구의 이익을 위하여 기능하고 있는가?' 하는 질문에 답하자고 한다.

또한, 정의로운 사회는 이론적으로나 실제로 최약자에게 가장 많은 혜택이 돌아가도록 하는 사회라고 입장을 밝히며, 다음 질문들을 비판적으로 탐구해야 한다고 말한다. '학교에서 가르치는 지식이 어떻게 사회 특정 지배집단의 이데올로기를 반영하는가?' '학교는 어떻게 제한적이며 부분적인 지식을 당연한 진리로 정당화하는가?'

애플은 '헤게모니'를 사람들의 의식 속에 침투하여 의미와 실천을 조직하는 집합체이며, 살아 있는 의미와 가치 및 행위들의 효과적인 체계라고 정의한다. 이러한 헤게모니는 과거와 현재의 모든 의미와 실천 중에서 어떤 것은 선택하여 강조하고 어떤 것은 무시하고 배제한다. 그러므로 우리가 먼저 해야 할 일은 학교의 커리큘럼을 문젯거리로 삼아 그 속에 숨어 있는 이데올로기적인 내용을 파헤치는 것이라고 말한다.

이 책을 통해 애플은 특정한 역사적 또는 사회·경제적 상황 속에서 생산양식, 이데올로기, 가치관, 계급관계, 권력구조가 사람들의 의식에 어떻게 명시적·잠재적으로 반영되는지 설명한다. 즉, 사회가 인간의 문화생활을 지배하는 구조를 학교라는 기관과 그곳에서 이루어지는 교수 및 커리큘럼 같은 일상적 실천을 통해 분석한다. 이러한 관계를 탐구함으로써 그동안 부분적으로 밝혀졌던 계층이동, 선발, 분업체제의 재생산 등이 왜 '자연스럽게' 보였는지 그 이유를 밝히고자 한다.

애플은 1970년대 미국에서 일어난 커리큘럼의 재개념화 운동에 힘입어 자신의 비판적 이론을 발전시켰다. 그 이전까지의 커리큘럼은 전통적으로 학교에서 전수해야 할 교수요목, 즉 학습목표를 달성하기 위해 과학적이고 체계적으로 배치된 일련의 지식이라는 생각이 지배적이었다. 거기에다 커리큘럼은 정치적 중립성을 지켜야 한다는 암묵적 의식이 깔려 있었다. 그러나 애플은 커리큘럼에 있어 정치적 중립성이라는 허구를 헤게모니 이론으로 분석하였다. 이러한 새로운 접근방식을 통해 커리큘럼은 기술과 방법의 적용 대상에서 이해와 해석의 대상으로 질적 변화가 이루어졌다.

물론 지금도 커리큘럼을 바라보는 관점에는 기술/방법의 측면과 이해/해석의 측면이 혼재한다. 그러나 기술과 방법의 편에서만 커리큘럼을 바라보게 되면 교육은 산업 사회가 요구하는 노동력을 공급하는 일에 충실하고, 가치를 추구하는 일은 소홀히 할 수밖에 없다.

애플의 주장 가운데 지금의 시각에서 살펴봐야 할 것이 있다. 바로 '커리큘럼 영역에서 기술적 모델을 통한 개혁의 윤리가 지배'하고 있다는 부분이다. 이는 맥락적 통찰이 결여된 무지향성 개혁 방법이 가져올 수 있는 몰역사성의 위험을 지적하는 말이다. 기술적 모델은 커리큘럼 속 지식 자체를 문제시하고 탐구하는 것이 아니라 지식을 주어진 것으로 보고, 이를 보다 효과적으로 가르치려는 방법과 절차 개발에 주력한다.

애플은 커리큘럼 설계의 쟁점을 합리 모델을 적용하여 해결할 수 있는 기술적 문제로 보지 않았다. 그보다는 듀이에서 휴브너로 이어지는 긴 노선을 따라 커리큘럼을 복잡하고 지속적인 환경 설계의 과정으로 생각했다.

커리큘럼을 '사물'로 생각하지 말라. 강의계획서 혹은 하나의 연구 과정으로도 생각하지 말라. 대신 계속 재구성되는 상징적·물질적·인간적 환경이라고 생각하라. 만약 커리큘럼이 충분히 사회적이고 개인적인 것이 되고자 한다면, 그 설계 과정은 기술적인 것뿐 아니라 심미적이고 윤리적이며 정치적인 것까지도 포함하지 않으면 안 된다. 《학교지식의 정치학》, 267쪽

커리큘럼 재개념화를 둘러싼 담론 지향의 변화에도 불구하고, 교육행위를 기술과 방법의 문제로 환원시키려는 시도는 학교와 교실의 모든 장면에서 계속되고 있다. 과학적 교수기법의 적용, 표준화 지향 평가, 교원의 책무성 논리 등이 그것이다. 애플은 학교지식이 책, 시청각 교재 및 교육자료와 같은 대중적·경제적 상품으로 생산되고 분배되는 과정에서 이데올로기와 경제적 이해에 따라 계속 선별된다고 보았다. 이러한 사회·경제적 가치가 학교제도는 물론이고 공식화된 커리큘럼과 교수모형, 평가 기준, 원리와 방식 속에 깊이 스며들어 있다는 것이다. 이러한 측면에서 교육자들의 의미와 역할을 재규정하자는 애플의 말은 의미심장하다.

1970년대에 커리큘럼 재개념화 운동을 이끌었던 학자들은 학교의 커리큘럼이 가치 수용적 측면을 강조하여 기존 사회체제에 잘 적응하는 인간형을 길러내는 데 일조한다고 주장했다. 이에 따르면, 학교 밖 전문가들이 구성한 표준화된 커리큘럼과 평가의 도입은 교사들에게 과학적 교수기법을 요구한다. 교사들은 이에 부응하기 위해 외부에

서 마련한 지침에 따라 커리큘럼을 그대로 전달한다. 결과적으로 교사들은 탈숙련화의 길을 걷는다.

하지만 애플에게 교육은 원인인 동시에 결과다. 학교는 수동적인 거울이 아니라 능동적인 힘이며, 그것과 아주 밀접하게 관련된 경제 및 사회 형태, 이데올로기 등에 정당성을 부여한다고 말한다. 이러한 관점에서 보면 교사는 외부 전문가들이 구성한 커리큘럼을 수동적으로 실행하는 존재가 아니라 능동적으로 커리큘럼을 개발하고 재구성하는 주체여야 한다.

따라서 애플은 교사의 역할이 인간주의적 차원을 넘어 보다 관계적이어야 한다고 보았다. 인간 개체들 사이의 관계뿐만 아니라 인간과 구조, 그리고 인간과 제도 사이의 관계에 진지하게 질문을 던질 수 있어야 한다는 것이다. 이는 곧 교사가 교육제도의 정치적·경제적 현실을 다룰 수 있어야 한다는 말이다. 그래서 교육활동을 최일선에서 실행하는 교사가 교육활동의 원천인 교육정책 및 커리큘럼의 설계 과정에 참여해야 한다는 논리가 성립한다.

교사들이 자신들의 일을 외부의 간섭이나 지시를 따르는 대신 전문성을 가지고 스스로 관리하는 문제는 교육에 투여되는 자원이나 커리큘럼의 필수요소를 둘러싼 문제에만 국한되는 것이 아니다. 이 문제는 수업을 어떻게 실행할 것인가 하는 것에서도 발

생한다. 《마이클 애플의 민주학교》, 47쪽

애플의 말에 따르면, 교육자는 학교제도에 대해 비판적으로 분석하면서도 학생들에게 학교의 실제 생활이 더 보람 있고 더 이상적이며 더 의미 있도록 해야 할 의무를 갖는다. 그는 많은 교육자가 커리큘럼을 윤리적·심미적으로 이해하고, 더 나아가 그러한 이해가 또다시 우리 경험의 일부로 치환되는 정의로운 사회 질서에 대해 성숙한 탐구자세를 갖기를 바랐다. 즉 교육자는 깨어 있는 시민으로서 제 역할을 다해야 하며, '유기적 지식인'으로서 헤게모니에 능동적으로 대항해야 한다는 것이다.

커리큘럼과 문화적·경제적 재생산

애플을 포함한 커리큘럼 재개념주의자들의 활발한 발언이 있기 전까지 미국에서 교육과 문화에 관한 이데올로기 분석은 찾아보기 어렵다. 대부분의 교육이 몰역사적이며, 커리큘럼 영역에서는 기술적 합리성에 의한 개혁 논리가 지배적이었기 때문이다. 기술적 합리성은 자연적 사물에 과학 이론을 적용하여 인간 생활에 쓸 수 있도록 가공하는 합리적 방법을 뜻한다. 애플의 말에 따르면, 기술적 합리성에 의한 개혁의 논리는 학습이론에서 탈정치적이고 몰역사적인 언어를 사용함으로써 커리큘럼 전반에 깔린 복잡한 정치·경제적 관계를 은폐한다.

애플은 교육학자들이 교육을 탐구하는 방식을 두 가지로 구분한다. 하나는 학업성취에 중점을 두는 것이고, 다른 하나는 학교를 사회화의 메커니즘으로 보는 것이다. 오늘날에도 그 위세가 대단한 학업성취 모델은 학교에서 가르치는 지식을 외부로부터 주어진 것으로 보고 중립적 입장을 견지한다. 따라서 커리큘럼에서 다루는 지식에 대해서 아무런 의문을 품지 않는다. 표준화된 배움은 학교 간, 개인 간의 성취 비교가 가능하다고 전제한다. 그러므로 개인 또는 집단의 학업성취를 극대화하는 데 목표를 둔다. 반면 사회화 모델의 주요 관심사는 학교에서 가르쳐야 할 사회 규범과 가치들을 개발하는 데 있다. 애플은 사회화 모델이 그 나름의 통제력을 갖고 있으나 사회적 합의, 사회로부터 주어진 가치와 교육제도의 관계에 초점을 두기 때문에 사회적 가치가 기능하며, 그 안에서 특정한 사회적 가치가 지배적으로 기능하는 정치사회적 맥락을 간과하고 있다고 보았다.

역사적으로 커리큘럼 전문가들이 학교교육 내용을 사회 통제의 주요 수단으로 여겨왔다고 지적한 애플은 학교지식이 의도하지 않아도 교육자들의 생각과 행동에 일상적 규칙을 제공하는 이데올로기적이며 경제적인 전제 위에서 다루어진다고 말한다.

애플의 말에 따르면, 학교교육의 근저에는 보수적 이데 올로기가 깔려 있다. 기본적으로 보수는 새로운 것을 받아 들이기보다 관습과 전통을 유지하려는 속성을 갖는다. 보수가 학교를 중심으로 관습과 전통, 기득권을 영속하려는 움직임에 대한 반작용으로 등장한 것이 바로 애플을 중심으로 하는 커리큘럼 재개념화 운동이다.

애플은 과학과 기술의 언어가 당시 교육 개혁자들의 행위를 정당화해줄 뿐만 아니라 다양한 집단과 개인이 해야 할 행동을 규정해주는 격려자의 역할을 했다고 주장한다. 즉 과학과 기술의 언어가 정치적으로 이용당했다고 본 것이다. 초기 커리큘럼 학자들은 그들의 보수성을 기능과 능력이라는 과학적이며 중립적인 언어로 명료화함으로써 커리큘럼이 동질성과 사회통제를 유지하려는 보수적 이해관계에 기여하게 했다.

이러한 애플의 생각은 그의 이론을 '저항 담론'이라 부르는 이유가 되기도 했지만, 결국 그가 계속 제기했던 질문은 바로 '학교는 누구를 위하여 기능하는가?'였다.

시장논리와 '수저계급론'

학교에서 다루는 지식의 성격에 관해 애플만큼 독특한 관점으로 접근한 사람들이 또 있을까 싶을 정도로 그는 이 문제를 집요하게 파고들었다. 애플은 학교에서 다루는 지식 문제를 정면으로 직시하지 않는 커리큘럼은 사회 불평등을 보존·강화할 뿐이라고 주장한다. 다시 말해 단순한 부의 대물림이 아니라 부의 대물림을 자연스럽게 받아들이도록 하는 규범과 성향을 분배하는 곳이 학교라는 것이다.

'문화적 재생산'의 기초가 된 이런 생각은 한때 계급적 지향을 드러내는 것으로 이해됐다. 그러나 '금수저 흙수저' 이야기가 대중적으로 회자 되면서 계층 분리는 더 이상 저항 담론에서만 머무는 주제가 아니게 되었다. 한마디로 금수저 흙수저 이야기의 학술 버전이 문화적 재생산이며, 문화적 재생산의 현실 버전이 바로 '수저계급론'인 것이다.

그렇다면 애플이 학교가 '보수적 가치'를 지향한다고 말한 1980년대에 비추어 2000년 이후 한국의 교육상황은 어떻게 달라졌을까? 여전히 학생들은 지식의 수용자 위치에 머물러 있고, 권력은 암암리에 지배 이데올로기를 전파하고 있을까? 한국의 경우, 학습자의 사회적 배경에 따른 교육 격차는 점점 커지고 있다. 특히 코로나19 감염병 사태로 도입되었던 원격수업은 이미 존재했던 교육 격차와 양극화를 사회적 담론화로 이끌었다. 좋은 일자리를 향한 경합, 경쟁적 대학입시, 사교육의 확대가 두드러지면서 교육에 대한 시장의 개입은 더욱 확대되었다. 시장논리가 영향력을 증폭시키고 있는 형국이다.

기술적 합리성의 동기는 명백히 경제적 효율성의 추구다. 당연히 현대사회에서 기술주의는 보수의 전유물이 아니다. 국가의 경영 수단으로 작용하는 효율성 추구는 이미 우리 삶 속에 깊숙하게 들어와 있다. 그리고 여기에서 교육과 정치, 교육과 경제 사이의 갈등 상황이 생긴다. 교육 본연의 목적을 지향하고자 하는 편과 교육을 이익 실현의 도구로 생각하는 편 사이에 간극이 발생하는 것이다. 현대사회에서는 국가와 시민의 갈등에 앞서 구성원끼리 서로의 이익과 욕구가 충돌한다. 2000년대에 이르러 교육은 지배 이데올로기보다 시장논리의 개입이 커지는 상황을 맞았다.

1980년대의 문화적 재생산이 지배 권력에 의한 이데올로기적 계층 분리를 가져왔다면, 2000년대 이후 문화적 재생산은 시장의 영향력 아래서 발생하고 있다. '금수저 흙수저'로 불리는 수저계급론은 경제적 동기에서 비롯한 계층 분리 현상을 반영한다.

애플은 교육을 둘러싼 통치 이데올로기의 전수 측면에 집중하여 문화적 재생산 논리를 밝히려 들었다. 그러나 오늘날 개인의 성취에 영향을 미치는 요소들은 훨씬 다양하고 복잡한 양상을 띤다. 우리는 '금수저 흙수저'라는 말을 들을 때 지배 이데올로기보다는 가정환경을 먼저 떠올린다. 지배 이데올로기가 계층 분리를 심화시켰다 할지라도 당장의 금수저 흙수저 논리는 개인의 역량을 부모의 지원으로 환원시킨다.

애플이 1980년대의 보수적 기획을 비판하면서 '문화적 재생산'을 이야기했다면, 2000년대 한국에서는 보수와 진보를 가리지 않고 격차 해소를 요구하는 목소리가 크다. 이러한 관점에서 볼 때 교육을 통해 격차를 해소하려는 노력은 학교 차원을 넘어 사회 전반의 불평등을 해소하려는 총체적 접근을 동반해야 한다.

• • •

애플이 《이데올로기와 커리큘럼》을 처음 펴낸 1979년 이후로 많은 시간이 흘렀다. 그 사이 애플이 가졌던 문제의식은 어떻게 변했을까? 이후에 나온 그의 저작들을 살펴볼 때 그가 제기한 문제들은 여전히 유효한 측면이 있다.

오늘날 자본과 시장의 주도로 이루어지는 문화적 재생산은 더욱 노골적으로 진행되고 있고, 교육개혁을 위한 시도는 여러 곳에서 방해받고 있다. 애플은《학교지식의 정치학》에서 데일(R. Dale)의 말을 빌려, 교육과 사회 정책에서 학술적으로 새로운 '헤게모니 블록'으로 불리는 새로운 동맹이 지향하는 목적을 '보수적 현대화'라는 말로 표현한다. 보수적 현대화 과정에서 민주주의는 소비 관행으로, 시민권은 소유적 개인주의로 그 의미가 축소되었다는 것이다.

그리고 타인에 대한 적의와 공포에 뿌리를 둔 정책이 유지되도록 강요받았다고 주장한다.

민주주의를 마치 상품화된 재화처럼 소비하는 풍경이 있다. 이 기획 안에서 구성원끼리 경쟁하고 다투며 서로 유리한 고지에 올라서기 위해 소모적 에너지를 쓰게 된다. 특히 아주 가까운 사람끼리도 특정 주제에 한해서는 경쟁상대가 되고, 한쪽이 이득을 보면 다른 한쪽은 손해를 보게 되는 상황이 생긴다. 예를 들어, 복지예산을 어느 쪽에 지출할 것이냐 하는 문제는 필연적으로 청년과 노인 사이의 갈등을 전제한다. 미디어 역시 사실을 전달하는 것에 앞서 대중에게 노출되는 것이 그 자신의 생존에 유리하기 때문에 더욱 선정적이고 자극적인 기사를 쓴다. 공적 산물의 성격을 지녀야 할 미디어가 점점 더 시장논리의 지배를 받는다. 디지털 세상에서 일상의 네트워크화는 이런 현상을 더욱 가속화한다.

'자유'라는 개념은 현실 논리 속에서 어떻게 해석될까? 자유의 개념을 처음 배울 때는 모든 강제에서 벗어나는 것을 개념화하지만, 자라면서 이 개념이 모든 사람에게 같은 의미로 해석되지 않는다는 사실을 알게 된다. 어떤 이들에게 자유는 전적으로 '자본의 자유로운 이동'과 같은 의미를 갖는다. 여기서 파생한 '자유민주주의'의 개념을 알아보자. 진보는 '자유'를 누구에게도 예속당하지 않고 모두가 평등하게 누릴 수 있는 권리로 생각하는 반면, 보수는 기득권에 대한 방해 없이 자유롭게 경쟁할 수 있는 권리로 생각한다. 즉 보수가 생각하는 자유민주주의는 명확하게 경제적 동기를 함의하고 있다. 이 경제적 동기가 더욱 고도화된 자유주의가 신자유주의다.

이어서 '공정'의 개념도 살펴보자. 통념상 공정은 도덕적·윤리적·절차적으로 차별 없는 상태를 뜻한다. 그러나 어떤 이들에게 공정은 옳고 그름의 문제가 아니라 경쟁에서 이길 수 있는 조건의 문제가 된다. 이미 축적된 자원을 바탕으로 자유롭게 경쟁해봤자 결과는 뻔하다고 생각하기 때문이다.

의미가 어휘를 매개로 개념화되는 과정은 필연적으로 누군가의 이익에 봉사하고, 누군가는 소외시키도록 작동한다. 이것은 가르치고 배우는 과정을 '특정의 절차와 방법'으로 치환하는 수업 혁신에도, 매뉴얼과 연수 쇼핑에 기대는 교사에게도 정확히 해당하는 말이다. 절차와 방법 위주의 교육혁신은 오히려 교사들을 탈전문화의 길로 이끈다. 교사들이 왜 잘 짜인 지도안을 찾는지, 왜 연수 이수가 형식적으로 이루어지는지 살펴볼 일이다.

'학교에서 다루는 지식이 누구에 의해 정해지고, 누구의 이익에 기여하는가?' 하는 의문을 접어둔 채, 교사가 그저 지식을 전달하는 데에만 매달린다면, 그의 삶은 일상적 이해에 매몰되어 그것에 순응하는 결과로 귀착될 수밖에 없다. 요즘 화제인 '커리큘럼 재구성'의 경우도 마찬가지다. 지식의 본질에는 다가서지 못한 채 기존 지식을 이리저리 필요에 따라 옮기고 나누고 합쳐본들 진정한 교육은 보장하기 어렵다. 커리큘럼은 전문가가 세심하게 고려하여 구성한 것이므로 교사는 현장에서 실행만 하면 된다는 관행적 사고가 바뀌지 않는 한 모든 것은 공허한 노력에 불과하다. 커리큘럼은 국가의 것이 아니다. 커리큘럼은 국가와 구성원이 함께 만들어가는 가르침과 배움의 방향이자 내용이며, 또한 가르치고 배우는 자가 함께 만들어가는 경험의 총체이기 때문이다.

함영기

함영기

중학교에서 사춘기 아이들을, 대학에서 예비교사들을 가르쳤다. 성균관대학교에서 '수업 전문성의 재개념화'를 다룬 논문으로 교육학 박사학위를 받았다. 〈교실밖교사커뮤니티〉 대표를 거쳐 서울시교육청 교육연수원장, 교육부 교육과정정책관으로 일했다. 현재 전국시도교육감협의회 사무국장으로 일하고 있다. 《교사, 책을 들다》를 썼고, 《바실리 수호믈린스키, 아이들은 한 명 한 명 빛나야 한다》를 옮기고 고쳐 썼다.

주석

프롤로그

1   Michael W. Apple, "Personal Statement," *Curriculum Theorizing: The Reconceptualists* (Berkeley: McCutchan, 1975), pp. 89–93.

2   Donald Lazere, "Mass Culture, Political Consciousness, and English Studies," *College English*, XXXVIII (April 1977), 755.

3   같은 책.

4   See, for example, Basil Bernstein, *Class, Codes and Control, Volume 3: Towards a Theory of Educational Transmissions* (London: Routledge & Kegan Paul, 1975), p. 158; Michael F. D. Young, ed., *Knowledge and Control*. London: Collier-Macmillan, 1971.

5   Samuel Bowles and Herbert Gintis, *Schooling in Capitalist America* (New York: Basic Books, 1976).

6   이에 관한 연구는 Caroline Hodges Persell의 *Education and Inequality* (New York: Free Press, 1977)에 보다 명료하게 언급되어 있음.

7   Roger Dale, et al., eds, *Schooling and Capitalism: A Sociological Reader* (London: Routledge & Kegan Paul, 1976), p. 3.

8   Miriam Glucksmann이 Structuralist Analysis in Contemporary Social Thought (London: Routledge & Kegan Paul, 1975)에서 Althusser의 과결정론(過決定論)에 관하여 분석한 것을 참조할 것.

9   Raymond Williams, "Base and Superstructure in Marxist Cultural Theory," *Schooling and Capitalism*, Roger Dale, et al., 앞의 책, p. 202.

10   같은 책, pp. 204–5.

11   같은 책, p. 205.

12   Young, 앞의 책.

13   Michael W. Apple, "Power and School Knowledge," *The Review of Education III* (January/Feburary, 1977), 26–49, and Chapters 2 and 3 below.

14   이 과정에 대한 Schroyer의 설명이 도움을 줄 것이다. 그의 책 *The Critique of Domination* (New York: George Braziller, 1973)을 참조할 것.

15   여기에 제시된 일부는 나의 논문 "Humanism and the Politics of Educational Argumentation," *Humanistic Education: Visions and Realities*, Richard Weller, ed. (Berkeley: McCutchan, 1977), pp. 315–30에서 자세히 다루고 있음.

16   Raymond Williams, *The Long Revolution* (London: Chatto & Windus, 1961), pp. 298–300

17   Apple, "Power and School Knowledge," 앞의 책.

18   Ian Hextall and Madan Sarup, "School Knowledge, Evaluation and Alienation,"

Society, State and Schooling, Michael Young and Geoff Whitty, eds (Guildford, England: Falmer Press, 1977), pp. 151–71.

19 Carl Boggs, *Gramsci's Marxism* (London: Pluto Press, 1976), p. 9 and Persell, 앞의 책, pp. 7–11.

20 Paul Baran and Paul Sweezy의 *Monopoly Capital* (New York: Monthly Review Press, 1968)을 참조할 것. Vicente Navarro의 *Medicine Under Capitalism* (New York: Neale Watson Academic Publications, 1976)에도 분석이 잘 되어 있음.

21 John Rawls, *A Theory of Justice* (Cambridge, MA: Harvard University Press, 1971)

22 교육에서 이루어진 기회균등의 사회적 원리에 관한 논쟁에 대해서는 Walter Feinberg, *Reason and Rhetoric: The Intellectual Foundations of Twentieth Century Liberal Educational Policy* (New York: John Wiley, 1975)를 참조. 또 지난 몇 년간 *Working Papers for a New Society*에 실린 작업장에서의 노동자에 대한 통제에 관한 논문도 참조할 것.

23 Navarro, 앞의 책.

24 Philip Wexler, *The Sociology of Education: Beyond Equality* (Indianapolis: Bobbs-Merrill, 1976).

25 Young, 앞의 책, Richard Brown, ed., *Knowledge, Education and Cultural Change* (London: Tavistock, 1973), Basil Bernstein, *Class, Codes and Control Volume 3: Towards a Theory of Educational Transmissions* (2nd edn: London: Routledge & Kegan Paul, 1977), Michael Flude and John Ahier, eds, *Educability, Schools and Ideology* (London: Halstead, 1974), and Rachel Sharp and Anthony Green, *Education and Social Control: A Study in Progressive Primary Education* (London: Routledge & Kegan Paul, 1975). A review of much of this work can be found in John Eggleston, *The Sociology of the School Curriculum* (London: Routledge & Kegan Paul, 1977).

26 Young, 앞의 책, p. 24.

27 Feinberg, 앞의 책, p. vii.

28 Roger Dale, et al., 앞의 책, p. 1.

29 같은 책, pp. 1–2.

30 같은 책, p. 2.

31 이어지는 논의에서 나는 Helen M. McClure와 George Fischer가 이데올로기를 다루는 방식에 의존하려고 한다. 그들의 책 *Ideology and Opinion Making: General Problems of Analysis* (New York: Columbia University Bureau of Applied Social Research, July, 1969, mimeographed)를 참조할 것.

32 Clifford Geertz, "Ideology as a Cultural System," Ideology and Discontent, David Apter, ed. (New York: Free Press, 1964), pp. 47–76.

33 McClure and Fischer, 앞의 책, pp. 7–10.

34 이데올로기의 문제에 관한 좀 더 깊은 논의를 위해서는 Nigel Harris의 분석이 많은 도움을 줄 것이다. 그의 책 *Beliefs in Society: The Problem of Ideology* (London: C. A. Watts, 1968)를 참조할 것.

1 Thomas R. Bates, "Gramsci and The Theory of Hegemony," *Journal of the History of Ideas*, XXXVI (April-June 1975), 36.

2 Karl Mannheim, *Ideology and Utopia* (New York: Harcourt, Brace & World, 1936).

3 이 점에 관해서는 Peter Berger와 Thomas Luckmann이 *The Social Construction of Reality* (New York: Doubleday, 1966)에서 아주 잘 다루고 있음. 교육 분야에서 이러한 '현상학적'인 관점을 가장 잘 적용하고 있는 예로는 Rachel Sharp와 Anthony Green의 *Education and Social Control: A Study in Progressive Primary Education* (London: Routledge & Kegan Paul, 1975)을 들 수 있음.

4 Geoff Whitty, "Sociology and the Problem of Radical Educational Change," *Educability, Schools and Ideology*, Michael Flude and John Ahier, eds (London: Halstead Press, 1974), p. 125.

5 Raymond Williams, *The Long Revolution* (London: Chatto & Windus, 1961), pp. 119–20.

6 Herbert M. Kliebard, "Persistent Curriculum Issues in Historical Perspective," *Curriculum Theorizing: The Reconceptualists*, William Pinar, ed. (Berkeley: McCutchan, 1975), pp. 39–50.

7 이처럼 모호성을 띤 대대적인 교육개혁운동의 필요성에 관해서는 Paul Komisar와 James McClellan의 "The Logic of Slogans," *Language and Concepts in Education*, B. Othanel Smith and Robert Ennis, eds (Chicago: Rand McNally, 1961), pp. 195–214에서 보다 깊이 분석되고 있음.

8 See, for example, Raymond Williams, *The Country and the City* (New York: Oxford University Press, 1973), Pierre Bourdieu and Jean Claude Passeron, *Reproduction in Education, Society and Culture* (London: Sage, 1977), and Basil Bernstein, *Class, Codes and Control, Volume 3: Towards a Theory of Educational Transmissions* (2nd edn; London: Routledge & Kegan Paul, 1977).

9 Joseph Schwab, *The Practical: A Language for Curriculum* (Washington: National Education Association, 1970), and Dwayne Huebner, "Implications of Psychological Thought for the Curriculum," *Influences in Curriculum Change*, Glenys Unruh and Robert Leeper, eds (Washington: Association for the Supervision and Curriculum Development, 1968, pp. 28–37).

10 이 문제에 관해서는 제2장에서 더욱 자세히 논의될 것이다. 또한 이 문제는 Geoff Whitty and Michael Young, eds, *Explorations in the Politics of School Knowledge* (Nafferton, England: Nafferton Books, 1976)에서도 논의되고 있음.

11 이러한 두 가지 연구 전통에 관한 통찰을 하게 된 것은 Philip Wexler의 글 미국 교육사회학에서의 "Ideology and Utopia in American Sociology of Education," *Education in a Changing Society*, Antonia Kloskowska and Guido Martinotti, eds (London: Sage, 1977), pp. 27–58에 힘입은 것임.

12 Robert Dreeben, *On What is Learned in Schools* (Reading, MA: Addison Wesley, 1968).

13　Michael F. D. Young, "On the Politics of Educational Knowledge," *Education in Great Britain and Ireland*, R. Bell, ed. (London: Oxford, 1973), p. 201.

14　Wexler, 앞의 책.

15　이러한 전통의 뿌리를 더 깊이 탐구하기 위해서는 Michael W. Apple, "Power and School Knowledge," *The Review of Education*, III (January/February 1977), pp.26–49 및 Michael W. Apple과 Philip Wexler의 "Cultural Capital and Educational Transmissions," *Educational Theory*, XXVIII (Winter 1978) pp. 34–43을 참조할 것.

16　Michael F. D. Young, "Knowledge and Control," *Knowledge and Control*, Michael F. D. Young, ed. (London: Collier-Macmillan, 1971), p. 8.

17　Bourdieu and Passeron, 앞의 책, p. 5.

18　나의 이론적, 정치적 신념에 관해서는 "Power and School Knowledge,"에서 깊이 다루었음. 앞의 책.

19　Madeleine MacDonald, *The Curriculum and Cultural Reproduction* (Milton Keynes: Open University Press, 1977), p. 60.

20　Samuel Bowles and Herbert Gintis, *Schooling in Capitalist America* (New York: Basic Books, 1976).

21　MacDonald, op. cit., p. 309. This piece also provides a number of interesting criticisms of Bowles and Gintis's reliance on a correspondence theory.

22　John W. Meyer, "The Effects of Education as an Institution," *American Journal of Sociology*, LXXXIII (July 1977), 64.

23　Bernstein, 앞의 책.

24　MacDonald, 앞의 책.

25　Roger Dale, et al., eds. *Schooling and Capitalism: A Sociological Reader* (London: Routledge & Kegan Paul, 1976), p. 4.

26　같은 책.

27　R. W. Connell, *Ruling Class, Ruling Culture* (New York: Cambridge University Press, 1977), p. 219. 이것이 복잡한 낙인과정을 통해서 어떻게 작용하는가에 관해서는 6장에서 보다 자세히 다룸.

28　MacDonald, 앞의 책.

29　문화와 경제가 역동적으로 상호관계를 맺고 또한 상호작용하고 있는 과정에 대해서는 Raymond Williams가 가장 잘 설명하고 있다. 그의 논문 "Base and Superstructure in Marxist Cultural Theory," *New Left Review*, LXXXII (November/December 1973)를 참조할 것.

30　같은 책 및 Bernstein의 앞의 책 중 마지막 장인 "Aspects of the Relations between Education and Production,"을 참조할 것.

31　Michael F. D. Young, "Taking Sides Against the Probable," *Rationality, Education and The Social Organization of Knowledge* (London, Routledge & Kegan Paul, 1977), pp. 86–96 and Michael W. Apple, "Curriculum as Ideological Selection," *Comparative Education Review*, XX (June, 1976), 209–15.

32　Albrecht Wellmer의 *Critical Theory of Society* (New York: Herder and Herder,

1971) 중 특히 제1장을 참조할 것. Miriam Glucksmann이 그의 책 *Structural-ist Analysis in Contemporary Social Thought* (London: Routledge & Kegan Paul, 1974)에서 프랑스의 마르크스주의적 과학철학자인 Louis Althusser에 관해 다룬 것을 참조할 것. 비판적인 사회이론을 실증주의적으로 '증명'하기는 어렵다는 사실이 반드시 경험적인 증명이 중요하지 않음을 의미하는 것은 아니다. 이 점에 관해서는 Connell의 앞의 책에서 잘 다루고 있다.

33 Ian Hextall and Madan Sarup, "School Knowledge, Evaluation and Alienation," *Society, State and Schooling*, Michael Young and Geoff Whitty, eds (London: Falmer Press, 1977), pp. 151–71.

34 Hans Peter Dreitzel 편, *Childhood and Socialization* (New York: Macmillan, 1973)에 실린 Mehan과 McKay의 논문을 참조할 것. 그리고 Linda M. McNeil의 논문 "Economic Dimensions of Social Studies Curricula: Curriculum as Institutionalized Knowledge" (unpublished doctoral thesis, University of Wisconsin, Madison, 1977)을 참조할 것.

35 Whitty, 앞의 책.

36 Michael F. D. Young, "An Approach to the Study of Curricula as Socially Organized Knowledge," Young, *Knowledge and Control*, 앞의 책. Young과 Huebner의 연구는 둘 나 커리큘럼에의 접근에 초점을 둔다는 점에서 일치한다. 위의 Young의 논문과 Huebner의 "Curriculum as the Accessibility of Knowledge"(unpublished paper presented at Curriculum Theory Study Group, Minneapolis, 2 March 1970, mimeographed)를 비교해 볼 것.

37 Bernice Fischer, "Conceptual Masks: An Essay Review of Fred Inglis, Ideology and The Imagination," *Review of Education*, I (November 1975), 526. See also Hextall and Sarup, 앞의 책.

38 학교가 기술적 지식 생산의 극대화에 공헌한다는 주장은 맨 먼저 Walter Feinberg가 그의 도전적인 논문 "A Critical Analysis of the Social and Economic Limits to the Humanizing of Education," *Humanistic Education: Visions and Realities*, Richard H. Weller, ed. (Berkeley: McCutchan, 1977), pp. 249–69에서 제시했다. 나의 논의는 그의 주장에 크게 힘입었다.

39 Andrew Hacker, "Cutting Classes," *New York Review of Books*, XXIII (May, 1976), 15. Hacker는 경제체제에서 완전고용은 노동인구의 43%만을 고용하는 것으로 본다. 그 이상은 이윤을 가져오지 못한다. "고용되지 못한 57%의 인구 중의 일부는 가정주부, 대학생이거나 혹은 적당한 연금을 받고 은퇴한 사람들이다. 그리고 그 나머지는 경제체제가 그들에게 아무런 대안도 마련해주지 않기 때문에 가난을 면할 수 없다."

40 Geoff Whitty and Michael F. D. Young, "The Politics of School Knowledge," *Times Educational Supplement*, September 1973, 20.

41 과학이나 기술적 지식이 명확한 내용과 안정된 구조를 갖는다는 사실은 경험적으로 실증되었다는 주장이 있으나 그러한 주장은 옳지 못하다. 몇몇 교육자와 과학자들은 과학과 수학을 이처럼 단순화시키는 데 대해 이의를 제기하고 있다. Thomas Kuhn의 *The Structure of Scientific Revolutions* (Chicago: University of Chicago Press, 1970)를 참조할 것. 또한 Imre Lakatos와 Alan Musgrave가 편집한 *Criticism and the Growth of Knowledge* (Cambridge: Cambridge University Press, 1970) and Stephen Toulmin, *Human Understanding* (Princeton: Princeton University Press, 1972)도 도움이 됨.

42 Harry Braverman, *Labor and Monopoly Capital* (New York: Monthly Review Press, 1975).

43 커리큘럼과 희소한 자원의 분배 및 고등학교에서 일어나고 있는 낙인과정과 반 편성 간의 밀접한 연관성에 관해서는 James E. Rosenbaum, *Making Inequality* (New York: John Wiley & Sons, 1976)에서 잘 다루고 있음.

44 Young, "An Approach to the Study of Curriculum as Socially Organized Knowledge," 앞의 책, p. 34.

45 헤게모니에 관한 연구를 잘 검토하고 있는 것으로는 David W. Livingston의 "On Hegemony in Corporate Capitalist States," *Sociological Inquiry*, XLVI (nos 3 and 4, 1976), pp. 235–50과 R. W. Connell, 앞의 책, 특히 7~10장을 들 수 있다.

46 Herbert Gintis and Samuel Bowles, "Educational Reform in the U.S.: An Historical and Statistical Survey" (New York: The World Bank, March 1977, mimeographed).

47 Raymond Williams, The Long Revolution, 앞의 책, pp. 298–9.

48 Henry M. Levin, "A Radical Critique of Educational Policy" (Stanford, California: Occasional Paper of the Stanford University Evaluation Consortium, March, 1977, mimeographed), pp. 26–7.

49 이 점에 관해서는 Basil Bernstein이 그의 논문 "Aspects of the Relations Between Education and Production"에서 흥미로운 논의를 한다. 또한 Nicos Poulantzas의 *Classes in Contemporary Capitalism* (London: New Left Books, 1975)과 Burton Bledstein의 *The Culture of Professionalism* (New York: Norton, 1976)을 참조할 것.

50 John W. Meyer(앞의 책)의 흥미로운 논문을 참조할 것. Randall Collins가 그의 논문 "Some Comparative Principles of Educational Stratification," *Harvard Educational Review*, XLVII (February, 1977), 1–27에서 시도한 문화시장에 관한 이론도 도움을 줄 것이다. 그러나 그의 분석에는 개념상 명료하지 못한 점이 있다. 그리고 Harvard Educational Review, XLVII (November 1977), 601–2에서 그에게 보낸 나의 답장이 있다.

51 William Pinar, ed., *Curriculum Theorizing: The Reconceptualists* (Berkeley: McCutchan, 1975).

52 Walter Feinberg, *Reason and Rhetoric: The Intellectual Foundations of Twentieth Century Liberal Educational Policy* (New York: John Wiley, 1975).

2장

1 이러한 현상이 단순히 '지적'인 관심만을 반영한 것이 아니라 사회적, 이데올로기적 신념도 반영한다는 사실에 관해서는 5장에서 보다 자세히 다루어짐.

2 Michael F. D. Young, "Knowledge and Control," *Knowledge and Control*, Michael F. D. Young, ed. (London: Collier-Macmillan, 1971), p. 8.

3 John Kennett, "The Sociology of Pierre Bourdieu," *Educational Review*, XXV (June, 1973), 238.

4 기관들을 관계 속에서 볼 필요성에 대해서는 다음을 참조할 것. Bertell Ollman, *Alienation: Marx's Conception of Man in Capitalist Society* (New York: Cambridge University Press, 1971).

5 Daniel Kallos, "Educational Phenomena and Educational Research" (Report from the Institute of Education, Number 54, University of Lund, Lund, Sweden, mimeographed), p. 7.

6 Dennis Warwick, "Ideologies, Integration and Conflicts of Meaning," *Educability, Schools and Ideology*, Michael Flude and John Ahier, eds (London: Halstead Press, 1974), p. 94. See also, Michael W. Apple, "Curriculum as Ideological Selection," *Comparative Education Review*, XX (June 1976) 209–15.

7 Bill Williamson, "Continuities and Discontinuities in the Sociology of Education," in Flude and Ahier, 앞의 책, pp. 10–11.

8 같은 책.

9 Barry Franklin, "The Curriculum Field and the Problem of Social Control, 1918–1938: A Study in Critical Theory" (Unpublished doctoral dissertation, University of Wisconsin, Madison, 1974), pp. 2–3.

10 같은 책, pp. 4–5 및 Steven Selden, "Conservative Ideologies and Curriculum," *Educational Theory*, XXVII (Summer 1977), 205–22를 참조할 것. 여기서 과학적 경영 그 자체는 반드시 제도를 보다 효율적으로 운영하기 위한 중립적 기술이 아니라는 사실에 유의해야 한다. 이 점에 관해서는 Harry Braverman, *Labor and Monopoly Capital: The Degradation of Work in the Twentieth Century* (New York: Monthly Review Press, 1974)에서 잘 다루고 있음.

11 Franklin, 앞의 책.

12 같은 책, p. 317.

13 Walter Feinberg, *Reason and Rhetoric: The Intellectual Foundations of Twentieth Century Liberal Educational Policy* (New York: John Wiley, 1975).

14 Philip Jackson, *Life in Classrooms* (New York: Holt, Rinehart & Winston, 1968).

15 Elizabeth Vallance, "Hiding the Hidden Curriculum," *Curriculum Theory Network*, IV (Fall, 1973/1974), 15.

16 같은 책.

17 같은 책.

18 같은 책, 18–19.

19 Gintis와 Bowles에 의하면, 이러한 규범과 인성은 사회계급이나 직업 기대가 각기 다른 학생들에게 불공평하게 분배되고 있다. 모든 학생이 문화자본의 분배에 의해 같은 성향과 같은 의미를 획득하는 것은 아니다. Gintis와 Bowles의 앞의 책, p. 136을 참조할 것.

20 See, for example, Michael W. Apple, "Ivan Illich and Deschooling Society: The Politics of Slogan Systems," *Social Forces and Schooling*, Nobuo Shimahara and Adam Scrupski, eds (New York: David McKay, 1975), pp. 337–60 and Michael F. D. Young, "An Approach to the Study of Curricula as Socially Organized Knowledge," in Young, *Knowledge and Control*, 앞의 책, pp. 19–46.

21 Nell Keddie, "Classroom Knowledge," in Michael F. D. Young, *Knowledge and Control*, 앞의 책, pp. 133–60.

22 See John Eggleston, *The Sociology of the School Curriculum* (London: Routledge & Kegan Paul, 1977).

23 이러한 방법은 바로 민족지학의 핵심을 이루는 것이다. Peter McHugh, *Defining the Situation* (Indianapolis: Bobbs-Merrill, 1968), Roy Turner, ed. *Ethnomethodology* (Baltimore: Penguin, 1974) 및 Aaron Cicourel, *Cognitive Sociology* (New York: Free Press, 1974)를 참조할 것.

24 For further explication of this point, see Basil Bernstein, "On The Classification and Framing of Educational Knowledge," in Michael F. D. Young, ed., *Knowledge and Control*, 앞의 책, pp. 47–69.

25 Robert MacKay, "Conceptions of Children and Models of Socialization," Childhood and Socialization, Hans Peter Drietzel, ed. (New York: Macmillan, 1973), pp. 27–43.

26 민족지학적 전통에 관해서는 Philip E. D. Robinson이 그의 논문 "An Ethnography of Classrooms," *Contemporary Research in the Sociology of Education*, John Eggleston, ed. (London: Methuen, 1974), pp. 251–66에서 훌륭하게 다루고 있음. 이 방법에 관한 보다 깊은 논의와 이 장에서 나의 분석이 의거하고 있는 자료의 더 깊은 분석을 위해서는 Nancy R. King의 논문 "The Hidden Curriculum and the Socialization of Kindergarten Children" (unpublished Ph.D. thesis, University of Wisconsin, 1976)을 참조할 것.

27 Thomas R. Bates, "Gramsci and the Theory of Hegemony," *Journal of the History of Ideas*, XXXVI (April–June, 1975), 360.

28 여기서 선진산업사회에서 의사소통 유형에 관한 Habermas의 주장은 매우 흥미로운 해석체계를 제공한다. 그의 논문 "Towards a Theory of Communicative Competence," *Recent Sociology*, no. 2, Hans Peter Dreitzel, ed. (New York: Macmillan, 1970), pp. 115–48 및 Trent Schroyer의 *The Critique of Domination* (New York: George Braziller, 1973)을 참조할 것.

29 같은 책, p. 13.

30 같은 책, pp. 110–12. See also, the provocative analysis found in Basil Bernstein, *Class, Codes and Control, Volume 3: Towards a Theory of Educational Transmissions* (2nd edn; London: Routledge & Kegan Paul, 1977).

31 같은 책, p. 116.

32 Sharp and Green, 앞의 책, p. x.

3장

1 여기서 나는 통제란 지배집단이 피지배집단에게 의미를 주입하는 것을 포함한다는 Dawe의 관점을 차용하고 있다. 또 Michael F. D. Young 편의 *Knowledge and Control* (London: Collier-Macmillan, 1971), p. 4도 참조할 것.

2 Pierre Bourdieu, "Intellectual Field and Creative Project," in Young, *Knowledge and Control*, 앞의 책, pp. 161–88.

3   Basil Bernstein, *Class, Codes and Control, Volume 3: Towards a Theory of Educational Transmissions* (2nd edn: London: Routledge & Kegan Paul, 1977). See also, Samuel Bowles and Herbert Gintis, *Schooling in Capitalist America* (New York: Basic Books, 1976).

4   Cf., Chapter 7 in this volume and Michael W. Apple, "Power and School Knowledge," *The Review of Education*, III (January/February 1977). See also, James E. Rosenbaum, *Making Inequality: The Hidden Curriculum of High School Tracking* (New York: John Wiley, 1976) and Herbert Gintis and Samuel Bowles, "The Contradictions of Liberal Educational Reform," *Work, Technology and Education*, Walter Feinberg and Henry Rosemont, Jr., eds (Urbana: University of Illinois Press, 1975), pp. 92–141.

5   Carl F. Kaestle, *The Evolution of an Urban School System* (Cambridge, MA: Harvard University Press, 1973), p. 141.

6   같은 책, pp. 141–2.

7   같은 책, p. 161.

8   Marvin Lazerson, *Origins of the Urban School* (Cambridge: Harvard University Press, 1971), p. xv. See also, Elizabeth Vallance, "Hiding The Hidden Curriculum" *Curriculum Theory Network*, IV (Fall, 1973/1974), 5–21.

9   Lazerson, 앞의 책, pp. x–xi.

10 내가 이들을 커리큘럼 영역을 성립시킨 가장 중요한 인물로 선정한 이유는 이들이 사회 효율성 운동과 행동주의 심리학을 받아들여 커리큘럼 영역의 주류를 형성했기 때문이다. 그러나 나는 이들의 부류에서 John Dewey와 아동 중심 교육을 주장한 몇몇 사람들은 제외했다. 이들의 사상은 흥미롭고 중요하지만, 커리큘럼 영역이나 실제 학교교육에 별 영향을 미치지 못했다. 이 점에 관한 보다 깊은 논의를 위해서는 J. Karier, "Elite Views on American Education," Education and Social Structure in the Twentieth Century, Walter Laquer and George L. Mosse, eds (New York: Harper Torchbooks, 1967), pp. 149–51.

11 Franklin Bobbitt, *The Curriculum* (New York: Arno Press, 1971), Chapter 9.

12 같은 책, p. 95.

13 같은 책, p. 42, Franklin Bobbitt, *How to Make A Curriculum* (Boston: Houghton Mifflin, 1924), pp. 29, 97, W. W. Charters, *Curriculum Construction* (New York: Arno Press, 1971), Chapters 4–5.

14 Harold Rugg, et al., "The Foundations of Curriculum-Making," *The Foundations of Curriculum-Making, The Twenty-Sixth Yearbook of the National Society for the Study of Education, Part II*, Guy Montrose Whipple, ed. (Bloomington: Public School Publishing, 1926), p. 16.

15 Bobbitt, *The Curriculum*, 앞의 책, Chapter 12.

16 Bobbitt, *How to Make A Curriculum*, 앞의 책, p. 281.

17 Bobbitt, *The Curriculum*, 앞의 책, p. 131.

18 나는 여기서 중산계층이 진보적인 사회개혁을 지지한 이유를 지위에 대한 불안으로 설명하는 Richard Hofstadter의 주장을 지지하려는 것이 아니다. 단지 초기의 사회학자, 심리학자, 교육학자들의 견해를 언급하고 있을 뿐이다. Richard Hofstadter의 주장을 더 깊이 이해하기

위해서는 그의 책 *The Age of Reform* (New York: Vintage Books, 1956), 4장을 참조할 것. 또한 Hofstadter의 지위 불안에 대한 분석과 비판을 살펴보기 위해서는 Robert W. Doherty의 논문 "Status Anxiety and American Reform: Some Alternatives," *American Quarterly*, XIX (Summer, 1962), 329–36을 참조할 것.

19 산업화와 도시화에 대한 이 같은 불안은 커리큘럼 분야 및 사회과학 일반의 발달에 중요한 시사를 준다. Barry M. Franklin의 "The Curriculum Field and the Problem of Social Control, 1918–1938: A Study in Critical Theory" (unpublished Ph.D. dissertation, University of Wisconsin, 1974)를 참조할 것. 교육사회학의 발달에 관한 이와 유사한 분석은 Philip Wexler의 *The Sociology of Education: Beyond Equality* (Indianapolis: Bobbs-Merrill, 1976)에서 찾아볼 수 있음.

20 Edward A. Ross, *Social Control* (New York: Macmillan, 1912), pp. 432–6; R. Jackson Wilson, *In Quest of Community: Social Philosophy in the United States, 1860–1920* (New York: Oxford University Press, 1968), pp. 89–99.

21 Robert A. Nisbet, *The Quest for Community* (New York: Oxford University Press, 1967), p. 54.

22 Robert H. Wiebe, *The Search for Order* (New York: Hill & Wang, 1967), Chapter 5.

23 같은 책, p. 44.

24 Edward A. Ross, *Foundations of Sociology* (5th edn; New York: Macmillan, 1919), pp. 382–5.

25 Charles A. Ellwood, *Sociology and Modern Social Problems* (New York: American Book Co., 1913), p. 220.

26 같은 책, pp. 217–21, Edward A. Ross, *Principles of Sociology* (New York: Century, 1920), pp. 36–7.

27 Ross, *Principles of Sociology*, 앞의 책, p. 409.

28 Ross L. Finney, *Causes and Cures for the Social Unrest: An Appeal to the Middle Class* (New York: Macmillan, 1922), pp. 167–72.

29 같은 책, p. 43.

30 Ross L. Finney, *A Sociological Philosophy of Education* (New York: Macmillan, 1928), pp. 382–3.

31 같은 책, p. 428.

32 Charles C. Peters, *Foundations of Educational Sociology* (New York: Macmillan, 1924), p. 25.

33 Thorndike는 "흑인은 전제군주적인 정부에 알맞은 성향을 가지고 있다."는 R. H. Lowie의 주장에 동의하고 있는 것 같다. Edward L. Thorndike, *Your City* (New York: Harcourt, Brace, 1939), pp. 77–80을 참조할 것. Thorndike의 행동주의와 그것이 커리큘럼 분야에 미친 영향에 관해서는 Barry M. Franklin, "Curriculum Thought and Social Meaning: Edward L. Thorndike and the Curriculum Field," *Educational Theory*, XXVI (Summer, 1976), 298–309를 참조할 것.

34 Finney, *Causes and Cures for the Social Unrest*, 앞의 책, p. 180.

35 Finney, *A Sociological Philosophy of Education*, 앞의 책, p. 386.

36 Thorndike, *Human Nature and the Social Order*, 앞의 책, p. 440.

37 Bobbitt, *The Curriculum*, 앞의 책, p. 158; William Chandler Bagley, "Supplementary Statement," in Rugg, 앞의 책, p. 38.

38 Bobbitt, *How to Make A Curriculum*, 앞의 책, pp. 41–2, 61–2; Edward L. Thorndike, *Individuality* (Boston: Houghton Mifflin 1911), p. 51; Edward L. Thorndike, *Education: A First Book* (New York: Macmillan, 1912), pp. 137–319; David Snedden, *Sociological Determination of Objectives in Education* (Philadelphia: Lippincott, 1921), p. 251; Peters, *Foundations of Educational Sociology*, 앞의 책, p. vii. Finney는 분화에 관해서 초기의 다른 커리큘럼 학자들과 다소 다른 견해를 가지고 있었다. 그는 당시에 발달하기 시작한 사회과학에 지배되는 공통 커리큘럼을 주장하였다. 그러나 그러한 커리큘럼을 능력이 다른 학생들에게 각기 다르게 가르쳐야 한다고 보았다. 높은 지능을 지닌 학생들에게는 사회과학을 가르침으로써 그들의 자질을 발전시켜야 한다고 보았다. 그렇게 함으로써 그들은 자신들의 소질을 이해하게 될 뿐만 아니라 그들에게 주어지는 사회적 요구도 이해하게 된다고 생각하였다. 또한 낮은 지능을 가진 학생들에게도 사회과학은 가르치되, 그 내용을 반영하고 있는 구호와 그것이 스며들어 있는 사회적 요구에 반응할 수 있도록 조건화하기만 하면 된다고 생각하였다. Finney의 앞의 책에 실린, *A Sociological Philosophy of Education*, 앞의 책., Chapter 15, pp. 393–6, 406, 410을 참조할 것. 오늘날의 커리큘럼 분화의 중요성에 관해서는 Herbert M. Kliebard, "Bureaucracy and Curriculum Theory," *Freedom, Bureaucracy, and Schooling*, Vernon F. Haubrich, ed. (Washington: Association for Supervision and Curriculum Development, 1971), pp. 89–93을 참조할 것.

39 Finney, *A Sociological Philosophy of Education*, 앞의 책, pp. 388–9; Thorndike, *Human Nature and the Social Order*, 앞의 책, pp. 77–9, 792–4, 800–2; Edward L. Thorndike, "A Sociologist's Theory of Education," The Bookman, XXXV (November, 1906), pp. 290–1; Edward L. Thorndike, *Selected Writings from a Connectionist's Psychology* (New York: Appleton-Century-Crofts, 1949), pp. 338–9.

40 Finney, *A Sociological Philosophy of Education*, 앞의 책, pp. 386, 389; Edward L. Thorndike, "How May We Improve the Selection, Training, and Life Work of Leaders," *How Should a Democratic People Provide for the Selection and Training of Leaders in the Various Walks of Life* (New York: Teachers College Press, 1938), p. 41; Walter H. Drost, *David Snedden and Education for Social Efficiency* (Madison: University of Wisconsin Press, 1967), pp. 165, 197.

41 Finney, *A Sociological Philosophy of Education*, 앞의 책, p. 395.

42 같은 책, pp. 397–8.

43 Bobbitt, *The Curriculum*, 앞의 책, pp. 78–81, 95.

44 Edward L. Thorndike, "The Psychology of the Half-Educated Man," *Harpers*, CXL (April, 1920), 670.

45 Bobbitt, *The Curriculum*, 앞의 책, pp. 78–86.

46 같은 책, p. 42; David Snedden, *Civic Education* (Yonkers on Hudson: World Book Co., 1922), Chapter 14.

47 Thorndike, *Human Nature and the Social Order*, 앞의 책, pp. 86–7, 783–5, 963.

48 사회사상에서 이와 유사한 경향을 이해하기 위해서는 Trent Schroyer의 "Toward a Critical Theory for Advanced Industrial Society," *Recent Sociology* No. 2, Hans Peter Dreitzel, ed. (New York: Macmillan, 1970), p. 212를 참조할 것. 이러한 견해가 미국교육을 설명하는 데 적합한가를 이해하기 위해서는 Walter Feinberg, *Reason and Rhetoric* (New York: John Wiley, 1975), p. 40을 참조할 것.

49 Kliebard,"Bureaucracy and Curriculum Theory," 앞의 책, pp. 74–80 and Raymond E. Callahan, *Education and the Cult of Efficiency* (Chicago: University of Chicago Press, 1962), Chapter 4.

50 Finney, *A Sociological Philosophy of Education*, 앞의 책.

51 John Higham, *Strangers in the Land* (New Brunswick: Rutgers University Press, 1955), pp. 51, 187, 257, 303–10, Chapter 9.

52 Ross는 이러한 상황에서 Stanford 대학 창설자가 죽은 뒤에 그의 부인인 Mrs Leland Stanford 및 그밖의 권위를 가진 자에게 도전했었다는 이유로 그 대학의 교수 자리를 잃었다. 그는 중국계 이민을 무제한 받아들이려는 기업체들을 비판했었다. Walter P. Metzger, *Academic Freedom in the Age of the University* (New York: Columbia University Press, 1955), pp. 164–71 and Bernard J. Stern, ed., "The Ward-Ross Correspondence II 1897–1901," *American Sociological Review*, VII (December, 1946), 744–6.

53 Higham은 커리큘럼 분야가 하나의 학문 분야로 움텄고, 여기서 거론되는 초기 교육학자들이 중요한 활동을 했던 1920년대에 미국민 보호주의자들이 미국화를 통한 이주민의 동화정책에서 이민 제한 운동으로 방향을 바꾸었다고 주장한다. 동부 및 남부 유럽에서 이주민에게 제한을 가했던 '토착민 우선주의'의 원칙에 입각한 Johnson-Reed Act가 제정된 것은 1924년의 일이었다. Higham의 앞의 책에 실린 논문 "Strangers in the Land, 앞의 책" Chapter II를 참조할 것.

54 Dwayne Huebner, "The Tasks of the Curricular Theorist," *Curriculum Theorizing: The Reconceptualists*, William Pinar, ed. (Berkeley: McCutchan, 1975), p. 256.

55 같은 책, p. 255.

56 On the uses of hortatory language to create imagery see Murray Edelman, *The Symbolic Uses of Politics* (Urbana: University of Illinois Press, 1964).

57 For further explication of this relationship, see Michael W. Apple and Philip Wexler, "Cultural Capital and Educational Transmissions," *Educational Theory*, XXVIII (Winter, 1978).

4장

1 Philip Jackson, *Life in Classrooms* (New York: Holt, Rinehart & Winston, 1968), pp. 3–37.

2 Cf., Peter K. Eisinger, "Protest Behavior and the Integration of Urban Political Systems" (Madison: University of Wisconsin Institute for Research on Poverty, 1970, mimeographed).

3   Roberta Sigel, ed., *Learning About Politics* (New York: Random House, 1970), p. xiii.

4   같은 책, p. 104.

5   같은 책, p. 316. Sigel의 이러한 주장은 현실적이며 비판적이다. 어떤 면에서 학교교육에 대한 비판자들은 곤경에 처하게 된다. 기존 '교육'구조를 폄하하기는 쉽지만 대체할 수 있는 새로운 구조를 제시하기는 어려운 일이다. 현재의 나쁜 교육조건을 개선하려는 사람들은 기존 제도를 지지하고 영속화하는 데 공헌하게 될지도 모르는 위험에 직면한다. 그러나 그러한 노력이나마 하지 않는다면 현재 많은 시간을 학교에서 보내고 있는 학생과 교사들을 무시하는 것이다. 따라서 우리는 동시에 두 가지 노력을 해야 한다. 즉 현재의 학교를 떠받치고 있는 이데올로기적 경제적 전제들을 비판하는 동시에, 역설적으로 기존 학교를 인간적이고 교육적으로 만들기 위해 노력해야 한다. 입장이 모호한데 상황 자체가 그렇다. 사회에서는 갈등의 본질과 유용성을 간과하고 있고, 학교에서는 갈등의 본질과 유용성을 보지 못하도록 암묵적으로 가르치고 있다는 사실이 그러한 모호성을 잘 드러낸다. 그러나 교육이 어떤 변화(여기서는 정치적, 경제적 변화를 의미한다)를 가져올 수 있다면, 학교에 대한 근본적인 비판이 제기되고 있는 지금 구체적인 변화를 모색해야 한다.

6   See, for example, Edith F. Gibson, "The Three D's: Distortion, Deletion, Denial," *Social Education*, XXXIII (April, 1969), 405–9 and Sidney M. Willhelm, *Who Needs the Negro?* (Cambridge, MA: Schenkman, 1970).

7   Helen McClure and George Fischer, "Ideology and Opinion Making: General Problems of Analysis" (New York: Columbia University Bureau of Applied Social Research, July, 1969, mimeographed).

8   '행동 규칙'이라는 말은 생각과 행동을 구분하는 것보다 분석적으로 덜 복잡하다. 구분은 다소 유치하고 또한 행동을 상황에 대한 개인의 반응으로 범주화하기 때문이다. 사람들은 자주 행동 규칙과 전제라는 말을 상호교환적으로 사용하는데, 이때의 전제는 현상을 포괄하는 범주라기보다는 지각에 영향을 미치는 사회적으로 규정된 규칙과 한계가 있음을 가리킨다. 이러한 규칙 연구는 민족학 방법론적 문헌과 후기 Wittgenstein에서 찾아볼 수 있다. Harold Garfinkel의 *Studies in Ethnomethodology* (Englewood Cliffs, NJ: Prentice-Hall, 1967) and Ludwig Wittgenstein, *Philosophical Investigations* (New York: Macmillan, 1953)을 참조할 것.

9   본질적으로 많은 사람이 비난하는 '시스템'은 제도들의 질서정연한 상호관계일 뿐만 아니라, 이러한 제도와 변증법적 관계 속에서 작용하는 근본적인 전제들의 틀이다.

10 Robert Dreeben, *On What is Learned in Schools* (Reading, MA: Addison-Wesley, 1969), pp. 144–5.

11 Michael W. Apple, "Community, Knowledge and the Structure of Disciplines," *The Educational Forum*, XXXVII (November, 1972), 75–82.

12 Michael Polanyi, *Personal Knowledge* (New York: Harper & Row, 1964).

13 Warren Hagstrom, *The Scientific Community* (New York: Basic Books, 1965) p. 256.

14 같은 책, p. 264.

15 Alvin Gouldner, *The Coming Crisis of Western Sociology* (New York: Basic Books, 1970), pp. 102–3. Polanyi, 앞의 책. 객관성에 대한 실증주의적 견해와 경제 및 의사소통 형태 간의 관계에 관해서는 Jürgen Habermas의 *Toward a Rational Society* (Boston: Beacon Press, 1970)를 참조할 것.

16 Thomas Kuhn, *The Structure of Scientific Revolutions* (second edition; Chicago: University of Chicago Press, 1970). Kuhn의 의욕적인 연구는 Imre Lakatos와 Alan Musgrave(eds)의 *Criticism and the Growth of Knowledge* (New York: Oxford University Press, 1970)에서 날카롭게 분석·논의되고 있다. 즉 이 책 전체에서 Kuhn에 의해서 제기된 인식론적, 사회학적 문제가 다루어지고 있다. Stephen Toulmin, *Human Understanding* (Princeton: Princeton University Press, 1972)도 참조할 것.

17 Imre Lakatos, "Falsification and the Methodology of Scientific Research Programmes," *Criticism and the Growth of Knowledge*, Imre Lakatos and Alan Musgrave, eds, (New York: Oxford University Press, 1970), p. 155. 규범 과학(Normal science)은 과학자들이 각자의 분야에서 해석하고 행동하기 위해 사용하는 행위의 기본 패러다임에 합의하는 과학을 의미한다. 규범 과학 및 혁명적 과학에 대한 보다 깊이 있는 분석을 위해서는 Kuhn의 앞의 책을 참조할 것.

18 Apple, 앞의 책과 Michael Mulkay, "Some Aspects of Cultural Growth in the Natural Sciences," *Social Research*, XXXVI (Spring, 1969), 22–52.

19 Hagstrom, 앞의 책, p. 81. 여기서 갈등과 경쟁을 구별하는 것이 중요하다. 갈등은 새로운 패러다임, 목표, 방법 등에 대한 불일치 등 다양한 조건에서 파생되는 것임에 비해, 경쟁은 과학에서의 '교환체계'에 그 뿌리를 두고 있다. 이러한 사실을 이해하기 위해서 과학자 공동사회에서의 전문적인 인식과 상품 교환의 위치에 대한 Storer의 논의를 살펴볼 것. 그의 책 *The Social System of Science* (New York: Holt, Rinehart & Winston, 1966), pp. 78–9를 참조할 것.

20 James Watson, *The Double Helix* (New York: Athenium, 1968).

21 Hagstrom, 앞의 책, pp. 130 and 173.

22 Hagstrom, 앞의 책, pp. 82–3.

23 See, Robert Olby, *The Path to the Double Helix* (Seattle: University of Washington Press, 1974).

24 Storer, 앞의 책, pp. 78–9.

25 Hagstrom, 앞의 책., pp. 193–4. 인간을 위한 과학, 마르크스주의자의 관점, 혁신적 과학, 변증법적 심리학 등은 정치적 성향을 띤 논의와 논쟁의 흥미롭고 중요한 예가 될 것이다.

26 Ralf Dahrendorf, *Essays in the Theory of Society* (London: Routledge & Kegan Paul, 1968), p. 112.

27 Gouldner, 앞의 책, p. 193.

28 같은 책, p. 48.

29 같은 책, pp. 210–18.

30 같은 책, p. 206.

31 같은 책, p. 427. 또한 Peter Berger와 Thomas Luckmann, *The Social Construction of Reality* (New York: Doubleday, 1966)에 실린 흥미로운 그러나 때로는 무비판적인 논의를 참조할 것.

32 Lawrence Senesh, "Recorded Lessons," *Our Working World: Families at Work*, Lawrence Senesh, ed. (Chicago: Science Research Associates, 1964).

33 Center for the Study of Instruction, *Principles and Practices in the Teaching of the Social Sciences: Teacher's Edition* (New York: Harcourt, Brace & World, 1970), p. T-17. 흑인이나 라틴계 사람들이 과연 이러한 '기술'을 지지할는지는 의문이다.

34 같은 책, p. T-26.

35 Maxine Durkin, et al., *The Taba Social Studies Curriculum: Communities Around Us* (Reading, MA: Addison-Wesley, 1969), p. v.

36 Nathan Hare, "The Teaching of Black History and Culture in the Secondary Schools," *Social Education*, XXXIII (April, 1969), 385–8, and Preston Wilcox, "Education for Black Liberation," *New Generation*, LI (Winter 1969), 20–1.

37 Ralf Dahrendorf, *Class and Class Conflict in Industrial Societies* (Stanford: Stanford University Press, 1959), p. 27. 산업사회에서 계급 간 혹은 계급 내 갈등에 관한 구체적인 연구로는 R. W. Connell의 *Ruling Class, Ruling Culture* (Cambridge: Cambridge University Press, 1977)와 Nicos Poulantzas, *Classes in Contemporary Capitalism* (London: New Left Books, 1975)을 들 수 있음.

38 Jack Walker, "A Critique of the Elitist Theory of Democracy," *Apolitical Politics*, Charles A. McCoy and John Playford, eds (New York: Crowell, 1967), pp. 217–18.

39 Quoted in Dahrendorf, *Class and Class Conflict*, op. cit., p. 207.

40 Lewis Coser, *The Functions of Social Conflict* (Chicago: Free Press, 1956), p. 31.

41 Coser, 앞의 책, p. 126. 갈등이 법을 파괴한다는 사실을 가장 잘 나타내주고 있는 자료로는 1학년용인 "Respect for Rules and Law" (New York State Bureau of Elementary Curriculum Development, 1969)를 들 수 있음. 반면에 일련의 교육과정 자료들은 갈등을 비교적 정직하게 평가하는 데 흥미롭고 도움이 되는 예를 제시하고 있음. 참고로 Donald Oliver와 Fred Newmann(eds)의 *Harvard Social Studies Project: Public Issues Series* (Columbus, Ohio: American Educational Publications, 1968)를 참조할 것.

42 같은 책, pp. 124–5.

43 같은 책, p. 90.

44 Peter Berger, *The Sacred Canopy* (New York: Doubleday, 1967), pp. 24–5, and Clifford Geertz, "The Integrative Revolution: Primordial Sentiments and Civil Politics in the New States," *Old Societies and New States*, Clifford Geertz, ed. (New York: Free Press, 1963), p. 118. 다행히 자율성을 얻기 위한 여성 투쟁의 역사에 관한 문헌이 점차 많아지고 있다. 이에 관한 최근의 특히 흥미로운 연구로는 Gerda Lerner, *The Female Experience: An American Documentary* (Indianapolis: Bobbs-Merrill, 1977), Nancy F. Cott, *The Bonds of Womanhood* (New Haven: Yale, 1977), Linda Gordon, *Woman's Body, Woman's Right* (New York: Grossman, 1976), and Mary P. Ryan, *Womanhood in America* (New York: New Viewpoints, 1975) 등을 들 수 있음.

45 Coser, 앞의 책, p. 33. 이것이 아마도 Piaget의 가장 유익한 통찰 중 하나일 것이다.

46 Mulkay, 앞의 책.

47 See, for example, Mary Roth Walsh, *Doctors Wanted. No Women Need Apply* (New Haven: Yale, 1977), Edward T. James, Janet Wilson James and Paul S. Boyer, *Notable American Women 1607–1950* (Cambridge, MA: Belknap Press, 1971), and H. J.

Mozans, *Woman in Science* (Cambridge, MA: Massachusetts Institute of Technology, 1974).

48 Ariel Dorfman and Armand Mattelart, *How to Read Donald Duck* (New York: International General, 1975) and Martin Carnoy, *Education as Cultural Imperialism* (New York: David McKay, 1974). 이러한 문제를 다루고 있는 책 중에서 어린이들에게 흥미로운 것으로 Pal Rydlberg (외).의 *The History Book* (Culver City, California: Peace Press, 1974)을 들 수 있음.

49 이러한 문헌 중 대표적인 것으로는 *Women in U.S. History: An Annotated Bibliography* (Cambridge, MA: Common Women Collective, 1976) and Jim O'Brien, et al. *A Guide to Working Class History* (2nd edn: Somerville, MA: New England Free Press, n.d.)를 들 수 있음.

50 사회적 행동 커리큘럼을 위한 Fred Newmann의 제안은 매우 흥미롭다. 그의 책 *Education for Citizen Action* (Berkeley: McCutchan, 1975)를 참조할 것. 이러한 제안의 문제점에 대한 논의는 Michael W. Apple의 "Humanism and the Politics of Educational Argumentation," *Humanistic Education: Visions and Realities*, Richard Weller, ed. (Berkeley: McCutchan, 1977), pp. 315–30을 참조할 것.

51 David Easton and Jack Dennis, *Children in the Political System* (New York: McGraw-Hill, 1969), p. 162.

52 같은 책, pp. 271–6.

53 Dwayne Huebner, "Politics and the Curriculum," *Curriculum Crossroads*, A. Harry Passow, ed. (New York: Teachers College Press, 1962), p. 88.

54 Shlomo Avineri, *The Social and Political Thought of Karl Marx* (New York: Cambridge University Press, 1968), p. 137.

55 같은 책, p. 148.

5장

1 W. James Popham, "Probing the Validity of Arguments Against Behavioral Goals," reprinted in Robert J. Kibler, et al., *Behavioral Objectives and Instruction* (Boston: Allyn & Bacon, 1970), pp. 115–16.

2 Joseph J. Schwab, *The Practical: A Language for Curriculum* (Washington, DC: National Education Association, 1970), p. 18.

3 Cf., the analysis of the relationship between knowledge and institutions in Peter L. Berger and Thomas Luckmann, *The Social Construction of Reality* (New York: Doubleday Anchor Books, 1966).

4 Abraham Kaplan, *The Conduct of Inquiry* (San Francisco: Chandler, 1964), pp. 3–11.

5 Dwayne Huebner, "Curricular Language and Classroom Meanings," *Language and Meaning*, James B. Macdonald and Robert R. Leeper, eds (Washington, DC: Association for Supervision and Curriculum Development, 1966), pp. 8–26.

6   Cf., Gilbert Ryle, *The Concept of Mind* (New York: Barnes & Noble, 1949), Michael Polanyi, *the Tacit Dimension* (New York: Doubleday Anchor Books, 1966), and Hannah Arendt, *The Human Condition* (New York: Doubleday Anchor, 1958).

7   여기에 대한 예로 쿤의 빛의 파장 대 입자 이론에 대한 논의를 보라. Thomas S. Kuhn, *The Structure of Scientific Revolutions* (Chicago: University of Chicago Press, 1970). See also Imre Lakatos and Alan Musgrave, eds, *Criticism and the Growth of Knowledge* (Cambridge: Cambridge University Press, 1970) and Michael Polanyi, *Personal Knowledge* (New York: Harper Torchbooks, 1964).

8   J. O. Urmson, *Philosophical Analysis* (London: Oxford University Press, 1956), p. 146.

9   Trent Schroyer, "Toward a Critical Theory for Advanced Industrial Society," *Recent Sociology*, 2, Hans Peter Dreitzel, ed. (New York: Macmillan, 1970), p. 215 and Jürgen Habermas, "Knowledge and Interest," *Sociological Theory and Philosophical Analysis*, Dorothy Emmet and Alasdair Macintyre, eds (New York: Macmillan, 1970), pp. 36–54.

10 Berger and Luckmann, 앞의 책, p. 129.

11 Richard Sennett, *The Uses of Disorder* (New York: Vintage Books, 1970), p. 94.

12 같은 책, p. 96.

13 Bela H. Banathy, *Instructional Systems* (Palo Alto, California: Fearon, 1968), p. 22.

14 Cf., Donald Arnstine, *Philosophy of Education*: Learning and Schooling (New York: Harper & Row, 1967) and Stuart Hampshire, *Thought and Action* (New York: Viking Press, 1959).

15 이처럼 지적인 것과 감정적인 것을 분리하고 행동을 구체적으로 진술하려는 경향은 Michael Polanyi(앞의 책)의 과학적 사고에 관한 논의에 잘 나타나 있다. Susanne Langer가 *Philosophy in a New Key* (New York: Mentor, 1951)에서 제시한 '마음'에 관한 분석도 도움을 줄 것이다.

16 Schroyer, 앞의 책, p. 212.

17 Alvin W. Gouldner, *The Coming Crisis of Western Sociology* (New York: Basic Books, 1970), p. 50.

18 Schroyer, 앞의 책, p. 210.

19 Banathy, 앞의 책, p. 10.

20 Gouldner, 앞의 책, p. 161.

21 Banathy, 앞의 책, p. 13.

22 Herbert M. Kliebard, "Bureaucracy and Curriculum Theory," *Freedom, Bureaucracy, and Schooling*, Vernon Haubrich, ed. (Washington, DC: Association for Supervision and Curriculum Development, 1971), pp. 74–93. 이처럼 교육과정의 언어와 모델을 Bobbitt와 같은 초기 이론가들과 연결하려는 노력은 무의식적인 것이 아니다. Robert Kibler, et al., *Behavioral Objectives and Instruction* (Boston: Allyn & Bacon, 1970), p. 105를 참조할 것.

23 Banathy, 앞의 책, p. 17.

24 같은 책, p. 2.

25 이러한 사실의 흥미로운 예는 Snedden의 연구에서 찾아볼 수 있다. 그는 사회학을 잘못 원용함으로써 보수적인 이데올로기에 공헌하였다. Walter Drost의 *David Snedden and Education for Social Effciency* (Madison: University of Wisconsin Press, 1967)를 참조할 것. 또 다른 예로는, 학습이론에 의존하려는 경향이 늘어나는 현상을 들 수 있다. 학습이론은 복잡한 일상적인 교육활동을 거의 설명할 수 없을 뿐만 아니라, 학습이론 자체의 문제를 여전히 깨닫지 못하고 있다. 학습이론의 개념 문제에 관한 가장 완벽한 분석은 Charles Taylor의 *The Explanation of Behavior* (New York: Humanities Press, 1964)와 Maurice Merleau-Ponty의 *The Structure of Behavior* (Boston: Beacon Press, 1963)에서 찾아볼 수 있다.

26 Schwab, 앞의 책, pp. 33–5.

27 Bruce R. Joyce, et al., *Implementing Systems Models for Teacher Education* (Washington, DC: U.S. Department of Health, Education and Welfare, 1971).

28 See Raymond Callahan, *Education and the Cult of Efficiency* (Chicago: University of Chicago Press, 1962).

29 이러한 정치·경제적 측면에서의 역사에 관해서는 Harry Braverman, *Labor and Monopoly Capital* (New York: Monthly Review Press, 1975)과 Stanley Aronowitz, *False Promises* (New York: McGraw-Hill, 1973)에서 잘 논의되었다.

30 Cf., Derek J. De Solla Price, *Little Science, Big Science* (New York: Columbia University Press, 1963) and Warren O. Hagstrom, *The Scientific Community* (New York: Basic Books, 1965).

31 이 문제를 보다 시적으로 다룬 예로는 Maxine Greene의 논문 "The Matter of Mystification: Teacher Education in Unquiet Times," *Identity and Structure: Issues in the Sociology of Education,* Denis Gleason, ed. (Driffield: Nafferton Books, 1977), pp. 28–43을 들 수 있음.

32 Gouldner, 앞의 책, p. 45. 이러한 '결정'이 교육활동을 통제하는 데 어떤 기능을 하는가에 관한 도전적인 견해는 프랑스의 마르크스주의자 철학자인 Louis Althusser에게서 찾아볼 수 있음. Alex Callinicos, *Althusser's Marxism* (London: Pluto Press, 1976) ; Michael Erben and Denis Gleason, "Education as Reproduction," *Society, State and Schooling,* Michael Young and Geoff Whitty, eds (Guildford, England: Falmer Press, 1977), pp. 73–92 ; Erik Wright, *Class, Crisis and the State* (London: New Left Books, 1978).

33 Colin Greer, "Immigrants, Negroes, and the Public Schools," *The Urban Review,* III (January, 1969), 9–12.

34 학교가 빈민가의 교육비판자들에게 그들의 비판이 적합한가를 따지는 '적합성' 논란으로 대응함으로써 그들을 침묵시키려고 하는 것도 이와 굉장히 유사하다. Michael W. Apple, "Relevance—Slogans and Meanings," *The Educational Forum,* XXXV (May, 1971), 503–7.

35 Murray Edelman, *Politics as Symbolic Action* (Chicago: Markham, 1971).

36 Gouldner의 앞의 책에서 보수 정치의 암묵적 이론인 사회학의 시스템 이론에 대한 논의와 비교해 볼 것.

37 같은 책, p. 105.

38 위와 같음.

39 Erving Goffman, *The Presentation of Self in Everyday Life* (New York: Doubleday Anchor, 1959).

40 Berger and Luckmann, 앞의 책, pp. 72–9.

41 격렬한 갈등과 주입된 상징체계에 대한 거부가 "인간 정신의 아름다움과 힘을 나타낸다'는 것에 관한 구체적 연구로는 Eugene Genovese의 흑인문화와 의식의 발전에 관한 분석을 들 수 있다. 그의 책 *Role, Jordan, Role* (New York: Random House, 1974)을 참조할 것.

42 도발적이지만 다소 과장되고 정치적, 분석적으로 문제가 있는 Jacques Ellul의 *The Technological Society* (New York: Vintage, 1964)를 참조할 것.

43 Berger and Luckmann, 앞의 책, p. 105.

44 Kuhn의 앞의 책. 과학 발달에서 갈등의 역할에 관한 더 깊이 있는 분석으로는 혁명적 모델보다 다원주의적인 모델을 제시한 Stephen Toulmin의 *Human Understanding* (Princeton: Princeton University Press, 1972)을 참조할 것.

45 Norman W. Storer, *The Social System of Science* (New York: Holt, Rinehart & Winston, 1966), pp. 78–9.

46 Polanyi, 앞의 책, p. 171.

47 이 문제에 관한 역사적 분석으로는 *The Evolution of an Urban School System* (Cambridge, MA: Harvard University Press, 1973)과 David Tyack의 *The One Best System* (Cambridge, MA: Harvard University Press, 1974)을 참조할 것.

48 Michael W. Apple, "Behaviorism and Conservatism," *Perspectives for Reform in Teacher Education*, Bruce R. Joyce and Marsha Weil, eds (Englewood Cliffs, NJ: Prentice Hall, 1972).

49 Arendt의 앞의 책에서 논의의 형식과 정치적 개인적 행위에 대한 분석이 도움을 줄 것이다.

50 John Rawls, *A Theory of Justice* (Cambridge, MA: Harvard University Press, 1971).

51 Interchange, II (no. 1, 1971)에 실린 기존 학교 형태의 대안에 관한 논쟁을 참조할 것. 책 전체에서 이 주제를 다루고 있음. 교육에서 상상력의 필요성에 관해서는 William Walsh의 *The Use of Imagination* (New York: Barnes & Noble, 1959)와 Fred Inglis의 *Ideology and the Imagination* (New York: Cambridge University Press, 1975)을 참조할 것.

52 Habermas, 앞의 책, p. 45.

53 이 점에 관해서는 다음 두 논문이 매우 도움이 될 것이다. Dwayne Huebner, "Curriculum as the Accessibility of Knowledge" (paper presented at the Curriculum Theory Study Group, Minneapolis, 2 March, 1970)와 "The Tasks of the Curricular Theorist," *Curriculum Theorizing: The Reconceptualists*, William Pinar, ed. (Berkeley: McCutchan, 1975), pp. 250–70.

6장

1 Alan F. Blum, "Sociology, Wrongdoing, and Akrasia: An Attempt to Think Greek

about the Problem of Theory and Practice," *Theoretical Perspectives on Deviance*, Robert A. Scott and Jack D. Douglas, eds (New York: Basic Books, 1972), p. 343.

2 Jürgen Habermas, *Knowledge and Human Interests* (Boston: Beacon Press, 1971) and Peter Berger and Thomas Luckmann, *The Social Construction of Reality* (New York: Doubleday, 1966) 참조.

3 See, for example, Hannah Arendt, *The Human Condition* (New York: Doubleday, 1958) and Albrecht Wellmer, *Critical Theory of Society* (New York: Herder & Herder, 1971).

4 Jack D. Douglas, *American Social Order* (New York: Free Press, 1971), pp. 9–10.

5 William Ryan, *Blaming the Victim* (New York: Random House, 1971), pp. 21–2.

6 Anthony Platt, *The Child Savers: The Invention of Delinquency* (Chicago: University of Chicago Press, 1969). See also, Steven L. Schlossman, *Love and the American Delinquent* (Chicago: University of Chicago Press, 1977).

7 Edwin M. Schur, *Labeling Deviant Behavior* (New York: Harper &Row, 1971), p. 33.

8 학교에서 사회통제의 풍토가 지배적이라는 사실을 이해하기 위해서는 Clarence Karier, Paul Violas, and Joel Spring의 *Roots of Crisis* (Chicago: Rand McNally, 1973)와 Barry Franklin의 "The Curriculum Field and Social Control" (unpublished doctoral thesis, University of Wisconsin, 1974)을 참조할 것.

9 Douglas, 앞의 책, p. 181. See also the discussion of interpretive and normative rules in Aaron Cicourel, "Basic and Normative Rules in the Negotiation of Status and Role," *Recent Sociology*, no. 2. Hans Peter Dreitzel, ed. (New York: Macmillan, 1971), pp. 4–45.

10 Herbert M. Kliebard, "Persistent Curriculum Issues in Historical Perspective," *Curriculum Theorizing: The Reconceptualists*, William Pinar, ed. (Berkeley: McCutchan, 1975), pp. 39–50.

11 나는 여기서 이데올로기라는 개념을 단순히 정치적으로 왜곡된 관점뿐만 아니라 특정 집단이 가지고 있는 상식적 견해를 지칭할 때도 사용하려 한다. 이는 "이데올로기는 세계에 대한 왜곡된 서술이 아니라, 특정한 관점에서의 세계에 대한 진실한 서술"이라는 Harris의 주장에 따른 것이다. Nigel Harris, *Beliefs in Society: The Problem of Ideology* (London: A. Watts, 1968), p. 22.

12 Susanne Langer의 책 *Philosophy in a New Key* (New York: Mentor, 1951)에서 합리성의 형태에 관하여 다룬 것을 참조할 것.

13 Stephen Toulmin, *Human Understanding: The Collective Use and Evolution of Concepts* (Princeton: Princeton University Press, 1972), p. 84.

14 같은 책, p. 96.

15 Alice Miel, *Changing The Curriculum: A Social Process* (New York: D. AppletonCentury, 1946).

16 나는 이 점에 관해서 다른 책에서도 다룬 바가 있다. Michael W. Apple, "The Process and Ideology of Valuing in Educational Settings," *Educational Evaluation: Analysis and Responsibility*, Michael W. Apple, Michael J. Subkoviak, and Henry S. Lufler, Jr., eds (Berkeley: McCutchan, 1974), pp. 3–34.

17 이 주제에 관한 통찰력 있는 논의는 Roger Dale 외의 *Schooling and Capitalism* (London: Routledge & Kegan Paul, 1976), Denis Gleeson, ed., *Identity and Structure* (Driffeld: Nafferton Books, 1977) and Trent Schroyer, "Toward a Critical Theory for Advanced Industrial Society," *Recent Sociology*, no. 2, Hans Peter Dreitzel, ed. (New York: Macmillan, 1970), pp. 210–34 등에서 찾아볼 수 있음.

18 Ian Hextall, "Marking Work," *Explorations in the Politics of School Knowledge*, Geoff Whitty and Michael Young, eds (Driffeld: Nafferton Books, 1976), p. 67.

19 Apple, "The Process and Ideology of Valuing in Educational Settings," 앞의 책.

20 Phil Slater, *Origin and Significance of the Frankfurt School* (London: Routledge & Kegan Paul, 1977) 및 Marx, *Capital*, vol. I (New York: New World, 1967), pp. 459–507의 하부구조와 상부구조 사이의 변증법적 관계에 관한 논의 참조.

21 Jean-Paul Sartre, *Search For a Method* (New York: Vintage Books, 1963) and Andre Gorz, *Strategy For Labor* (Boston: Beacon Press, 1967) 참조.

22 문화적 해석과 계급적 해석 간의 미묘한 연관성에 관해서는 Terry Eagleton의 *Marxism and Literary Criticism* (Berkeley: University of California Press, 1976)을 참조할 것. '진리'에 관한 현상학적 이론을 이해하기 위해서는 Aron Gurwitsch의 *The Field of Consciousness* (Pittsburgh: Duquesne University Press, 1964), p. 184를 참조할 것.

23 Charles Taylor, "Marxism and Empiricism," *British Analytic Philoophy*, Bernard Williams and Alan Montifiore, eds (New York: Humanities Press, 1966), pp. 227–46.

24 Ollman, 앞의 책, p. 18.

25 같은 책, p. 15 참조. 이러한 입장은 '내적 관계의 철학'이라는 이름으로 불렸다. 그리고 이러한 견해는 미국의 사상, 그리고 다소나마 교육사상에도 깊은 뿌리를 갖고 있다. 일례로 Whitehead의 *Process and Reality*를 참조할 것.

26 같은 책, p. 90.

27 Martin Jay, *The Dialectical Imagination* (Boston: Little, Brown, 1973), p. 83. 교육에서 실용주의자들이 취했던 이데올로기적 입장을 이해하기 위해서는 Walter Feinberg의 *Reason and Rhetoric* (New York: John Wiley, 1975)을 참조할 것.

28 같은 책, p. 268.

29 Trent Schroyer, *The Critique of Domination* (New York: George Braziller, 1973), p. 30–1.

30 Shlomo Avineri, *The Social and Political Thought of Karl Marx* (Cambridge: Cambridge University Press, 1968), p. 117. Avineri는 이 점에 관해 "궁극적으로 상품은 상호주관적 관계를 객관화한 표현"이라고 주장한다.

31 Michael F. D. Young, "Knowledge and Control," *Knowledge and Control*, Michael F. D. Young, ed. (London: Macmillan, 1971), p. 2.

32 인간의 상호작용을 실체화시키는 것과 이데올로기적인 정치·경제적 구조 간의 관계에 대해서는 Ollman, 앞의 책, pp. 198–9를 참조할 것.

33 Douglas, 앞의 책, pp. 70–1.

34 Robert A. Scott, "A Proposed Framework for Analyzing Deviance as a Property of Social Order," Scott and Douglas, 앞의 책, p. 15.

35 Bonnie Freeman, "Labeling Theory and Bureaucratic Structures in Schools" (unpublished paper, University of Wisconsin, Madison, n.d.).

36 Scott, 앞의 책, p. 14. 또한 일탈을 당연시하는 관점을 위협으로 다룬 Berger와 Luckmann의 앞의 책을 참조할 것.

37 Aaron Cicourel and John Kitsuse, *The Educational Decision-Makers* (Indianapolis: Bobbs-Merrill, 1963) 참조. 낙인과정은 아동이 학교에 들어온 초기부터 시작되며, 이때 찍힌 낙인은 시간이 갈수록 점점 굳어진다는 것은 Ray C. Rist의 "Student Social Class and Teacher Expectation: The Self-Fulfilling Prophecy in Ghetto Education," *Harvard Educational Review*, XL (August, 1970), 411–51에 잘 나타나 있다.

38 Thomas S. Szasz, *Ideology and Insanity* (New York: Doubleday, 1970), p. 149. 일단 학생에게 낙인이 찍히면 교육 및 경제적 기회가 몹시 제한된다는 점은 Rosenbaum의 *Making Inequality* (New York: John Wiley, 1976)에 잘 나타나 있다.

39 Erving Goffman, *Asylums* (New York: Doubleday, 1961).

40 Szasz, 앞의 책, p. 58.

41 Jane R. Mercer, *Labeling the Mentally Retarded* (Berkeley: University of California Press, 1973).

42 같은 책, pp. 96–123.

43 Hugh Mehan, "Assessing Children's School Performance," *Childhood and Socialization*, Hans Peter Dreitzel, ed. (New York: Macmillan, 1973), pp. 240–64. 어떻게 교육에서의 평가가 학생들의 구체적 현실을 무시하고 정치적 인식론적인 면에서 보수적인 기능을 하는가에 관해서는 나의 논문 "The Process and Ideology of Valuing in Educational Settings,"(앞의 책)을 참조할 것.

44 Mercer, 앞의 책, p. 96.

45 같은 책, pp. 60–1.

46 Michael F. D. Young, "Curriculum and the Social Organization of Knowledge," *Knowledge, Education, and Cultural Change*, Richard Brown, ed. (London: Tavistock, 1973), p. 350.

47 교육 분야에서 이러한 유형의 연구로 가장 훌륭한 것으로 David Hargreaves, et al. *Deviance in Classrooms* (London: Routledge & Kegan Paul, 1975)를 들 수 있음.

48 낙인 이론의 정치적 문제는 Ian Taylor and Laurie Taylor, eds, *Politics and Deviance* (London: Pelican, 1973) and Ian Taylor, Paul Walton, and Jock Young, *Critical Criminology* (London: Routledge & Kegan Paul, 1974)에서 잘 다루고 있다.

49 Rachel Sharp and Anthony Green, *Education and Social Control* (London: Routledge & Kegan Paul, 1975), p. 25. 여기서 나의 논의는 이 책의 프롤로그와 1장에 의존하고 있다.

50 같은 책, p. 6.

51 Freeman, 앞의 책과 Herbert M. Kliebard, "Bureaucracy and Curriculum Theory," *Freedom, Bureaucracy, and Schooling*, Vernon Haubrich, ed. (Washington: Association for Supervision and Curriculum Development, 1971), pp. 74–93.

52 Murray Edelman, "The Political Language of the Helping Professions," (unpublished paper, University of Wisconsin, Madison, n.d.) pp. 3–4.

53 같은 책, p. 4.

54 같은 책, pp. 7–8.

55 Goffman, 앞의 책, p. 115.

56 Jane R. Mercer, "Labeling the Mentally Retarded," *Deviance: The Interactionist Perspective*, Earl Rubington and Martin S. Weinberg, eds (New York: Macmillan, 1968). 임상 및 도움을 준다는 관점이 가지는 보수성을 더 깊이 이해하기 위해서는 나의 논문 "The Process and Ideology of Valuing in Educational Settings,"(앞의 책)를 참조할 것.

57 여기서 한 가지 흥미로운 점이 있다. 사람을 임상적 관점으로 바라보는 사람들은 자신이 실수했을 때 '환자'에게 일어날지도 모르는 위험을 피하기 위해 사람들이 '건강하기'보다는 '아프다'고 이름을 붙이는 경향이 있다. 따라서 제도적 범주에 끼워 맞추는 데 적절한 개인들을 '찾는다'. Thomas Scheff, *Being Mentally Ill: A Sociological Theory* (Chicago: Aldine, 1966), pp. 105–6을 참조할 것.

58 몇몇 비판적인 연구가들은 학교에서 일어나는 '훈육과 성취의 문제들'은 계급갈등의 지표가 된다고 주장한다. Christian Baudelot and Roger Establet, *La Escuela Capitalista* (Mexico City: Siglo Veintiuno Editores, 1975).

59 Schur, 앞의 책, p. 51. 이는 낙인 전부를 사라질 수 있게 한다는 의미가 아니다. 다만 구체적인 낙인과 이러한 범주에 의해서 표상되는 현실이 학교에서 어떤 기능을 하는지 심각하게 비판적 질문을 제기해야 한다.

60 James E. Curtis and John W. Petras, eds, *The Sociology of Knowledge* (New York: Praeger, 1970), p. 48.

61 Jack D. Douglas, "Freedom and Tyranny in a Technological Society," *Freedom and Tyranny: Social Problems in a Technological Society*, Jack D. Douglas, ed. (New York: Alfred A. Knopf, 1970), p. 17.

62 Alfred Schutz가 그의 논문 "The Wellinformed Citizen: An Essay on the Social Distribution of Knowledge," *Collected Papers II: Studies in Social Theory* (The Hague: Martinus Nijhoff, 1964), pp. 120–34에서 논의하고 있는 전문가의 역할을 참조할 것.

63 Michael W. Apple, "Power and School Knowledge," *The Review of Education*, III (January/February 1977), 26–49 and Michael W. Apple, "Making Curriculum Problematic," *The Review of Education,* II (January/February 1976), 52–68.

64 Florian Znaniecki, *The Social Role of the Man of Knowledge* (New York: Harper & Row, 1968), pp. 45–9.

65 Douglas, *American Social Order*, 앞의 책, p. 49. 또한 기술적 전문성이 작업장을 통제하기 위한 경영 이데올로기를 지지하는 데 있어 어떤 기능을 했는가에 관한 David Noble의 논의를 참조할 것. 그의 책 *America By Design: Science, Technology, and the Rise of Corporate Capitalism* (New York: Knopf, 1977)을 참조할 것.

66 이것은 공식적인 자료를 간과했다는 의미가 아니다. 마르크스가 《자본론》에서 지적했듯이 공식적인 자료는 경제체제의 실제적 작용과 그 뒤에 깔린 전제들을 설명하는 데 매우 중요하다.

67 Ian Taylor, Paul Walton, and Jock Young, "Advances Towards a Critical Criminology," *Theory and Society*, I (Winter 1974), 441–76.

68 Szasz, 앞의 책, p. 39.

69 여기서 '엄밀한 과학'은 근본적 관심이 선진산업사회 경제체제의 지배적인 이해관계를 반영하며 그것에 변증법적으로 관련된, 따라서 과정-산출 또는 합목적-합리성에 의거하고 있는 영역을 의미한다. 따라서 그것의 관심은 기술적 지배, 통제 및 확실성에 있다. 그 대표적 영역으로는 행동주의 심리학과 사회학을 들 수 있다. Jürgen Habermas, "Knowledge and Interest," *Sociological Theory and Philosophical Analysis*, Dorothy Emmet and Alasdair MacIntyre, eds (New York: Macmillan, 1970), pp. 36–54 and Michael W. Apple, "Scientific Interests and the Nature of Educational Institutions," *Curriculum Theorizing: The Reconceptualists*, William Pinar, ed. (Berkeley: McCutchan, 1975), pp. 120–30.

70 Szasz, 앞의 책, p. 2.

71 Robert W. Friedrich, *A Sociology of Sociology* (New York: Free Press, 1970), pp. 172–3.

72 Lewis A. Dexter, "On the Politics and Sociology of Stupidity in Our Society," *The Other Side*, Howard S. Becker, ed. (New York: Free Press, 1964), pp. 37–49.

73 Jules Henry, *Culture Against Man* (New York: Random House, 1963) and Philip Jackson, *Life in Classrooms* (New York: Holt, Rinehart & Winston, 1968). Goffman의 '2차 조정' 개념은 잠재적 커리큘럼을 해석하는 데 큰 도움을 준다. Goffman의 앞의 책, p. 189. 이러한 교육 실천에 대한 몇 가지 대안은 William Kessen, ed., *Childhood in China* (New Haven: Yale University Press, 1975) 및 Geoff Whitty and Michael Young, eds, *Explorations in the Politics of School Knowledge* (Driffeld: Nafferton Books, 1976)에 제시함.

74 Schur, 앞의 책, p. 96.

75 Kliebard, "Bureaucracy and Curriculum Theory," 앞의 책.

76 Pierre Bourdieu and Jean-Claude Passeron, *Reproduction in Education, Society and Culture* (London: Sage, 1977) p. 5.

77 학교를 검은 상자(black box)로 보지 않고, 일상적인 학교생활에서 이러한 역할 담당자의 생산이 어떻게 이루어지는가를 밝힌 최근의 민족지적 연구로는 Paul Willis의 *Learning to Labour* (Westmead: Saxon House, 1977)을 들 수 있음.

7장
∞∞∞

1 Stanley Aronowitz, *False Promises* (New York: McGraw-Hill, 1973), p. 95. Aronowitz's stress.

2 Rob Burns, "West German Intellectuals and Ideology," *New German Critique*, VIII (Spring, 1976), 9–10.

3 Dennis Warwick, "Ideologies, Integration and Conflicts of Meaning," *Educability, Schools, and Ideology*, Michael Flude and John Ahier, eds (London: Halstead Press, 1974), p. 89.

4 Lucien Goldmann, *Power and Humanism* (London: Spokesman Books, 1974), p. 1.

5   나는 "Politics and National Curriculum Policy" *Curriculum Inquiry*, VII (no. 4, 1978), 355–61에서 이러한 문제에 관한 연구를 제안한 바 있다.

6   See, for example, Fredric Jameson, *Marxism and Form* (Princeton: Princeton University Press, 1971), Raymond Williams, *Marxism and Literature* (New York: Oxford University Press, 1977), Raymond Williams, *The Long Revolution* (London: Chatto & Windus, 1961), and Lucien Goldmann, *Towards a Sociology of the Novel* (London: Tavistock, 1975). I have examined this at greater depth in Michael W. Apple, "Ideology and Form in Curriculum Evaluation," *Qualitative Evaluation*, George Willis, ed. (Berkeley: McCutchan, 1978).

7   See, for example, Michael W. Apple and Jeffrey Lukowsky, "Television and Cultural Reproduction," *Journal of Aesthetic Education*, 12 (no. 4, 1978), 109–16.

8   Eberhard Knödler-Bunte, "The Proletarian Sphere and Political Organization," *New German Critique*, IV (Winter, 1975), 53.

9   이러한 관점이 교육이 아닌 사회정책에서는 어떻게 응용되고 있는가를 이해하기 위해서는 Ian Taylor, Paul Walton, and Jock Young, "Towards a Critical Criminology" *Theory and Society*, I (Winter 1974)를 참조할 것.

10 Samuel Bowles and Herbert Gintis, *Schooling in Capitalist America* (New York: Basic Books, 1976)는 교육의 정치경제학 연구의 효시이다. 그러나 이들은 학교가 가르치고, 강화하는 규범과 특성을 논의하는 데 있어서 문화적 재생산을 간과했다는 점에서 오류를 범하고 있다.

11 Taylor, Walton, and Young, 앞의 책, 463.

12 Vicente Navarro, *Medicine Under Capitalism* (New York: Neale Watson Academic Publications, 1976), p. 91.

13 내가 이러한 관점을 발전시키는 데 있어서 Costa Rica 대학의 Yolanda Rojas 교수에게 힘입은 바가 크다.

14 Aronowitz (앞의 책)의 미국의 노동운동사에 관한 논의를 참조할 것.

15 Aileen Kelly, "A Victorian Heroine: A Review of *Eleanor Marx*," *New York Review of Books*, XXIV (26 January 1978), 28.

16 이처럼 일상생활에서의 행동과 장기적 목표를 결합시키는 것은 William Hinton, *Fanshen* (New York: Vintage, 1966)에 잘 묘사되어 있음.

17 Cf., Norman Storer, *The Social System of Science* (New York: Holt, Rinehart & Winston, 1966).

18 Schroyer, *The Critique of Domination* (New York: George Braziller, 1973), pp. 165–6.

19 같은 책, p. 172.

20 Schroyer, 앞의 책, p. 248. See also Hinton, 앞의 책과 Joshua S. Horn, *Away With All Pests* (New York: Monthly Review Press, 1969).

21 Michael W. Apple, "Justice As A Curriculum Concern," *Multicultural Education*, Carl Grant, ed. (Washington: Association for Supervision and Curriculum Development, 1977), pp. 14–28.

22 Clarence Karier, "Ideology and Evaluation," *Educational Evaluation: Analysis and Responsibility*, Michael W. Apple, Michael J. Subkoviak, and Henry S. Lufler, Jr., eds

(Berkeley: McCutchan, 1974), pp. 279–320.

23 Nicholas N. Kittrie, *The Right to be Different: Deviance and Enforced Therapy* (Baltimore: John Hopkins, 1971), p. 336.

24 같은 책, p. 339.

25 Harry Braverman, *Labor and Monopoly Capital* (New York: Monthly Review Press, 1975).

26 Carl Boggs, *Gramsci's Marxism* (London: Pluto Press, 1976), 이것은 단순히 이론적인 이상형이 아니다. 그 실제적 예는 쿠바에서 찾아볼 수 있다.

에필로그

1 See Michael W. Apple and James A. Beane, eds. *Democratic Schools* (Alexandria, VA: Association for Supervision and Curriculum Development, 1995), Apple, *Educating the "Right" Way*, 앞의 책과 Apple, et al., *The State and the Politics of Knowledge*, 앞의 책.

2 같은 책.

3 Raymond Williams, *Marxism and Literature* (Oxford: Oxford University Press,1977).

4 For how critical media analysis might interrogate such representations, see Apple, *Official Knowledge*, 앞의 책.

5 Noam Chomsky, *Profit over People* (New York: Seven Stories Press, 1999).

6 See the discussion of needs and needs discourses in Nancy Fraser, *Unruly Practices* (Minneapolis: University of Minnesota Press, 1989).

7 사실 현실은 그런 단순한 금지보다 좀 더 복잡했다. 매디슨 교육위원회는 화성기로 국가 연주곡을 틀어 실제로는 법을 준수했다. 따라서 만약 학교에서 국가를 틀기로 했다면, 기악 연주 버전만 틀면 된다. 이렇게 하면, 국가에 담긴 호전적인 노랫말을 제거할 수 있다. 그러나 몇몇 교육위원은 수많은 무고한 생명이 희생된 비극의 시기에 학교와 학생들에게 필요한 최선은 군국주의를 찬양하는 국가의 노랫말이라고 여겼다. 해결책으로 나온 절충안이 국가의 기악 연주 버전이었다. 이 역시 다소 반헤게모니적인 반응을 이끌어냈다. 어느 학교에서 유명한 가수 지미 헨드릭스가 연주한 국가가 확성기를 타고 울려 퍼졌다. 불협화음과 소란스러운 이 버전은 베트남전쟁을 반대하는 반전운동가들이 사용한 것이었다. 이 때문에 교육위원회 투표에서 이미 화가 머리끝까지 난 '애국자'들을 더욱 화나게 했다.

8 Eric Foner, *The Story of American Freedom* (New York: Norton, 1998).

9 같은 책, p. xiv.

10 SSee Apple, *Educating the "Right" Way*, 앞의 책과 Roger Dale, "The Thatcherite Project in Education," *Critical Social Policy* 9:4–19 (1989/90).

11 See Apple, *Official Knowledge*, 앞의 책과 Apple, *Educating the "Right" Way*, 앞의 책과 Linda Kintz, *Between Jesus and the Market* (Durham, N.C.: Duke University Press, 1997).

역자 후기를 대신하여

1 김병옥, 《칸트의 교육사상 연구: 비판적 재구성》. (서울: 집문당, 1986), p.22.

2 David Hume, Introduction by Ernest C. Mossner, *A Treatise of Human Nature*, (London: Penguin Book, 1985), p. 25.

3 임마누엘 칸트, 백종현 옮김, 《순수이성비판 1》 (경기: 아카넷, 2006), p. 233.

4 임마누엘 칸트, 백종현 옮김, 《순수이성비판 2》 (경기: 아카넷, 2006), p. 812.

5 같은 책, p. 813

6 같은 책, p. 724.

7 같은 책.

8 김병옥, 앞의 책, p.145.

9 같은 책, p. 146.

10 같은 책.

11 칸트, 《순수이성비판 2》, p. 932.

12 임마누엘 칸트, 백종현 옮김, 《윤리형이상학 정초》 개정2판 (경기: 아카넷, 2018), p. 178-179.

13 같은 책, p. 123

14 같은 책, p. 127.

15 임마누엘 칸트, 백종현 옮김, 《순수이성비판 1》 (경기: 아카넷, 2006), p. 280.

16 Robert C. Tucher, *Philosophy and Myth in Karl Marx*, (New York: Cambridge University Press, 1971), p. 34.

17 같은 책, p. 527.

18 임마누엘 칸트, 백종현 옮김, 《순수이성비판 2》 (경기: 아카넷, 2006), p. 810.

19 같은 책, pp. 640-641.

20 Kant, Immanuel.(1724-1804) by Paul Guyer in *Routledge Encyclopedia of Philosophy*, general editor, Edward Craig. (London: Routledge, 1998) p. 188.

21 같은 책.

22 칸트, 앞의 책, p. 855.

23 같은 책, p. 856.

24 J. J. Rousseau, Introduction, Translation, and Notes by Allan Bloom, *Emile or On Education*, (New York: Basic Book, 1979), p. 37.

25 김병옥, 《칸트의 교육사상연구-비판적 재구성》, (서울: 집문당, 1986), p. 52.

26 같은 책. p. 123

27 같은 책. p. 110.

28 같은 책. pp. 65-67.

29 G.W.F. Hegel, translator T.M. Knox. revised, edited, and introduced by Stephen Houlgate, *Outlines of the Philosophy of Right*, (Oxford: Oxford University Press, 2008), Key terms explained by K.M. Knox. p. xxxv,

30 같은 책.

31 《성경전서》(서울: 대한성서공회, 2014), p. 85

32 G.W.F. Hegel, Preface by Charles Hegel, Introduction by C.J. Friedrich, Translator J. Sibree *The Philosophy of History* (New York: Dover Publications, 2004), p. 456.

33 G.W.F. Hegel, translated and edited by Walter Kaufmann, *Hegel: Texts and Commentary* (Notre Dame: University of Notre Dame Press, 1989), p. 70.

34 Hegel, 앞의 책.

35 Hegel, 앞의 책, p. 456.

36 Hegel, 앞의 책, p. xxii.

37 같은 책, p. xxiii.

38 Giandomenico Majone, *Evidence, Argrment, and Persuasion in Policy Process*, (New Haven: Yale University Press, 1989), p. 6.

39 플라톤, 박종현 역주, 《플라톤의 국가·정체》, 개정증보판(서울: 서광사), 2005. pp. 83-102.

40 Hegel. 앞의 책, p. xxii.

41 Allen W. Wood, "Dialectical Materialism", in Edward Craig ed. *Routledge Encyclopedia of Philosophy*, (London: Routledge, 1998), p. 55.

42 Hegel. 앞의 책, p. 8.

43 같은 책, p. 20.

44 Hegel, *Outlines of the Philosophy of Right*, (Oxford: Oxford University Press, 2008), p. 173.

45 같은 책.

46 K. Marx, 김수행 역 《자본론 I(상)》(서울: 비봉출판사, 2001), p. 19.

47 같은 책.

48 같은 책, p. 47

49 같은 책, p. 18.

50 Karl Marx: Theses on Feuerbach, From Frederick Engels, *Ludwig Feuerbach and the End of Classical German Philosophy*, (Peking: Foreign Languages Press, 1976), pp. 61-65. /출처: http://www.marx2mao.com/M&E/TF45.html (2021. 1. 5.)

51 K. Marx, 김수행 역 《자본론 I(하)》(서울: 비봉출판사, 2001), pp. 581-606.

52 Karl Marx and Frederick Engels, 앞의 책, p.28.

53 같은 책.

54 Karl Marx: Theses on Feuerbach, 같은 책, p. 65.

55 Karl Marx and Frederick Engels, *The German Ideology*, p. 47

56 같은 책.

57 같은 책.

58 같은 책. p. 97.

59 같은 책. p. 99.

60 애덤 스미스, 김수행 역 《국부론(상)》 (서울: 비봉출판사, 2007), p. 486.

61 같은 책, p. 487.

62 애덤 스미스, 김수행 역 《국부론(하)》 (서울: 비봉출판사, 2007), p. 615.

63 같은 책.

64 같은 책.

65 Allen W. Wood. "Dialectical Materialism" in Edward Craig, general editor, *Routledge Encyclopwdia of Philosophy*, (London: Routledge, 1998), pp. 53-58.

이데올로기와 커리큘럼

지은이 | 마이클 애플
옮긴이 | 박부권
펴낸이 | 곽미순
책임편집 | 곽미순
디자인 | 이순영

펴낸곳 | ㈜도서출판 한울림
편집 | 윤소라 이은파 박미화
디자인 | 김민서 이순영
마케팅 | 공태훈
경영지원 | 김영석
출판등록 | 1980년 2월 14일(제2021-000318호)
주소 | 서울특별시 마포구 희우정로16길 21
대표전화 | 02-2635-1400
팩스 | 02-2635-1415
블로그 | blog.naver.com/hanulimkids
페이스북 www.facebook.com/hanulim
인스타그램 | www.instagram.com/hanulimkids

첫판 1쇄 펴낸날 | 2023년 2월 20일
ISBN 978-89-5827-143-7 93370

이 책은 저작권법에 따라 보호받는 저작물이므로, 저작자와 출판사 양측의 허락 없이는
이 책의 일부 혹은 전체를 인용하거나 옮겨 실을 수 없습니다.

* 잘못된 책은 바꾸어 드립니다.